COMMENT PEUT-ON (encore) ÊTRE UNE FEMME ?

CAITLIN MORAN

COMMENT PEUT-ON (encore) ÊTRE UNE FEMME ?

Traduit de l'anglais
par Mathilde Bouhon

Flammarion

Titre original : *How to be a woman*
Éditeur original : Ebury Press, an imprint of Ebury Publishing,
a Random House Group company.

ISBN : 978-2-0813-3316-1

Caitlin Moran n'avait littéralement aucun ami en 1990, ce qui lui laissa tout le temps d'écrire son premier roman, *Le Monde de Narmo*, à l'âge de quinze ans. À seize ans elle rejoignit l'hebdomadaire musical *Melody Maker*, et à dix-huit présenta brièvement l'émission musicale *Naked City* sur Channel 4. À la suite de ces débuts précoces, elle enchaîna sur dix-huit années en tant qu'éditorialiste au *Times* – aussi bien comme critique télé que dans la section la plus lue du journal, la rubrique satirique « Celebrity Watch » – remportant le prix British Press de l'éditorialiste de l'année en 2010.

Aînée de huit enfants, scolarisée à domicile dans un logement social de Wolverhampton, Caitlin lut énormément de livres sur le féminisme – dans le but principal de pouvoir enfin prouver à son frère Eddie qu'elle était scientifiquement meilleure que lui.

Caitlin n'est pas son vrai nom. Elle a été baptisée « Catherine ». Mais elle a vu « Caitlin » dans un roman de Jilly Cooper quand elle avait treize ans et a trouvé l'orthographe excitante. Voilà pourquoi elle le prononce mal : « Catlin ». Ce qui cause du tort à tout le monde.

www.caitlinmoran.co.uk

Prologue

Le pire anniversaire de l'histoire

Wolverhampton, 5 avril 1988

Me voici, le jour de mes treize ans. En train de courir. De fuir les petites frappes du quartier.

« Espèce de garçon manqué !

— Épave !

— Garçon manqué ! »

Je fuis les petites frappes qui traînent sur l'aire de jeu proche de la maison familiale. Une aire de jeu tout ce qu'il y a de plus typique de l'Angleterre de la fin des années 1980. Surfaces sécurisées, design ergonomique, connaît pas ! Pas plus que les lattes sur les bancs, d'ailleurs. Tout n'est que béton, bouteilles de Corona en miettes et herbes folles.

Je cours comme une dératée. Mon souffle se bloque dans ma gorge comme du vomi. Cette scène, je l'ai déjà vue dans des documentaires animaliers. La suite, je la connais par cœur. Mon rôle est clairement celui de « la faible antilope séparée de son troupeau ». Les petites frappes, ce sont « les lions ». Ça finit toujours mal pour l'antilope. Bientôt, je serai leur « déjeuner ».

« Eh, la romano ! »

Je porte des bottes Wellington, les lunettes fournies par la santé publique me font la tête d'Alan Bennett, et le manteau militaire de mon père semble tout droit sorti de la penderie de Withnail[1]. Je n'ai pas, il faut bien l'admettre, une allure des plus féminines. Diana, la princesse de Galles, est féminine. Kylie Minogue est féminine. Moi, je suis… féminulle ! Je peux comprendre la perplexité de ces casse-bonbons. Ils n'ont pas l'air d'avoir poussé beaucoup les recherches, a) en iconographie de la contre-culture, ni b) sur l'imagerie ô combien stimulante des androgynes extrêmes. Je suppose qu'ils ont dû se sentir tout aussi paumés en voyant Annie Lennox et Boy George dans *Top of the Pops*.

S'ils n'étaient occupés à me prendre en chasse, je leur en toucherais bien deux mots. Peut-être leur dirais-je que j'ai lu *Le Puits de solitude*, de Radclyffe Hall, célèbre lesbienne vêtue de pantalons, et qu'ils feraient bien de s'ouvrir aux modes vestimentaires alternatives. Peut-être même citerais-je Chrissie Hynde, aussi. Elle porte bien des habits masculins, elle. Et ça ne dérange personne. Et Caryn Franklin dans *The Clothes Show* pareil – et elle a l'air *adorable* !

« Eh, la romano ! »

Les petites frappes s'arrêtent un instant, apparemment pour se concerter. Je ralentis l'allure et m'adosse contre un arbre, en pleine hyperventilation. Je suis épuisée. Avec mes 82 kilos, je ne suis pas vraiment bâtie pour la course-poursuite. Je suis moins Eunice Barber que Babar. Je reprends mon souffle et en profite pour examiner la situation.

Ce qui serait formidable, ce serait d'avoir un chien de garde. Un berger allemand bien dressé, pour attaquer ces garçons – presque brutalement. Un animal qui réagisse à la peur et à l'appréhension de son maître.

1. Héros fauché et dépenaillé du film culte *Withnail et moi*, de Bruce Robinson. (*N.d.É.*)

J'observe mon propre berger allemand, Saffron, échouée à quelque 200 mètres de là. Elle se roule dans une merde de renard en pédalant de joie. Elle a l'air tellement heureuse. Cette journée est une aubaine pour elle : sa promenade est beaucoup plus longue et rapide que d'habitude.

Même si cette journée n'est pas exactement une aubaine pour moi, je n'en suis pas moins surprise lorsque, en ayant fini avec leur conciliabule, les petites frappes se figent une minute, avant de me lancer des cailloux. Ce qui me semble un peu extrême, tout bien réfléchi. Je me remets à courir.

Pas la peine de vous donner autant de mal pour m'opprimer ! me dis-je avec indignation. J'étais déjà bien assez soumise comme ça ! Franchement, « romano » c'était amplement suffisant.

Seules quelques pierres m'atteignent, sans vraiment me faire mal, bien entendu : mon manteau a connu une guerre, peut-être deux. Les cailloux, il s'en tape. Il est conçu pour résister aux grenades.

Mais c'est l'intention qui compte. Tout ce temps consacré à me harceler, alors qu'ils pourraient s'adonner à tant d'activités autrement plus satisfaisantes – comme sniffer de la colle, ou tripoter des filles qui s'habillent en vraies filles, elles.

Comme douées de télépathie, les petites frappes se désintéressent de moi au bout d'une minute ou deux. Apparemment, cette antilope-là n'est plus d'actualité. Je cours toujours, mais eux restent où ils sont – jetant de temps à autre un caillou dans ma direction, presque avec nonchalance, jusqu'à ce que je sois hors d'atteinte. Leurs cris, en revanche, ne cessent pas.

« Sale mec raté ! crie le plus grand, comme en arrière-pensée, tandis que je m'éloigne. Espèce de… et *chiotte* ! »

Arrivée à la maison, je pleure sur le perron. Franchement, on ne peut pas pleurer tranquille chez nous. J'ai essayé par le passé – mais on se retrouve à devoir expliquer entre deux sanglots pourquoi on pleure, et à peine a-t-on commencé qu'une autre personne fait son entrée, exigeant d'entendre l'histoire depuis le début et, avant même de s'en rendre compte, on a dû raconter le pire de ses malheurs six fois, tant et si bien qu'on se retrouve dans un état d'hystérie tel qu'on en a le hoquet pour le reste de l'après-midi.

Lorsqu'on vit dans une petite maison avec cinq jeunes frères et sœurs, il est bien plus prudent – mais aussi plus efficace – de pleurer seul.

Je regarde la chienne.

Si tu étais une bête noble et loyale, tu viendrais boire les larmes sur mes joues, me dis-je.

Au lieu de quoi Saffron se lèche bruyamment la vulve.

Saffron est notre nouveau chien – « le nouveau chien stupide ». C'est aussi un chien « pas net » – que mon père s'est « procuré » lors d'une transaction comme il en mène parfois au Hollybush Pub, et durant lesquelles on se retrouve à attendre dehors dans le van pendant deux heures qu'il nous ramène, à l'occasion, un paquet de chips ou une bouteille de Coca. Avant de finir par débouler à toute vitesse du pub, les bras chargés d'un article incongru, comme un sac de gravier ou une statue de renard en béton décapitée.

« Ça rigole pas, là-dedans », dit-il alors, avant de mettre la gomme, un verre dans le nez.

Un jour l'article incongru s'est trouvé être Saffron, un berger allemand âgé d'un an.

« Elle était dans la police », avait-il dit, fièrement, en la déposant avec nous à l'arrière du van, où elle s'était empressée de faire partout. Une enquête plus poussée révélerait que, certes, elle avait été dans la police, mais qu'il n'avait pas fallu plus d'une semaine aux dresseurs pour se rendre compte qu'elle souffrait de troubles psychologiques profonds et avait une peur bleue :

1) du bruit
2) du noir
3) des gens
4) des autres chiens
5) et que le stress la rendait incontinente.

Ça reste malgré tout mon chien et, techniquement, la seule de mes amies avec qui je ne suis pas liée par le sang.

« Reste à mes côtés, vieille branche ! lui dis-je en me mouchant sur ma manche avec la ferme résolution de retrouver ma joie. Ce jour restera dans l'histoire ! »

Après une bonne rasade de larmes, j'escalade la clôture par le côté et entre par la porte arrière. Maman est dans la cuisine, occupée à « préparer la fête ».

« Va dans le salon ! intime-t-elle. Attends là-bas ! et NE REGARDE PAS LE GÂTEAU ! C'est une surprise ! »

Le salon est surpeuplé. Mes frères et sœurs se sont matérialisés dans chaque recoin de la maison. En 1988, nous sommes encore six – deux ans plus tard, nous serons huit. Ma mère, telle une ouvrière à la chaîne dans une usine Ford, nous sort un petit braillard tous les vingt-quatre mois, jusqu'à ce que la maison soit pleine à craquer.

Caz – de deux ans ma cadette, rouquine, nihiliste – est étendue sur le canapé. Elle ne bouge pas d'un iota lorsque j'entre dans la pièce. Je n'ai nulle part où m'asseoir.

« HUM HUM ! » dis-je en désignant le badge épinglé sur mon revers. Lequel annonce « C'est mon

ANNIVERSAIRE !!!! » J'ai déjà oublié mes larmes. J'ai tourné la page.

« Plus que six heures, répond avec platitude Caz, immobile. Autant arrêter la comédie tout de suite, non ?

— Plus que six heures de FUN ! Six heures de FUN d'ANNIVERSAIRE ! Qui SAIT ce qui pourrait arriver ! Après tout, on est dans une MAISON DE FOUS ! »

Je suis, la plupart du temps, d'un optimisme sans bornes. Je bouillonne joyeusement comme une idiote. Mon entrée de journal de la veille annonçait « ai bougé la friteuse sur l'autre comptoir – c'est trop CLASSE ! »

Mon endroit préféré au monde – la plage sud d'Aberystwyth – est défiguré par un tuyau d'écoulement d'eaux usées.

Je suis absolument persuadée que notre nouveau chien stupide est la réincarnation de l'ancien – alors même que le nouveau est né deux ans avant la mort de l'ancien.

« Mais on reconnaît Sparky dans son regard ! je soutiens mordicus en contemplant le nouveau chien stupide. Sparky NE NOUS A JAMAIS QUITTÉS ! »

Roulant les yeux avec dédain, Caz me tend sa carte d'anniversaire. Sur laquelle elle m'a dessinée, moi, en prenant soin que mon nez occupe environ les trois quarts de mon visage.

« N'oublie pas : t'as promis de partir le jour de tes dix-huit ans pour me laisser ta chambre, a-t-elle écrit à l'intérieur. Plus que cinq ans ! Sauf si tu meurs avant ! Bisous Caz. »

Weena, elle, a neuf ans – mais sa carte, elle aussi, tourne autour de la question de mon départ et de la cession de ma chambre, même si elle a chargé des robots de me transmettre le message, ce qui le rend moins « personnel ».

L'espace n'est vraiment pas un luxe chez nous, comme le prouve le fait que je n'aie toujours nulle part où m'asseoir. Je m'apprête à me poser sur mon frère Eddie lorsque maman fait son entrée, une assiette de bougies incandescentes dans les mains.

« Joyeux anniVERSAIRE ! chantent-ils tous. J'ai vu un DROMADAIRE, il avait ton DRÔLE D'AIR... et ton SALE CARACTÈRE ! »

Maman s'accroupit devant moi pour me présenter le plateau.

« Souffle et fais un vœu ! intime-t-elle d'un air joyeux.

— C'est pas un gâteau, je fais remarquer. C'est une baguette.

— Fourrée au Philadelphia ! dit maman d'un air guilleret.

— C'est une baguette, je répète. Et il n'y a que sept bougies.

— Tu es trop grande pour le gâteau, maintenant, réplique maman en soufflant elle-même les bougies. Et les bougies comptent pour deux !

— Ça ferait 14.

— T'as fini de chipoter ! »

Je mange ma baguette d'anniversaire. Elle est délicieuse. J'adore le Philadelphia. Délicieux Philadelphia ! Si frais ! Si crémeux !

Ce soir-là – dans le lit que je partage avec ma sœur Prinnie, âgée de trois ans –, j'écris dans mon journal :

« Mon 13e anniversaire !!!! Porridge au petit déj', saucisses-frites à midi, baguette pour le goûter. Reçu 20 livres en tout. 4 cartes et 2 lettres. Reçois carte verte (adolescent) de la bibliothèque demain !!!!! Voisin d'à côté nous a demandé si on voulait des chaises qu'il mettait dehors. On a dit OUI !!!! »

Je contemple l'entrée une minute. Je devrais tout y mettre, me dis-je. Je ne peux pas omettre le négatif.

« Des garçons m'ont crié des gros maux [sic] au parc, j'écris lentement. C'est parce que leurs zizis grandissent. »

J'en ai lu assez sur la puberté pour savoir que les désirs sexuels bourgeonnants poussent souvent les adolescents mâles à traiter les filles avec cruauté.

Je sais également que, dans ce cas précis, ce n'était *vraiment pas* un désir refoulé qui poussait ces garçons à me caillasser tandis que je remontais la colline – mais je ne voudrais pas que mon journal me prenne en pitié. Pour autant qu'il sache, c'est *moi* qui avais le dessus, philosophiquement parlant. Ce journal est voué à la seule postérité.

Je contemple l'entrée qui marque mon treizième anniversaire. Un éclair de lucidité malvenue me traverse. Me voilà à partager mon lit avec un tout-petit, attifée en guise de pyjama des vieux sous-vêtements thermiques de mon père. J'ai treize ans, je pèse 82 kilos, je n'ai pas d'argent, pas d'amis, et les garçons me caillassent à vue. C'est mon anniversaire, et je suis couchée à 19 h 15.

J'ouvre mon journal à la dernière page. Celle où je note mes projets « à long terme ». Par exemple, « Mes mauvais côtés ».

Mes mauvais côtés

1) Je mange trop
2) Je ne fais pas d'exercice
3) Prompte à la colère
4) Paire [sic] tout

J'ai recensé « Mes mauvais côtés » à la Saint-Sylvestre. Un mois plus tard suivait un compte rendu de mes progrès :

1) Je ne mange plus de biscuits au gingembre
2) Promène le chien tous les jours
3) Des efforts
4) Des efforts

En dessous, je tire un trait et compose une nouvelle liste :

Avant mes dix-huit ans

1) Pairdre [sic] du poids
2) Avoir de beaux habits
3) Avoir des copians [sic]
4) Dresser le chien comme il faut
5) Oreilles percées ?

Oh la vache. Je n'en ai pas la moindre idée. Pas le moindre début d'idée de comment on peut (encore) être une femme.

Lorsque Simone de Beauvoir a déclaré « On ne naît pas femme, on le devient », elle ne croyait vraiment pas si bien dire.

Durant les vingt-deux années qui se sont écoulées depuis mon treizième anniversaire, je me suis mise à apprécier ma condition de femme – pour être tout à fait honnête, c'est devenu beaucoup plus agréable dès que j'ai obtenu une fausse carte d'identité, un ordinateur portable et un joli chemisier –, mais par bien des aspects, on ne pourrait offrir à un enfant cadeau plus cruel ou inapproprié que des œstrogènes et une grosse paire de seins. Si l'on m'avait demandé ce que je voulais pour mon anniversaire, je pense que j'aurais plutôt réclamé un bon pour des livres ou une carte cadeau C&A.

À l'époque, j'étais – comme vous avez pu vous en apercevoir – bien trop occupée à batailler avec mes frères et sœurs, à dresser mon chien et à regarder les comédies musicales cultes de la MGM pour prendre le temps de devenir une femme – du moins jusqu'à ce que mon hypophyse me force finalement la main.

Devenir une femme, c'est un peu comme devenir célèbre. Car, après avoir été généralement ignorée avec bienveillance – ce qui constitue la base de l'existence pour la plupart des enfants –, l'adolescente devient soudain une créature fascinante et se trouve bombardée de questions : Quelle taille ? Tu l'as déjà fait ? Tu couches ? Vous avez une pièce d'identité ? Ça te dit, une taffe ? T'as un copain ? T'as des préservatifs ? C'est quoi ta spécialité ? Tu sais marcher avec des talons ? Qui sont tes héros ? Tu te fais une brésilienne ? T'aimes quoi, comme porno ? Tu veux te marier ? Les enfants, c'est pour quand ? Tu es féministe ? C'est moi ou tu *flirtais* avec ce type ? Qu'est-ce qui te branche ? QUI ES-TU ?

Autant de questions ridicules à poser à une fille de treize ans sous prétexte qu'elle doit à présent porter un soutien-gorge. On aurait tout aussi bien pu les poser à mon chien. Je n'avais pas le moindre début de réponse.

Pourtant, tel le soldat précipité sur la ligne de front, on se doit de réagir, et vite. Se repérer. Établir une stratégie. Trier ses objectifs, avant de *bouger*. Parce qu'une fois que les hormones entrent en scène, plus rien ne peut les arrêter. Comme je m'en suis rapidement rendu compte, on devient un singe coincé dans une fusée ; un élément de minuterie dans une bombe. Il n'y a pas d'issue. On ne peut pas annuler l'opération – quand bien même on y songerait souvent. Pas moyen d'y couper, que ça vous plaise ou non.

Il y a celles qui *essaient* de contrarier le processus, bien entendu : les adolescentes qui tentent de gagner du temps en régressant agressivement jusqu'à leurs cinq ans, se prenant d'obsession pour tout ce qui est rose et qui « fait fille ». Remplissent leur lit d'ours en peluche, pour qu'on sache bien qu'il n'y a pas de place pour le sexe. Babillent comme des nouveau-nés, pour qu'on ne leur pose pas de questions d'adulte. À l'école, je voyais bien que certaines de mes contemporaines choisissaient de ne pas devenir des femmes actives – intrépides, forgeant leur propre destin –, préférant jouer les princesses prêtes à être « découvertes » et mariées. Même si, évidemment, je ne l'analysais pas de cette façon à l'époque. Je remarquais simplement que Katie Parkes passait tous les cours de maths à dessiner des cœurs au Bic sur ses phalanges avant de les montrer à David Morley – lequel, selon toute attente, aurait plutôt dû ressentir ses premiers émois sexuels en contemplant mes divisions parfaitement posées.

À l'autre bout du spectre dysfonctionnel se trouvent évidemment les filles kamikazes qui sonnent le tocsin contre leur hypophyse – tentant de l'affamer, de la pousser à la défaite en la perturbant à coups de boulimie ou d'anorexie.

Mais lutter contre soi-même est une guerre perdue d'avance. Il arrive toujours un moment où, épuisée et couverte de blessures, on finit par accepter que l'on doit devenir une femme – que l'on en est une –, sans quoi c'est la mort. C'est la vérité brute, fondamentale : l'adolescence n'est souvent qu'une longue et douloureuse guerre d'usure. Ces filles qui s'automutilent, les bras et les cuisses barrés d'un grillage de coupures au rasoir, ne font que se rappeler que leur corps est un champ de bataille. Si vous trouvez les coupures trop hardcore, il y a toujours les tatouages ; ou même la simple morsure du pistolet de Claire's dans votre oreille. Là. Vous voyez. Vous avez placé un marqueur sur votre corps pour vous le réapproprier, pour vous rappeler où vous êtes : en vous-même. Quelque part. Quelque part là-dedans.

Comme lorsqu'on gagne à la loterie ou qu'on devient subitement célèbre, il n'y a pas de mode d'emploi pour devenir une femme, si importants que soient les enjeux. Dieu sait si, à treize ans, j'ai essayé d'en trouver un ! On peut lire l'avis des autres sur le sujet – comme on révise pour un examen –, mais cette approche m'apparaît en elle-même problématique. Car tout au long de l'Histoire, on trouve des destins de femmes qui – contre vents et marées – ont eu tout bon sur le plan de la féminité, mais s'en sont trouvées compromises, malheureuses, entravées ou détruites, simplement parce que la société dans laquelle elles vivaient avait tort. Montrer à une jeune fille une pionnière – Sylvia Plath, Dorothy Parker, Frida Kahlo, Cléopâtre, Boadicée, Jeanne d'Arc – revient aussi, souvent, à lui montrer une femme qui a fini brisée. Il suffit, pour voir reniés ses triomphes durement obtenus, de vivre dans un climat où les victoires sont perçues comme une menace, une anomalie, une faute de goût ou, pire encore pour une adolescente, simplement comme quelque chose de pas cool. Peu de jeunes filles choisiront d'avoir raison – oui, raison, au plus profond de leur être brillant – si cela signifie être isolée.

Alors, même si *Comment peut-on (encore) être une femme ?* rapporte tous ces moments où, mal informée, non préparée, emplie d'illusions fatales quant à ma capacité à porter le poncho avec classe, je me suis fourvoyée dans mes tentatives, il semblerait qu'au XXIe siècle, rapporter son expérience ne suffise plus. Bien sûr « l'atelier de sensibilisation » féministe à l'ancienne a toujours une valeur inestimable. Lorsqu'on aborde les sujets de l'adoption, la chirurgie esthétique, l'accouchement, la maternité, le sexe, l'amour, le travail, la misogynie, la peur, ou tout simplement la question de savoir comment on se sent dans ses baskets, les femmes ont trop rarement encore le réflexe de s'avouer la vérité, à moins d'être vraiment complètement ivres. La hausse permanente de l'alcoolisme chez les femmes n'est peut-être que l'indice d'une tentative, postmoderne de leur part, de communiquer entre elles. Ou peut-être est-elle tout simplement imputable au fait que le sancerre est un véritable délice. Pour être honnête, je serais prête à parier sur les deux !

Pourtant, même s'il est vital d'ajouter son grain de sel sur ce que cela veut *réellement* dire d'être une femme – plutôt que de rabâcher la version aseptisée que l'on en donne habituellement –, on ne peut pas encore se passer de toute la partie analytico-argumentato-« faut que ça change ». Mais si, vous savez... Le féminisme, quoi.

C'est là qu'émerge le second problème. Le féminisme, pourrait-on croire, devrait couvrir toutes ces questions. Mais le féminisme, en l'état actuel... se contente d'être, justement. Il fait du surplace. Je n'ai cessé, ces dernières années, de chercher des réponses à mes questions du côté du féminisme moderne. Mais je me suis rendu compte que l'une des révolutions les plus exaltantes, incendiaires et efficaces de l'Histoire s'était finalement réduite à une poignée de querelles de plus en plus rabougries, entretenues par un cercle restreint d'universitaires dans des livres lus de leurs seules congénères et débattues à 23 heures sur BBC4. Ce qui m'inspire les réserves suivantes :

1) Le féminisme est trop essentiel pour qu'on l'abandonne aux universitaires. Et, plus important encore :
2) Je n'ai rien d'une universitaire, mais, bon sang, le féminisme est une question tellement sérieuse, vitale, urgente, qu'il est plus que temps de la voir défendue par une éditorialiste pleine d'humour et à l'orthographe catastrophique, par ailleurs critique

télé à ses heures perdues. Je veux être de tous les sujets excitants et fun – hors de question de rester spectatrice. J'ai des choses à dire ! Camille Paglia se trompe COMPLÈTEMENT sur Lady Gaga ! L'organisation féministe Object se met le doigt dans l'œil sur la pornographie ! Germaine Greer, mon héroïne, se plante allègrement sur la question des transsexuels ! Et personne, je dis bien personne, ne s'attaque à *OK! Magazine*, aux sacs à main à 800 euros, aux micro-culottes, aux épilations brésiliennes, à ces enterrements de vie de jeune fille à la noix ou à la starlette Katie Price.

Or ces sujets ont besoin qu'on s'y attaque. Qu'on les plaque, façon rugby, en s'époumonant, la face la première dans la boue.

Le féminisme traditionnel vous dira que ce sont des sujets sans importance ; que l'on ferait mieux de se concentrer sur les grands problèmes tels que l'inégalité des salaires, l'excision dans les pays du Tiers-Monde ou la violence conjugale. Autant de pratiques à l'évidence graves, répugnantes, répréhensibles, que le monde se doit d'éliminer s'il veut pouvoir se regarder en face.

Mais tous ces petits soucis ridicules et terre à terre inhérents à la condition féminine sont, de bien des façons, tout aussi nuisibles à notre tranquillité d'esprit. C'est la théorie dite de la vitre brisée, appliquée à la discrimination des femmes. Dans cette théorie, il suffit qu'une seule vitre brisée d'un bâtiment inoccupé soit ignorée et laissée sans réparation pour augmenter la probabilité de voir des vandales en casser d'autres. Jusqu'à ce qu'ils finissent par s'introduire dans le bâtiment pour squatter ou y mettre le feu.

De la même façon, il suffit de vivre dans un environnement où la toison pubienne est vue comme un indice de mauvais goût, où les femmes célèbres et puissantes sont constamment vilipendées à cause de leur silhouette ou de leur tenue vestimentaire, pour que, au bout d'un moment, on se mette à démolir les femmes et à les brûler. Les femmes seront squattées. Une situation clairement inacceptable. Je ne sais pas ce que vous en pensez, mais pour ma part je n'ai aucune envie de me réveiller un matin avec une bande d'intrus dans mon salon.

Lorsque Rudy Giuliani est devenu maire de New York en 1993, sa foi dans la théorie de la vitre brisée l'a poussé à mettre en place une politique de « tolérance zéro ». La criminalité a diminué de façon spectaculaire, significative et durable pendant dix ans.

Le moment est venu pour nous les femmes d'introduire notre propre politique de tolérance zéro afin de réparer les vitres brisées de nos vies – j'exige une politique de tolérance zéro contre toutes ces conneries patriarcales ! Et ce qui est génial avec la tolérance zéro envers ces satanées vitres brisées, c'est qu'au XXIe siècle, on n'a plus besoin de défiler contre les mannequins anorexiques, la pornographie ridicule, les clubs de striptease ou le Botox. Plus besoin de se révolter ni de faire des grèves de la faim. Plus besoin de se jeter sous un cheval, ni même un âne. Tout ce qu'il nous faut, c'est leur faire face, sans ciller, une bonne minute, avant d'en rire. Parce que le rire nous rend sexy. Les gens nous trouvent séduisantes quand ils voient travailler nos zygomatiques.

Peut-être qu'on leur tape moins dans l'œil quand on abat le poing sur la table avec un « EH OUAIS, c'est comme ça ! VA TE FAIRE FOUTRE, patriarcat ! » avant de s'étouffer avec une poignée de chips, mais quand même.

Je ne sais pas s'il est encore judicieux de parler de « vagues » de féminisme – d'après mes calculs, la prochaine serait la cinquième, et il me semble que c'est aux alentours de la cinquième vague que l'on cesse de s'arrêter aux vagues individuelles pour évoquer, plus simplement, une marée montante.

Mais s'il devait y avoir une cinquième vague féministe, j'espère que l'élément principal la distinguant des précédentes sera que les femmes lutteront contre le malaise, le décalage et les foutaises qui accompagnent leur condition de femme moderne, non en leur criant dessus, en les assimilant, ni en s'écharpant à leur sujet – mais tout simplement en les pointant du doigt avec un « AH ! ».

Alors, oui. S'il doit y avoir une cinquième vague, voici ma contribution. Mon grain de sel. Un récit plutôt complet de tous ces moments où j'étais peu, voire pas du tout, au courant… de comment on peut (encore) être une femme.

1

Je me mets à saigner !

Je pensais que c'était en option. Je sais que les femmes saignent tous les mois, mais je ne pensais pas que cela allait m'arriver, à *moi.* Je supposais que je pourrais y échapper – peut-être par la seule force de ma mauvaise volonté. Honnêtement, cela n'a l'air ni vraiment utile ni amusant, et je ne vois pas où je pourrais trouver le temps.

Alors je ne vais pas me donner tout ce mal ! me dis-je, guillerette, tout en faisant mes dix abdos du soir. Le capitaine Moran se retire !

Je prends ma « Liste des choses à faire avant mes dix-huit ans » très au sérieux. Mon programme pour « pairdre [sic] du poids » est passé à la vitesse supérieure – non seulement je ne mange plus de biscuits au gingembre, mais je fais aussi dix abdos et dix pompes tous les soirs. Comme il n'y a pas de miroir en pied dans la maison, je n'ai aucune idée de mes progrès, mais j'imagine qu'à ce rythme mon régime paramilitaire devrait me transformer en Winona Ryder d'ici à Noël.

D'ailleurs, ça ne fait que quatre mois que je suis au courant, pour les règles. Ma mère ne nous en a jamais parlé – « je pensais que vous apprendriez tout ce qu'il faut en regardant *Clair de lune* », dira-t-elle d'un air vague quelques années plus tard lorsque je l'interrogerai à ce sujet –, aussi n'est-ce qu'en rencontrant un prospectus pour des serviettes hygiéniques Lil-let coincé par une écolière dans la haie entourant notre maison que j'ai découvert tout le cirque menstruel.

« J'ai pas envie d'en parler, décrète Caz en me voyant entrer dans la chambre, prospectus à la main, pour le lui montrer.

— Mais t'as *vu* ? » je lui demande en m'asseyant au bord du lit.

Elle s'exile à l'autre bout. Caz n'aime pas la « proximité ». Ça la rend terriblement irascible. Dans un logement social dont les trois pièces abritent sept personnes, elle est presque perpétuellement en colère.

« Regarde – ça c'est l'*utérus*, et ça c'est le *vagin*, et la Lil-let s'étire *latéralement*, pour combler le… *fossé* », dis-je.

Je n'ai fait que parcourir le prospectus. Pour être honnête, il m'a bien retourné la cervelle. La vue de coupe du système reproductif féminin semble fort compliquée et pas très pratique – un peu comme ces cages à hamster Rotastak hors de prix, avec leurs tunnels qui partent dans toutes les directions. Là encore, je ne suis pas sûre d'être très chaude pour tout ça. Je me croyais sans doute faite de viande, tout simplement – depuis le pelvis jusqu'au cou –, avec des reins coincés quelque part dans le tas. Comme une saucisse. Sais pas. L'anatomie, ce n'est pas mon fort. J'aime les romances XIXe, où les jeunes filles se pâment sous la pluie, et les mémoires de guerre de Spike Milligan. Deux genres qui ne s'embarrassent guère de menstruations. Tout cela me semble un peu… superflu.

« Et ça arrive tous les *mois* », dis-je à Caz.

Laquelle est maintenant allongée, tout habillée, sous la couette, ses Wellington aux pieds.

« J'aimerais que tu t'en ailles, lance sa voix de sous la couette. Je fais comme si t'étais morte. Rien de pire que l'idée de parler menstruation avec toi. »

Je m'éloigne à regret.

Nil desperandum ! me dis-je. J'en connais au moins une à l'oreille compatissante et toujours prête pour une conversation joyeuse !

La nouvelle chienne stupide est parquée sous mon lit. Elle a été engrossée par le petit roquet, Oscar, qui vit de l'autre côté de la route. Personne ne sait trop bien comment ça a pu se produire, Oscar faisant partie de ces minuscules chiens hargneux, à peine plus gros qu'une conserve de haricots format familial, alors que notre nouvelle chienne stupide est un berger allemand adulte.

« Elle a dû creuser un trou dans le sol pour s'y accroupir, dit Caz avec dégoût. Je te parie qu'elle en bavait d'envie. Une vraie salope, ta chienne.

— Je vais bientôt être une femme, chienne », dis-je.

La chienne se lèche la vulve. Un réflexe chez elle quand je lui parle. Je n'ai pas encore décidé ce que j'en pensais, mais il se pourrait que ça m'attriste un peu.

« J'ai trouvé un prospectus, et ça dit que je vais bientôt avoir mes règles. Je vais être honnête, chienne : ça m'inquiète un peu. Je crois que ça va faire mal. »

Je plonge mes yeux dans ceux de la chienne. Elle est bête comme ses pieds. Un néant intersidéral habite ses prunelles.

Je me lève.

« Je vais parler à maman », j'explique.

La chienne ne quitte pas sa cachette, l'air comme toujours profondément nerveux à l'idée d'être une chienne.

Je piste maman jusqu'aux toilettes. Elle en est à son huitième mois de grossesse et berce Cheryl, un an, endormie dans ses bras, tout en essayant d'uriner.

Je m'assieds sur le bord de la baignoire.

« Maman ? »

Pour une raison qui m'échappe, je suis convaincue de n'avoir droit qu'à une seule question sur le sujet. Mon unique chance de lancer une « conversation sur le cycle menstruel ».

« Oui ? » répond-elle.

Alors même qu'elle est en train d'uriner, un bébé dans les bras, elle trie également les blancs dans le panier de linge sale.

« Tu sais... *mes règles* ? je murmure.

— Oui ? dit-elle.

— Ça va faire mal ? »

Elle réfléchit un instant.

« Oui, dit-elle finalement. Mais c'est normal. »

Le bébé se met alors à pleurer, si bien qu'elle ne m'expliquera jamais pourquoi c'est « normal ». La question demeure sans réponse.

Trois semaines plus tard, j'ai mes premières règles. Événement que je trouve profondément déprimant. Ça commence dans la voiture en route pour la bibliothèque municipale, et je dois me résoudre à faire le tour du rayon essais pendant une demi-heure, priant pour que cela ne se voie pas, en attendant que papa nous ramène à la maison.

« Mes premières règles ont commencé : berk », j'écris dans mon journal.

« Je doute que Judy Garland ait jamais eu ses règles », dis-je à la chienne, mécontente, ce soir-là. Je me regarde pleurer dans un petit miroir portatif. « Ni Cyd Charisse. Ni Gene Kelly. »

Le sac de serviettes hygiéniques Pennywise que ma mère range à l'arrière de la porte de la salle de bains est également mon affaire, maintenant. Je ressens une sorte de jalousie mélancolique envers mes jeunes sœurs qui ne sont pas encore « dans le même sac ». Les serviettes sont épaisses, bon marché – collées dans ma culotte, elles forment comme un matelas entre mes jambes.

« J'ai l'impression d'avoir un matelas entre les jambes », dis-je à Caz.

On est en train de jouer aux poupées Sindy. Quatre heures de jeu, et voilà que la Sindy de Caz, prénommée Bonnie, est en train d'assassiner tout le monde sur un paquebot de croisière. Ma Sindy, Layla, tente de mener l'enquête. Bernard, l'Action Man unijambiste, sort avec les deux Sindy à la fois. On passe notre temps à se disputer la propriété de Bernard, alors même qu'il appartient à Eddie. Aucune de nous deux n'a envie de voir sa Sindy célibataire.

« Un matelas horriblement épais, je continue. Comme dans *La Princesse au petit pois.*

— Elles font quelle taille ? » demande Caz.

Dix minutes plus tard, nos Sindy font la sieste sur six serviettes Pennywise alignées comme dans un dortoir.

« Tu parles d'une chance ! je m'exclame. C'est comme quand on s'est rendu compte que les choux de Bruxelles avaient exactement la même tête que les choux Sindy. Tu vois, Caz – c'est le bon côté de la menstruation ! »

Comme les serviettes sont bon marché, elles se décomposent entre mes cuisses quand je marche, ce qui les rend inefficaces et donne des fuites. Je renonce à la marche à pied le temps de mes règles. Celles-ci durent trois mois. Ce que je crois parfaitement normal. Je m'évanouis souvent. Je deviens si anémiée que mes ongles des mains et des pieds virent au bleu pâle. Je n'en dis rien à maman, parce que j'ai déjà utilisé ma question sur les règles. Maintenant je n'ai plus qu'à m'y faire.

Le sang qui tache mes draps est déprimant – non pas dramatique, ni rouge, comme dans les meurtres, mais marron et pénible, comme un accident. Comme si j'étais rouillée de l'intérieur, et que je me délitais. Afin de ne pas avoir à nettoyer les taches tous les matins, je prends l'habitude de bourrer ma culotte de monceaux de papier toilette, en plus de ma serviette hygiénique inutile, et m'efforce de ne pas bouger la nuit. Parfois, d'énormes caillots de sang apparaissent, comme des bouts de foie cru. Je suppose que c'est la doublure de mon utérus qui se détache par tranches d'un pouce, que ça montre combien la menstruation est une affaire viscérale. Ce qui ne fait qu'ajouter à la sensation qu'il se passe quelque chose de terrible, mais que le mentionner serait contraire au règlement. Je repense fréquemment à toutes ces femmes à travers l'Histoire qui ont dû se coltiner ce ramassis de conneries, avec pour seules armes des haillons et de l'eau froide.

Pas étonnant que les femmes aient été opprimées par les hommes pendant si longtemps, me dis-je en frictionnant ma culotte avec une brosse à ongles et du savon noir dans la salle de bains. Le sang séché incrusté dans le coton est coriace. Nous étions toutes trop occupées à frotter pour réclamer le droit de vote avant l'invention du lave-linge séchant.

Bien que de deux ans ma cadette, Caz a ses premières règles six mois après les miennes – alors même que j'entame ma deuxième tournée. Elle fait irruption dans ma chambre en larmes, pendant que tout le monde dort, et murmure ces mots terribles : « J'ai mes règles. »

Je lui montre le sac de serviettes hygiéniques au dos de la porte de la salle de bains et lui explique comment faire.

« Tu les mets dans ta culotte et tu marches plus pendant trois mois. C'est facile.

— Ça va faire mal ? demande-t-elle, les yeux écarquillés.

— Oui, je réponds avec une noblesse toute adulte. Mais c'est normal.

— Pourquoi c'est normal ? demande-t-elle.

— J'en sais rien.

— Ben alors, pourquoi tu dis ça ?

— J'en sais rien.

— Bon sang. Pourquoi tu l'ouvres, alors ? Tu dis de ces trucs, des fois ! »

Caz souffre d'horribles crampes – elle reste alitée, les rideaux tirés, recouverte de bouillottes chaudes, et crie « Va te faire foutre » à quiconque tente d'entrer dans la pièce. En bonne hippie, ma mère n'a pas « foi » dans les antidouleurs, aussi nous presse-t-elle de nous en remettre aux remèdes naturels. Nous lisons que la sauge devrait nous faire du bien, et passons notre temps à nous empiffrer de sauge et de farce à l'oignon, les larmes aux yeux. Aucune de nous deux ne peut croire qu'il va nous falloir endurer ça pendant trente ans.

« Je veux même pas d'enfants, dit Caz. Alors tout ça, ça me rapporte rien. Je voudrais me faire retirer tout l'appareil reproductif et le faire remplacer par des poumons de rechange, pour quand je commencerai à fumer. J'exige cette option. Ça rime à rien cette histoire. »

À cet instant précis, il semblerait que la condition de femme n'ait rien de recommandable. Dans leur caprice, les hormones sexuelles ont fait de cette enfant insouciante une lavandière prompte aux saignements, sanglots et autres évanouissements. Des hormones qui ne me rendent même pas féminine : toutes les nuits, je gis dans mon lit, misérable, avec ma serviette hygiénique dont la bosse rappelle une bite.

J'enlève tout, tristement, et sors ma chemise de nuit du tiroir. Lorsque je me retourne, la chienne a surgi de sa cachette sous mon lit pour dévorer ma serviette hygiénique. Des fragments déchiquetés de coton sanguinolent jonchent le sol tandis que ma culotte pend de sa gueule. Elle me lance un regard désespéré.

« Oh bon sang – ta chienne est un vampire lesbien », dit Caz depuis son lit en se retournant pour dormir.

Je fais un pas pour récupérer ma culotte, avant de m'évanouir.

Au beau milieu de ces turpitudes hormonales, cependant, la cavalerie débarque finalement au sommet de la colline, les éperons cliquetant, les épaulettes rutilantes au soleil, sous la forme d'une carte de bibliothèque verte. Maintenant que j'ai treize ans, je peux emprunter des livres pour adultes sans avoir à passer par le compte de mes parents. Ce qui veut dire que je peux emprunter des livres secrets. Des livres cochons. Des livres avec du sexe dedans.

« Je fais des drôles de rêves ces temps-ci », dis-je à la chienne tandis que nous nous dirigeons vers la bibliothèque. Laquelle se situe de l'autre côté du Green – une gigantesque étendue d'herbe désolée, où il faut toujours rester à l'affût des petites frappes. Il ne fait pas bon se promener impunément au milieu, exposée. Il faut s'en tenir aux bords extérieurs, près des maisons, de façon à ce que les gens qui habitent là n'aient pas à prendre leurs jumelles pour vous voir vous faire défoncer la tête en cas d'attaque.

« Des rêves… avec des hommes. » Je regarde la chienne. La chienne me regarde. Je pense qu'elle a le droit de savoir toute la vérité sur ce qu'il se passe là-dedans. Je lui dois bien ça.

« Je suis amoureuse de Chevy Chase, lui dis-je dans un accès de joie soudain. Je l'ai vu dans le clip de *Call Me Al* de Paul Simon, sur l'album *Graceland* sorti en 1986 chez Warner Bros., et depuis je pense sans cesse à lui. Dans un de mes rêves il m'embrassait, c'était vraiment excitant comme sensation. Je vais demander à papa si on peut louer *Trois Amigos* vendredi. »

Demander à louer *Trois Amigos* est plutôt osé – on a déjà prévu d'emprunter *Howard... une nouvelle race de héros*. Ça va me coûter pas mal de simagrées, mais ça en vaudra le coup. Je ne l'ai pas encore dit à la chienne, mais l'idée d'embrasser Chevy Chase m'a tellement excitée que, la veille, j'ai écouté *Call Me Al* seize fois de suite en l'imaginant qui me caressait le visage tandis que Paul Simon jouait son solo de basse. J'en pince tellement pour Chevy. J'ai même déjà prévu ma première réplique lorsque je le rencontrerai – celle qui ensorcellera son cœur.

« Chevy Chase ? lui demanderai-je lors d'une soirée calquée sur celles que j'ai vues dans *Dynasty*. Un rapport avec *Cannock* Chase ? »

Cannock Chase est juste à la sortie de l'A5 en direction de Stafford. Non seulement Chevy, star de cinéma et humoriste né à L. A., comprendra cette blague, mais il va même l'adorer.

Bien sûr, j'ai déjà eu le béguin pour d'autres avant. Enfin, un autre. Ça n'avait pas très bien fini. À sept ans, ayant vu un épisode de *Buck Rogers*, j'étais tombée amoureuse de ce crétin de cowboy de l'espace américain si clairement inspiré de Han Solo qu'on aurait tout aussi bien pu l'appeler San Holo et lui faire piloter le Maucon Fillenium aux côtés de Bewchacca.

Tandis que ces nouvelles substances chimiques amoureuses – Bucknésium et Rogertonine – m'emplissaient les veines, je découvrais ce qu'était l'amour, qui s'apparentait à un grand… intérêt. Un intérêt tel que je n'en avais encore jamais connu pour quoi que ce soit auparavant.

Je m'intéressais à tout, absolument tout ce qui avait un rapport avec Buck. Son visage en lui-même était intéressant. Sa prestance, debout près d'une porte = intéressant. La façon qu'il avait de tenir son pistolet laser en plastique léger comme s'il pesait dans sa main = intéressant. La chanson du générique avait pris une telle charge de désir et de Buck Rogerité que j'en ressens toujours un pincement quand je l'entends, même vingt-huit ans plus tard.

Bien sûr, c'étaient là des sentiments assez énormes à gérer, aussi avais-je fait ce que nous faisions toujours lorsqu'un événement d'importance se produisait : j'avais saisi Caz – alors âgée de cinq ans – pour l'entraîner avec moi dans le placard-séchoir. Comme l'auraient fait les Mitford[1] – à ceci près que leur placard était bien plus vaste que le nôtre, et qu'il ne sentait pas la lessive bon marché, les crottes de souris et les pets.

« Caz, avais-je dit en refermant la porte autant que possible, le visage aussi grave qu'un oracle. J'ai une nouvelle incroyable à t'annoncer. »

J'avais marqué une pause, les yeux rivés sur elle.

« Je… suis AMOUREUSE, de Buck Rogers. Faut pas le dire à maman. »

Caz avait acquiescé.

Allégée de mon fardeau, j'avais rouvert la porte et signalé à Caz qu'elle pouvait disposer. Je l'avais

1. Famille de la noblesse anglaise, notamment connue pour ses six filles, surnommées les sœurs Mitford, dont l'histoire se confond avec celle du XXe siècle. (*N.d.T.*)

regardée traverser le palier et descendre l'escalier. Puis entendue ouvrir la porte du salon.

« Maman. Cate est amoureuse de Buck Rogers », avait-elle annoncé.

J'avais alors appris, en cet instant – tandis que la honte me consumait comme de la cendre incandescente –, que l'amour est agonie, que tous les béguins devraient être tenus secrets, et que Caz était une enfoirée dégonflée et traître.

Autant de faits qui m'auront bien servi par la suite. J'avais tellement appris dans le placard-séchoir ce jour-là. Vingt minutes plus tard à peine, je remplissais la taie d'oreiller de Caz de petits pois surgelés tout en murmurant, comme un mauvais présage, « la guerre est déclarée. »

Après avoir écrasé tout sentiment amoureux pendant si longtemps, la ruée de ces hormones adolescentes les rendait à présent impossibles à ignorer. La jeune fille de treize ans aux cheveux tressés qui contourne le Green tout en parlant à sa chienne enceinte se pâme de désir.

« Je vais emprunter le roman tiré de *Fletch aux trousses* », j'annonce à la chienne. *Fletch aux trousses* était un film plutôt médiocre mettant en vedette Chevy Chase. « Il y aura une photo de Chevy sur la couverture, et je vais regarder la photo de Chevy et puis la copier dans mon Carnet d'Amour. »

Le Carnet d'Amour est une invention récente. La couverture annonce « Carnet d'Inspiration », mais il s'agit bien d'un « Carnet d'Amour ». Pour l'instant, j'y ai mis neuf photos de la duchesse d'York, ainsi qu'un minuscule cliché de Kermit la grenouille découpé dans *Radio Times*. J'adore la duchesse d'York. En 1988, elle est très grosse, mais mariée à un prince. Elle me donne de l'espoir.

J'ai déjà prévu ce que je vais faire avec le roman de *Fletch aux trousses*. Une fois rentrée à la maison, je vais l'envelopper dans un gilet et le cacher au fond de mon tiroir à culottes, à l'abri des regards parentaux. Il est très important que mes parents n'aillent pas s'imaginer que je commence à m'enticher des gens, parce qu'alors ils se rendraient compte que je suis en train de grandir, chose que je m'efforce de garder secrète. Parce que ça pourrait créer des incidents.

À la bibliothèque, je trouve facilement le roman de *Fletch aux trousses*. La photo de Chevy sur la couverture est d'une taille satisfaisante – je vais pouvoir user mes crayons à recopier ce visage à tomber.

Sur un coup de tête, je dépose également *Riders* de Jilly Cooper sur le comptoir pour le faire tamponner. La couverture représente un cheval. J'aime les chevaux. J'entends la chienne chouiner dehors. Je l'ai attachée à un arbre, mais elle ne tient pas en place et finit souvent par s'autolyncher avec sa laisse. Il est probablement temps de la libérer, avant qu'elle ne pousse son dernier souffle.

Trois heures plus tard, je n'en reviens pas de ce que je suis en train de lire. Dès mon premier jour d'accès à la littérature adulte, j'ai mis la main sur une mine d'or cochonne. Du salace en barres. *Riders* de Jilly Cooper dépasse tous mes rêves les plus fous – ce n'est que bites, seins et baise à foison. Des clitos comme s'il en pleuvait. Des culs sans fond. Un ouragan de tétons, de pipes et de broute-minou.

Tout n'est pas clair – Cooper ne cesse d'évoquer le « buisson » d'une des héroïnes et, jusqu'à la page 130, je ne suis pas tout à fait convaincue qu'il ne s'agit pas effectivement de végétation. Et je n'ai aucune idée de ce que peut bien être un cunnilingus – mais je suis à peu près sûre que personne à Wolverhampton n'a les moyens de s'en offrir un. Je parie qu'on n'en trouve même pas à Birmingham. Ça doit être un truc de Londoniens.

Ceci mis à part, c'est, sans aucun doute, la bible de la lubricité, la pierre de Rosette du vice : le mètre-étalon à l'aune duquel ces « sentiments nouveaux et inhabituels » que je ressens ces derniers temps vont se convertir en « séances compulsives de masturbation sauvage pour les quatre années à venir ».

Lors de ma première tentative – vers le milieu du chapitre 5 –, il me faut vingt minutes pour jouir. Je ne sais pas trop comment m'y prendre – dans le livre, les gens « plongent » dans des « buissons humides » jusqu'à produire quelque chose d'extraordinaire. Je tâtonne – la langue fermement coincée entre les dents sous le coup de la concentration –, déterminée à tout essayer dans ce recoin inconnu dont je dispose depuis treize ans.

Lorsque je jouis enfin, je m'allonge, en sueur, exténuée, la main courbaturée, folle d'excitation. Une sensation incroyable. Pas loin sans doute de ce que Fonzie doit ressentir en entrant dans la pièce avec un « Heeeeey », ou la duchesse d'York lorsque Andrew l'embrasse. Je me sens propre, légère, heureuse. Rayonnante dans cette explosion céleste, avec mes oreilles bourdonnantes et mon souffle encore irrégulier, je me sens, disons-le, assez magnifique.

Je ne peux pas coucher les événements sur le papier de mon journal – Caz et moi nous menons une guerre d'indiscrétion, œil pour œil, dent pour dent, depuis des années. Parfois, elle inscrit des commentaires – « T'es vraiment pitoyable » – dans la marge, lorsqu'une entrée la dégoûte ou l'agace tout particulièrement.

Mais l'enthousiasme avec lequel je décris le reste de ma journée pourrait bien trahir l'intensité de ce que je ressens.

« Maman a acheté un pinceau pâtissier ! TROP PRATIQUE ! Sandwich au fromage pour le dîner – c'est teeeeeeellllllllllement bon. Papa est d'accord pour louer *Trois Amigos*. YESSSSSSSSS !!! »

Au cours des semaines suivantes, je deviens une masturbatrice extraordinairement virtuose. J'y investis un temps et des efforts phénoménaux. Je m'envoie en l'air dans une large sélection de lieux – le salon, la cuisine, au fond du jardin. Debout, assise sur une chaise, étendue à plat ventre, de la main gauche – j'aime varier les plaisirs. Je suis une amante imaginative et attentionnée envers moi-même.

Certaines après-midi, je m'enferme dans ma chambre, où je jouis pendant des heures et des heures et des heures – jusqu'à en avoir le gras des doigts aussi fripé que si j'étais restée dans le bain. Ce nouveau passe-temps est fabuleux. Il ne coûte rien, ne m'oblige pas à sortir de la maison et ne me fait pas grossir. Je me demande si tout le monde est au courant. Peut-être cela serait-il le début d'une révolution ! J'ai tellement hâte d'en parler à tout le monde, sauf que je n'en parlerai à personne, parce que c'est le plus grand secret de tous les temps. Plus secret encore que les règles, ou que la présence de boutons sur mon derrière.

J'en parle à la chienne, évidemment, et la chienne, comme à son habitude, se lèche la vulve – réaction semble-t-il appropriée, quoique insuffisante. Il me faut une audience plus vaste. Je dois m'en remettre aux vieilles méthodes.

« Si c'est pour me dire combien tu adores te branler, lance Caz dont le regard n'a rien à envier aux lasers fusant des yeux de Zod dans *Superman II*, alors je vais prier Dieu très fort pour que tu meures dans les quatre secondes. Je refuse d'entendre ça. »

Je me retourne, regagne ma chambre et rouvre *Riders* à la page 113. La colle de la reliure est pulvérisée, si bien que le livre s'ouvre de lui-même au bon endroit. Billy emmène Janey à Bluebell Wood – où les orties sont poivrées et humides, et où le mois d'août ralentit tout – et je plane de plus belle.

Sous le lit, la chienne chouine.

Durant les années qui suivent, la masturbation devient un passe-temps chronophage mais gratifiant. Même si j'apprends – au bout de quelques semaines – qu'on l'appelle ainsi, je ne la désigne jamais par ce terme. « Masturbation », c'est trop proche de « perturbation », alors même qu'il s'agit d'un développement des moins perturbants. « Branlette » n'est guère plus approprié – ça évoque un tour de manivelle, ou le maniement difficile d'une machine mal dégrossie à grand renfort d'huile de coude et de hurlements.

Alors que ce que je fais est, tout au contraire, onirique, délicat et doux – en dehors des occasions où mes ongles trop longs me laissent si endolorie que je dois repousser mes propres avances pendant quelques jours. Pour moi, ça reste « ça » – et bientôt, *Riders* ne suffit plus à nourrir « ça », aussi révolutionnaire qu'ait été le titre.

Je fais alors la même chose que tous mes contemporains – la dernière génération avant l'avènement de la pornographie gratuite en ligne, diffusée avec la même largesse que les lunettes et le lait distribués par le gouvernement travailliste de l'après-guerre. Je prends l'habitude de lire *Radio Times* pour essayer de trouver sur quelles chaînes de télé se cachent les programmes cochons.

Les meilleures sources d'excitation, comme je le découvre rapidement à l'instar de millions d'autres adolescents au tournant des années 1990, sont divisées de façon équitable entre « films et téléfilms classe sur la BBC2 » et « émissions "jeunesse" de fin de soirée sur Channel 4 ». Il faut savoir repérer les bons mots-clés dans le programme. « Jenny Agutter » est l'un des plus proéminents. La lubricité suit Agutter comme son ombre. *L'Âge de cristal*, *Le Loup-Garou de Londres*, *La Randonnée* – qui aurait tout aussi bien pu s'intituler « La Ramonée » : là où passe Agutter, ce n'est que décolletés, morsures dans le cou, mains au panier, le tout souligné de halètements. Même dans *Les Enfants du chemin de fer* – l'adorable, le familial *Les Enfants du chemin de fer* –, elle se retrouve à agiter ses sous-vêtements au nez de gentlemen victoriens sidérés tandis qu'ils émergent d'un tunnel dans une tempête de vapeur et de freins crissants. À croire qu'elle insiste là-dessus.

Tard le soir, je regarde *Le Loup-Garou de Londres*, en baissant le son, et tandis que Jenny Agutter mord avec lenteur et avidité l'épaule de David Naughton sous la douche, je me dis combien j'aimerais, moi aussi, avoir quelqu'un à croquer – même si ce quelqu'un devait s'avérer par la suite être un loup-garou et finir abattu devant moi en pleine rue, comme un chien enragé. Je suis ouverte aux mauvais comme aux bons côtés de l'amour. Je sais que ça ne sera pas facile. C'est *Graceland* qui me l'a appris, par plusieurs de ses chansons. Tard le soir, je flotte en apesanteur, les yeux rivés sur Agutter.

Mais ce n'est pas la seule Agutter qui nous intéresse. Quand le programme annonce « une sombre histoire de trahison sexuelle », c'est toujours bon signe – *A Sense of Guilt*[1] et *Blackeyes*[2] regorgent de moments où je dois traverser le salon en courant et garder le doigt

1. Série britannique, 1990. (*N.d.T.*)
2. Mini-série australo-britannique, 1989. (*N.d.T.*)

sur le bouton « off » dans l'éventualité où ma mère entrerait dans la pièce et me surprendrait en train de regarder des choses inconvenantes. Inconvenantes, ces deux séries le sont indubitablement. Des mains se glissent sous des bordures de bas noirs, Blackeyes est envoyée à sa perte. Les rapports sexuels semblent incroyablement compliqués et éprouvants, mais au moins j'aperçois des baisers et quelques seins. En voyant l'adolescente rousse séduite par Trevor Eve[1] dans *A Sense of Guilt*, j'ai envie de dire à Caz – rousse elle aussi – que je lui ai enfin trouvé un autre modèle que Woody Woodpecker, ou que Annie dans *Annie* – mais une semaine plus tôt, nous avions eu cet échange :

MOI : Devine ce qui s'est passé hier !

CAZ : Ça y est, je sais ce que je veux pour mon anniversaire – que tu arrêtes de me parler.

Une seule fois, les rapports sexuels ne sont pas empreints de culpabilité ou mettent en scène des pratiques déviantes, mais sont tout simplement magnifiques. Dans *The Camomile Lawn*[2], le personnage incarné par Jennifer Ehle papillonne dans le Londres en guerre dans un ahurissant tourbillon de fêtes, de champagne, de licence joyeuse et de baise. Avec notamment une scène qui semble être le summum de la vie d'adulte : Ehle se prélasse dans une baignoire en zinc tout en réglant par téléphone les détails de sa vie sociale en parlant dans un combiné en Bakélite noire.

« Londres, c'est formidable, s'exclame-t-elle d'un air snob, les cheveux humides sur sa nuque, les yeux déjà égayés par le champagne. Toutes ces soâréééééées ! »

Ses seins flottent, tels des archipels de crème renversée, d'une perfection sereine, leurs tétons roses

1. Acteur de télévision britannique, notamment connu pour son rôle dans *Meurtres en sommeil*. (*N.d.T.*)

2. Série britannique, 1992. (*N.d.T.*)

comme des truffes de souris. Plus tard, ils seront revêtus de soie rose et promenés sur un balcon pour partager une cigarette avec un joli garçon qui rêve de les toucher. Les seins de Jennifer Ehle dans *The Camomile Lawn* vous feraient croire qu'il n'y a rien de plus génial au monde que d'avoir des seins. Je les contemple, assise seule dans les ténèbres du salon. Mes seins n'ont pas du tout la même allure dans l'eau. Je n'ai aucune idée de ce à quoi ils peuvent bien ressembler dans un bain – je les recouvre toujours d'un gant de toilette, au cas où quelqu'un ferait irruption dans la pièce. Il n'y a toujours pas de verrou sur la porte de la salle de bains.

« Un des petits risquerait de s'enfermer et de se *noyer* », met en garde ma mère tandis que je grimpe dans la baignoire, toujours vêtue de ma culotte.

Et puis, en 1990, Channel 4 diffuse un biopic consacré à la jeunesse de Cynthia Payne[1], *Wish You Were Here*. Grande révélation. Oh, Emily Lloyd dans *Wish You Were Here* ! Mon Beatles du porno ! Mon Dickens de la baise ! Le premier personnage partageant mon âge et mes origines – adolescent, classe ouvrière – qui traite le sexe non comme quelque chose de sombre menant à la ruine, mais de plaisant, de léger – à prendre aussi sérieusement qu'une clope (que je n'ai pas encore essayée, mais j'en ai bien l'intention) ou un tour de bicyclette (que j'ai essayé une fois, tombant au passage, mais eh).

Seule dans le salon, enveloppée dans une couette, grignotant notre snack préféré du moment (une sucette de fromage, autrement dit un bout de fromage piqué sur une fourchette), je regarde, les yeux écarquillés, la scène dans laquelle la quasi-totalité de mon

1. Ancienne tenancière de bordel, dont les parties fines ont défrayé la chronique dans les années 1970-1980. (*N.d.T.*)

imaginaire sexuel trouvera son fondement. L'oncle pervers de Cynthia l'emmène dans un abri où, après une petite partie de touche-pipi, il commence à la sauter, debout contre le mur. Elle porte une robe de coton à la coupe fifties impeccable, de l'eyeliner en virgule et des mi-bas. Et mâche son chewing-gum en murmurant « Espèce de vieux salaud » tandis qu'il ahane.

Dix minutes plus tard, elle est sur le rivage, coince sa robe dans sa culotte et hurle « Dans ton cul ! » à des passants en se tordant de rire.

Couplé avec l'insouciance pansexuelle et destroy d'*Eurotrash* – Lolo Ferrari, les seins les plus gros de la Terre, bondissant sur un trampoline ; des drag-queens équipées de godes et de plugs ; des masos en harnais passant l'aspirateur chez des ménagères hollandaises blasées –, nous avons là la totalité du sexe que je verrai jusqu'à mes dix-huit ans. Peut-être dix minutes à tout casser – une série de vignettes arty, freaky, parfois brutales, que je ligote ensemble pour en faire la base de mon imaginaire sexuel.

En plus de mes quelques rêves récurrents impliquant Han Solo et Aslan (que je mitonne moi-même – je ne chôme pas), c'est ma première introduction grossière mais juste à l'âge adulte. Sexe. Désir. Volonté de jouir. Quelque chose qui m'indique la bonne direction. J'ai l'impression que cela va – en fin de compte – d'une certaine manière – je ne sais pas comment – et seulement si je suis attentivement ces enseignements – m'aider à m'habiller comme il faut, dire ce qu'il faut, me donner l'impulsion de quitter la maison et de découvrir ce que la vie me réserve.

À cette époque, j'aimerais avoir accès à plus de sexe. Je veux plus de porno qu'il n'en faut pour m'occuper l'esprit pendant que je prépare mes sandwiches. Des années plus tard, pourtant, j'en viendrai à la conclusion que ce n'était pas une si mauvaise éducation sexuelle, après tout. La pornographie hardcore en accès libre du XXIe siècle traverse les imaginaires sexuels des hommes et des femmes comme un antibiotique, tuant tout mystère, toute incertitude, tout doute – bon comme mauvais.

Mais en attendant, j'ai trouvé ça. J'ai découvert un point positif, pour l'instant, à la condition de femme : la jouissance.

Vingt-deux ans plus tard, et me voilà, par une nuit oisive, à errer sur le Net à la recherche de porno. Je sais ce que j'aime – les plans à trois, les cris, les lions géants mythiques du *Monde de Narnia* – et, pour être honnête, je pourrais trouver mon bonheur, en cherchant un peu. Avec les bons mots-clés et dix minutes à perdre sur Google, même les fantasmes sexuels les plus délirants peuvent être assouvis.

Pourtant, il y a une chose – une seule, évidente et extraordinaire – qu'il est impossible de trouver. Une chose dont l'absence parmi les MILF et les DILF et le BDSM et le A2A crève les yeux. Une chose que je ne trouve nulle part, peu importe le nombre de sites que je parcours, ou le nombre de fois où je rentre mon numéro de carte bleue. Une chose qui nourrit toute ma rancœur contre la pornographie, sur laquelle je reviendrai plus tard.

D'un autre côté, il y a une chose qui ne peut échapper à personne – une chose qui fait les beaux jours de YouPorn, de RedTube et de branle.net. Une chose dont Internet déborde, étagère après étagère, clip après clip (jamais plus de six minutes, les clips : le temps moyen nécessaire à un homme pour jouir). Mesdames et messieurs, le porno hétéro du XXIe siècle :

Il était une fois une fille aux ongles longs et à la tenue catastrophique assise sur un canapé dans une tentative pour paraître sexy mais qui a plutôt l'air de se rappeler à l'instant une contravention impayée particulièrement contrariante. Peut-être louche-t-elle un peu, rapport au degré de serrage de son soutien-gorge.

Un homme pénètre dans la pièce – la démarche plutôt étrange, comme s'il portait une chaise de jardin invisible devant lui. C'est parce qu'il dispose d'un pénis inutilement grand, lequel est en érection et semble sonder la pièce à la recherche de son élément le plus sexuellement désintéressé.

Ayant éliminé la fenêtre et un vase, la queue met finalement le cap sur la fille installée sur le canapé.

Tandis que celle-ci s'humecte les lèvres d'un air désintéressé, l'homme se penche et – inexplicablement – soupèse son sein gauche. Ce qui semble marquer le franchissement d'une sorte de Rubicon sexuel puisque, trente secondes plus tard, la fille se laisse sauter dans une position inconfortable, puis sodomiser avec une expression particulièrement peinée. Sont généralement inclus quelques tapes sur les fesses ou quelques tiraillements de cheveux – tout ce qui peut évoquer l'idée de variété en moins de cinq minutes dans une séquence à deux caméras tout ce qu'il y a de plus banale.

Le tout se termine sur le type qui éjacule sur le visage de la fille, de façon désordonnée – comme s'il glaçait maladroitement une brioche pour un défi dans The Generation Game[1].

Fin.

Il existe bien évidemment des variantes – peut-être sera-t-elle prise des deux côtés par deux types, ou peut-être sera-t-elle accompagnée d'une amie tout aussi mal

1. Jeu télévisé produit par la BBC, dans lequel différents membres d'une même famille (mais appartenant à des générations différentes) s'affrontaient par équipes de deux. (*N.d.T.*)

habillée et à la manucure tout aussi suicidaire à qui elle fera mine d'offrir une gâterie décousue pour faire lesbo – sans compter, bien entendu, les quantités incalculables de sous-genres disponibles.

Pour l'essentiel, Internet tourne sur une monoculture du porno, équivalent sexuel de l'East Anglia qui s'étend à perte de vue, sans barrières ni caractéristiques, offrant partout les patates lubriques monotones et banales que je viens de décrire. C'est la baise Tesco, la turlutte Microsoft, qui écrabouille toute concurrence.

C'est ce schéma copulatoire unique, sans saveur, recopié à l'infini que nous désignons généralement sous le terme de « culture porno » – probablement la plus grosse infiltration culturelle connue depuis la révolution contre-culturelle des sixties – et à l'évidence bien plus invasive que ses rivales, telles que la culture gay, le multiculturalisme ou le féminisme.

Elle est incrustée si profondément que sa présence nous échappe, la moitié du temps. Les brésiliennes. Le minou rasé. Les seins ronds en plastique. Les ongles en acrylique qui rendent futile toute tentative de lacer ses chaussures ou de taper à l'ordinateur. MTV et ses flots d'entrejambes et de nibards. *Nuts* et *Zoo* et leurs pages entières de poitrines de lectrices – offertes en pâture de plein gré, comme dans un rite de passage. La sodomie considérée comme une composante normale du répertoire féminin. Des affiches pour du maquillage, ou des émissions télévisées, montrant des femmes aux yeux vitreux et à la bouche béante, prêtes à recevoir du foutre. Les culottes qu'on remplace par des strings. Des talons hauts, si hauts qu'ils ne sont plus vraiment faits pour marcher, mais bien pour s'allonger et se laisser sauter. Le calendrier des « babes » de *Hollyoaks*, la prétendue sextape de Lindsay Lohan avant qu'elle parte en taule. Si Internet se compose à 12 % de pornographie – ce qui fait 4,2 millions de sites et 28 000 personnes qui consultent du porno chaque seconde –, alors cela signifie que 12 % des images de femmes sur Internet les représentent à quatre pattes, engoncées dans du PVC à l'hygiène douteuse, ou encore forcées d'enfourner des pénis surdimensionnés, comme si leurs orifices divers n'étaient qu'une sorte de pansement tubulaire.

À titre de rapide comparaison : tout ceci est aussi malheureux et nocif à la tranquillité d'esprit collective des femmes que si 12 % des images d'hommes sur Internet les représentaient horriblement décapités par des pistolets lasers martiens, ou descendant en larmes dans un puits rempli de requins nazis. Après la courte promesse d'une révolution sexuelle qui allait libérer le lexique érotique des femmes, celui-ci s'est retrouvé de nouveau fermé pour en tirer cette série étriquée, inconfortable de clichés relevant de l'exploitation. Ce qui est juste… pas très agréable. Pas très poli. Ça nous gâche notre plaisir.

Le problème ne vient pas de la pornographie en soi ; celle-ci est aussi vieille que l'humanité même. La première action de l'homme de Néandertal – en ce jour béni où il est sorti de son œuf de singe – a été pour ainsi dire de dessiner un graffiti d'un homme avec un énorme zizi sur la paroi d'une caverne. Ou peut-être même était-ce le premier acte d'une *femme*. Après tout, nous nous intéressons autant aux queues qu'à la déco d'intérieur.

Voilà ce qui fait le charme des musées : en s'y promenant pour admirer la cavale de l'humanité depuis le mucus jusqu'au Wifi, on peut voir d'incroyables pièces forgées, de la poterie pleine d'inspiration, de fabuleux vélins et d'exquises peintures, mais aussi – réparties entre toutes ces disciplines – des tonnes de parties de jambes en l'air historiques. Des hommes sautant des hommes, des hommes sautant des femmes, des hommes faisant des cunnis à des femmes, des femmes se caressant – tout y est. Toutes les manifestations imaginables de la sexualité humaine, représentées dans la glaise, la pierre, l'ocre et l'or.

L'idée même que la pornographie relèverait intrinsèquement du sexisme et de l'exploitation est bizarre : après tout, la pornographie, ce n'est que « de la baise ». L'acte sexuel n'a rien de sexiste, aussi n'y a-t-il aucune raison que la pornographie soit en elle-même misogyne.

Donc, non. Le problème ne vient pas de la pornographie. Les féministes enragées n'ont rien *contre* la pornographie. C'est *l'industrie* du porno qui pose problème. Un ensemble aussi insultant, sclérosé, déprimant, émotionnellement handicapé et décousu que l'on s'y attendrait de la part d'une industrie largement dérégulée dont la valeur s'élève à 30 milliards de dollars, au bas mot. Aucune industrie n'atteint de tels profits sans se montrer extraordinairement vulgaire et stupide.

Mais on n'interdit pas les choses juste parce qu'elles sont vulgaires et décourageantes. Autrement, il faudrait d'abord interdire le Mega Sausage Roll de chez Gregg's – ce qui risquerait de déclencher des émeutes.

Non. Ce qu'il faut, c'est décupler la diversité de l'offre pornographique. Soyons honnêtes : la vaste majorité du porno disponible est aussi impersonnelle et mécanique que des frigos fabriqués à la chaîne.

Ce qui est mauvais pour tout le monde – les hommes aussi bien que les femmes – et ce pour de nombreuses raisons. Tout d'abord, les enfants et adolescents du XXIe siècle reçoivent la majeure partie de leur éducation sexuelle en ligne. Il y a de fortes chances qu'ils aient tout vu sur le Net bien avant qu'on leur en parle à l'école ou à la maison.

Mais il n'y a pas que l'éducation sexuelle – qui n'est autre qu'une série de faits instructifs et de conseils pratiques, leur disant en gros où va quoi, voire où *pourrait* aller quoi, pour peu qu'on soit déterminé – que les enfants trouvent sur le Net. Il y a aussi l'arrière-pays sexuel. Lequel forme l'imaginaire aussi bien que la mécanique.

Aussi limitée, inégale et centrée sur Trevor Eve qu'ait été la pornographie que je récupérais à l'époque, il y avait au moins une forme d'*équilibre* dans mes trouvailles – et de la *variété*. Il y avait des jupons, des espions, des bois, des nonnes, des plans à trois sur des chaises longues, des vampires, des cabanes au fond du jardin, de la faune et des banquettes arrière de Ford Capri et, la plupart du temps, alors même que je lisais des textes du XIXe siècle, les filles grimpaient aux rideaux. Les femmes jouissaient. Leurs désirs étaient assouvis. Car, oui, c'était de désir féminin qu'il s'agissait.

Ce qui a son importance, car il n'y a pas plus puissant que l'imagerie sexuelle développée à l'adolescence. C'est elle qui dictera vos désirs pour le restant de vos jours. À cet âge-là, apercevoir un baiser sur le ventre furtif vaut tous les fists les plus hardcore de votre trentaine.

Un des premiers chercheurs à s'être penché sur la sexualité, Wilhelm Stekel, décrivait les fantasmes masturbatoires comme une espèce de transe ou d'état de conscience altéré, « une sorte d'intoxication ou d'extase, durant laquelle le moment présent disparaît, et où le fantasme interdit règne en maître ».

Mieux vaut s'assurer que ce à quoi on pense lorsqu'on est dans cet état incorpore un élément de... joie.

Je suis intervenue l'an dernier lors d'une réunion d'Object, un groupe de pression féministe. Dans une discussion consacrée à la pornographie – dont tout le monde semblait supposer de façon automatique qu'il fallait l'interdire –, la conversation dévia sur la question de savoir combien le fait de regarder accidentellement du hard pourrait perturber les jeunes filles.

« Et les jeunes garçons *aussi*, ai-je fait remarquer avec douceur. Je pense qu'un garçon de huit ans serait tout aussi décontenancé qu'une fille de cliquer sur un lien et d'atterrir sur une scène de sexe anal.

— NON ! NON ! » s'est exclamée une femme en colère.

Je suis au regret de vous dire qu'elle ressemblait au cliché que tout le monde se fait d'une féministe post-Dworkin. Elle portait un de ces petits bérets en velours recouverts de broderies et de miroirs.

« UN GARÇON ne serait pas perturbé, parce qu'il verrait que c'est l'HOMME qui CONTRÔLE la situation. »

J'ai alors pensé à tous les garçons de huit ans que je connais – Tom, Harris, ou encore Ryan, à qui les pirates squelettiques de *Pirates des Caraïbes* faisaient encore un peu peur –, je doute qu'ils seraient ravis de voir un homme prendre le contrôle. Je pense qu'ils seraient effrayés de voir un clone énervé de Burt Reynolds sodomiser quelqu'un sur un palier. Je pense aussi qu'une fois qu'ils auraient raconté à leur mère ce que je leur aurais montré, je ne serais plus invitée à prendre le café de sitôt.

C'est alors que j'ai commencé à me dire qu'il nous fallait *plus* de pornographie, pas moins. Les gamins de huit ans ne sont pas *censés* voir du hard, aussi leur réaction n'entre-t-elle pas en ligne de compte. Pourquoi ne pas leur demander leur avis sur le whisky et la TVA tant qu'on y est ?

Mais une fois qu'ils auront atteint l'âge de vouloir commencer à explorer l'imagerie sexuelle, j'aimerais que Harris, Ryan et Tom puissent trouver du porno élevé en plein air – à défaut de trouver un terme plus adapté. Quelque chose qui leur montre que le sexe se pratique à deux, plutôt que d'être une fatalité qui s'abat sur la femme lorsqu'elle a besoin de payer le loyer. Une activité où – pour rester simple – tout le monde jouit. Dans un genre où on ne s'attend pas exactement à des effets spéciaux spectaculaires ni à un monologue impérissable, où tout ce qui compte ce sont les étreintes, cela devrait être le minimum requis : des orgasmes universels.

Voilà pourquoi il est temps de nous mettre à produire notre propre porno. Pas cet analgésique que constitue le porno « orienté féminin » – rempli de princesses mal filmées et de patrones-dominatrices exigeant de leurs stagiaires qu'ils fassent des photocopies en heures sup.

Non. Je suppose que la pornographie féminine, lorsqu'elle se lancera enfin, sera tout autre : chaleureuse, humaine, drôle, dangereuse, psychédélique, basée sur des critères radicalement différents de ceux régissant le porno masculin.

Il suffit de lire *Mon jardin secret* de Nancy Friday – véritable précis de fantasmes masturbatoires féminins – pour se rendre à la généralisation délicieusement exagérée que, si les fantasmes masculins sont courts, puissants et efficaces – un peu comme *My Sharona* de The Knack, par exemple –, les fantasmes féminins, eux, s'apparentent à une composition symphonique polymorphe à la Alice Coltrane. Dans leurs fantasmes, les femmes croissent et rapetissent, elles changent de forme, d'âge, de couleur et de lieu. Elles se manifestent sous forme de vapeur, de lumière et de son, traversent une myriade de personnages contradictoires (infirmière, robot, mère, vierge, garçon, loup) et un zodiaque de positions tout en imaginant, vous vous en doutez, des coiffures systématiquement fabuleuses. AUCUNE femme n'a jamais joui avec une tignasse négligée.

Mais ce n'est que le début. Imaginez que la pornographie ne soit pas ce ramassis de baise bizarre, mécanisée, élevée en batterie, d'aérobic nudiste et désincarné qui se soucie uniquement d'une pénétration à haute vitesse et d'une éjaculation ostentatoire. Imaginez qu'il y soit question de désir.

Parce que la seule chose que je n'ai pas pu trouver, ce soir-là, tandis que j'errais sur le Net, c'était du désir. Des gens qui aient réellement envie de se sauter les uns les autres. Qui en ressentent le *besoin*. Imaginez-vous regarder deux personnes s'envoyant en l'air en plein dans cette phase précoce d'attirance torride lorsqu'on a encore les pupilles qui se dilatent à la seule vue de l'autre, où l'on voudrait fusionner au point de lui bouffer ses vêtements à la minute même où la porte se ferme. Je ne peux être la seule personne à avoir eu à l'occasion des rapports tellement spectaculaires, universels, cinématographiques et intenses que j'en suis sortie, les oreilles bourdonnantes, en me disant, ça va intéresser CNN. Voilà qui mériterait les honneurs de leur écran défilant !

Dans un monde où l'on peut se procurer un rein de rechange, un Picasso au marché noir ou un ticket pour aller dans l'espace, comment se fait-il que je ne puisse pas voir du sexe authentique ? Des rapports entre personnes qui aient vraiment envie d'avoir des rapports ? Avec une fille qui prenne le pied de sa vie, dans une tenue qui inspire presque le respect ? J'ai de l'ARGENT. Je suis prête à PAYER pour voir ça. JE SUIS UNE FEMME DE TRENTE-CINQ ANS, ET TOUT CE QUE JE DEMANDE, C'EST UNE

INDUSTRIE DU PORNO MULTIMILLIARDAIRE QUI ME MONTRE UNE FEMME EN TRAIN DE JOUIR.

Tout ce que je veux, c'est un peu de bon temps.

2

Je me couvre de poils !

Il fait froid dans cette maison – il y fait froid, et on y est à l'étroit. Quand on sort du bain, on s'enveloppe dans une serviette – encore humide de son précédent utilisateur – pour courir au rez-de-chaussée se réchauffer devant la cheminée.

On est samedi soir, tout le monde regarde *Bergerac.* Sur le canapé, six personnes de tailles variées sont empilées à des angles divers. Certaines sont simplement étalées sur d'autres – c'est à peine si elles sont en contact avec le canapé. Affalé, Eddie pourrait faire office d'oreiller vivant. On se croirait un peu au Sénat galactique dans *La Guerre des clones* – en admettant que lesdits sénateurs mangent des crackers, du chutney et du fromage.

J'entre dans la pièce, drapée dans ma serviette, et m'accroupis devant l'âtre. J'ai toujours mon bonnet de bain sur la tête ; c'est l'un des meilleurs articles qu'on puisse trouver dans cette maison. L'un des plus féminins, aussi. Je minaude toujours un peu quand je le porte. Pas autant que lorsque j'arbore une paire de collants en laine en guise de couvre-chef (pour représenter une longue chevelure de princesse). Mais quand même. Très agréable.

Alors que Charlie Hungerford s'exclame « Jim ! Ce n'était qu'un *malentendu* ! », je commence à enfiler ma chemise de nuit.

« Ooooooh ! » clame alors une voix depuis le canapé surpeuplé. C'est ma mère. « Qu'est-ce que je vois, Cate ? Des poils ? DES POILS PUBIENS ? »

Le canapé entier est soudain au garde-à-vous. Tout le monde se décolle du voleur de diamants de *Bergerac* pour regarder mon entrejambe – à l'exception de mon père, apparemment complètement déconnecté de ce qui se passe, et qui continue de manger crackers et fromage, les yeux rivés sur la télé. Le résultat, à l'évidence, d'une mutation partielle du cerveau visant à le préserver des horreurs de la puberté filiale.

J'ai comme le sentiment que je n'ai pas le droit de chercher les poils moi-même – je me dois de la jouer cool, même si c'est, honnêtement, un scoop pour moi. Le contenu de ma culotte, c'est un peu comme mon subconscient, ou comme le champ à côté du terrain de jeux : depuis cet horrible anniversaire, je m'efforce de ne plus trop m'y attarder.

« Là ! » lance ma mère, l'index pointé. Le canapé tout entier vient jeter un œil. « QU'EST-CE QUE JE DISAIS ! Un poil ! Y en a plein tes petites jambes aussi ! Tu grandis ! Tu es en train de devenir une *femme* ! »

Ma mère a le chic pour dire ça comme si c'était là ce qu'il y avait de pire dans le fait d'avoir treize ans, et que j'y étais d'une certaine manière pour quelque chose.

« Regardez ! je m'écrie en tirant fermement ma chemise de nuit avant de désigner le téléviseur. Regardez ! Liza Goddard ! »

Le lendemain, je décide de régler tout ça avant que la situation n'échappe à mon contrôle. Je vais simplement supprimer tous les poils de façon à ce que *Bergerac* redevienne l'attraction numéro un de notre salon et que la vie reprenne son cours normal.

« Je m'apprête à commettre un crime », dis-je à la chienne. Laquelle est terrée sous mon lit – stressée, ses yeux luisant d'un air sinistre dans le noir. Depuis l'incident de mon anniversaire, j'ai tourné la page, mais la chienne, elle, est devenue encore plus anxieuse. La semaine précédente, elle a gobé le village en pâte à modeler que Caz avait confectionné. Le lendemain, dans ses selles, on distinguait clairement le visage miniature de la dame qui tenait le bureau de poste.

« Je vais voler un des rasoirs de papa pour m'embellir », poursuis-je. Le simple fait de prévenir la chienne me rend nerveuse. Voler une lame pour m'attaquer au problème de ma toison pubienne, c'est sans conteste l'acte le plus subversif, le plus rebelle auquel je me sois jamais adonnée. C'est à peine plus rassurant que de voler un flingue afin de provoquer mes règles. Plus rien à voir avec mon précédent crime capital : manger plus de la moitié d'un paquet de gelée à la fraise crue, avant de prétendre que le reste ne prenait pas parce qu'il faisait « trop chaud ».

Comme ma mère n'a foi ni en la médecine (« Coule un bronze, prends un bain et va te coucher, ça ira mieux demain ») ni dans les « soins de beauté » (« Le déodorant, ça donne le cancer. Crois-moi, mieux vaut éviter »), l'armoire à pharmacie de la salle de bains ne contient que quatre articles : un bain d'œil en verre bleu foncé façon années 1920, un flacon de lotion de calamine de la même couleur qu'Azalée dans *Le Manège enchanté*, de l'eau de chaux (pour la colique) et les rasoirs de papa. Sous couvert de prendre un bain, j'attrape le rasoir sur l'étagère. Je suis tellement nerveuse que je sens mon cœur battre contre le lino, dans la plante de mes pieds.

Comme ma mère se méfie aussi des verrous (« Ça donne le cancer »), je me barricade à l'aide du panier à linge, grimpe dans le bain, me frictionne, et rase mes poils. Que je place sur le rebord de la baignoire, à côté du savon. Ils n'ont même pas eu la chance de friser. Fauchés dès le berceau.

Puis je me rase aussi les jambes, sans trop comprendre dans quel sens passer l'ustensile ; je m'entaille le genou et la cuisse. J'ai l'impression de mettre près de neuf heures. Je n'en reviens pas de tout ce mollet. Juste quand je pense avoir fini une zone, je remarque une autre poussée, pareille à une touffe d'ammophiles sur une dune. Si seulement quelqu'un avait pu inventer un genre de tondeuse à jambe, qu'on puisse tout faire en une fois. Je me dis souvent que les filles de treize ans ne devraient pas avoir accès aux rasoirs. C'est *dangereux.* Waouh. Ça en fait, du sang !

Au bout d'un moment, quand même, j'en ai terminé. Problème éliminé. Retour à la normale.

« Me sens toute propre et douce », j'écris dans mon journal ce soir-là tout en maintenant un mouchoir en papier frais sur les plaies. « Demain, les aisselles, peut-être ! »

J'éteins la lumière. J'ai besoin de repos afin d'être en forme pour réitérer mon larcin le lendemain.

Les poils sont une des premières grandes préoccupations de notre vie de femme. Ils apparaissent, à l'improviste, nous poussant à prendre des décisions – décisions qui vous indiquent, à vous comme au reste du monde, qui vous êtes. Tout comme l'adolescence marque le début d'un long cheminement pour tenter de tirer les choses au clair, la question de la pilosité ouvre en fanfare des décennies passées à s'écrier silencieusement « QUI SUIS-JE ? », debout devant un étalage de produits de beauté chez Boots, un panier vide à la main.

Et ce sont les poils qui réclament le plus de moyens et d'attention. Surtout aux « mauvais » endroits : sur les jambes, aux aisselles, sur la lèvre supérieure, au menton, sur les bras, les seins, les joues, et à travers les contours divers de votre pelvis. Contre ces poils sont menées d'interminables guerres d'usure. Ils influencent le déroulement de la vie quotidienne, l'organisation du calendrier. Voire le cours entier d'une vie de femme.

Un homme peut se dire : j'ai une soirée la semaine prochaine. Je ferais mieux de me débarbouiller vite fait avant de mettre le nez dehors.

Alors qu'une femme, elle, va devoir sortir son agenda mental – à la manière des écrans virtuels dans *Minority Report* – et se lancer avec fureur dans un cycle de prévisions basées sur la gestion de sa pilosité.

Soient mon amie Rachel et moi, un dimanche soir, discutant les détails d'une soirée à venir.

« C'est vendredi, dit Rachel avec un soupir. Vendredi. Ce qui veut dire qu'il va falloir faire nos jambes demain, au plus tard, pour appliquer la première couche d'autobronzant mardi. Lundi c'est impossible – tous les follicules seront encore ouverts à la suite de l'épilation. »

L'autobronzant sur les follicules encore ouverts, on a déjà donné toutes les deux. La crème se loge dans chacun des minuscules orifices. Et vos jambes se retrouvent avec la tête constellée de taches de rousseur du sale gamin en couverture de *MAD*.

« Je vais nous prendre rendez-vous pour l'épilation demain, ajoute Rachel en attrapant son téléphone. Mais pour le duvet et les sourcils ça sera jeudi. Que ça repousse pas trop. Il y aura peut-être Andrew.

— Tu vas te le faire ? je lui demande. Mais, et ta fouffe ? (Je me fais du souci pour Rachel. Elle jette un œil dans sa culotte, évalue la situation.)

— On dirait le menton de Desperate Dan[1]... donc, seulement si c'est dans le noir et qu'on est bourrés, décrète-t-elle finalement. Je ne suis pas adéquatement préparée pour la pleine lumière. Selon toute probabilité, si on s'envoie en l'air, ce sera bourrés et dans le noir, de toute façon. C'est toujours comme ça le premier coup. Alors à quoi bon se fatiguer.

— Tu as pensé au lendemain matin ? (Je me fais vraiment du souci pour Rachel.) Si tu passes la nuit là-bas, vous tirerez peut-être un deuxième coup, sobres, en plein jour, avant le petit déj'. Tu seras prête ?

— Oh, bon sang ! s'exclame Rachel en rejetant un œil dans sa culotte. J'y avais pas pensé. Punaise. Mais ça coûte 20 livres, et je suis fauchée. J'ai pas envie de gaspiller les sous pour le taxi sur une épilation à moins d'être sûre de tirer un coup avant le petit déj'. (Elle contemple son entrejambe d'un air sombre.) Pas envie de me retrouver à devoir prendre le bus de nuit, épilée mais frustrée.

— En tout cas, si tu te fais faire le maillot, ça sera avant mercredi, sinon tu seras encore horriblement défigurée par l'irritation », je fais remarquer avec la plus grande sollicitude.

Nous échangeons un regard. Tout ça commence à lui taper sur le système.

« Mais putain, il pourrait pas tout simplement me passer un coup de fil pour me dire, “Rachel, ça te dit de tirer un coup avant le petit déj' samedi ” ? Comment veux-tu que j'organise ma semaine, moi, avec tous ces “facteurs baise” aléatoires ? Pas étonnant que

1. Héros du comics anglais culte *The Dandy*, à la barbe si dure qu'il la rase au chalumeau. (*N.d.T.*)

tout le monde se laisse aller de nos jours ! Même si tous les invités sont moches, faut bien rentabiliser la cire. Je déteste mes poils. »

Et il n'est pas question d'en ressortir ultra canon, belle à tomber, prête pour des photos de nu sur la plage. Ni même de ressembler à un mannequin. Ou à Pamela Anderson. Non, tout ça, c'est juste pour avoir l'air *normal*. Avec des jambes normales, un visage normal, et un entrejambe qui ne nous fiche pas la honte. Pour éviter de finir stressée, debout dans les toilettes, un rouleau de scotch à la main, à se tamponner frénétiquement la lèvre supérieure en gémissant « dès le premier rayon de soleil, je me suis rendu compte que j'avais la tête d'Hitler ! Je vous jure que je ne veux pas envahir la Rhénanie ! Tout ce que je demande, c'est un verre et un câlin ! »

Et de tous ces dilemmes capillaires – ces décisions essentielles concernant les follicules, l'identité et comment on la projette –, c'est la toison pubienne qui se prête maintenant aux plus vives polémiques. Ce triangle grand comme la paume se retrouve chargé de plus d'interférences psychosexuelles que le statut marital et le revenu moyen combinés. Au fil des ans, ce qui n'était autrefois que le cadet des soucis féminins (quand j'avais dix-sept ans et que la mode était à la Britpop, l'idée de se faire épiler le maillot à la cire semblait étrange, marginale, réservée aux actrices de porno) est devenu une composante banale de l'hygiène personnelle. La toison pubienne doit se trouver confinée à une zone minuscule, voire, de plus en plus souvent, entièrement éliminée. Le message qu'envoient les gros plans de pelvis de filles en bikini qui remplissent les vidéoclips est on ne peut plus clair : ce devrait être le néant. Il faut que ce soit lisse. Vide. Cette zone-là doit être entièrement débarrassée de sa fourrure. Qu'un seul poil pointe sa boucle sur le côté, et le monde entier s'écrierait : « Qu'est-ce que je vois là, Lady Gaga ? Un poil ? UN POIL PUBIEN ? »

Alors que certaines ont recours à l'euphémisme « brésilien » pour décrire cet état de faits, je préfère appeler un chat un chat, ou plutôt « une chatte infantile, froide, qui démange et coûte bien trop cher en entretien ».

À vrai dire, ces dernières années, je suis devenue de plus en plus moralisatrice à l'endroit des poils pubiens – au point de tirer la conclusion que toute femme adulte moderne doit disposer de quatre choses : une paire de chaussures jaunes (ça va avec tout, contrairement à ce qu'on pourrait croire), un ami prêt à payer votre caution à 4 heures du matin, une recette de tarte à toute épreuve, et une belle toison. Une bonne grosse minette velue. Une adorable motte poilue qui lui donne l'air, lorsqu'elle est assise, nue, d'avoir un marmouset sur les genoux. Un marmouset apprivoisé, qu'elle pourrait envoyer faire les poches des gens au besoin, comme le singe dressé dans *Les Aventuriers de l'arche perdue*.

Je sais bien que mon opinion sur l'épilation va à contre-courant de la pensée actuelle. En ce qui concerne le pubis, je suis l'équivalent du pilier de bar qui se rappelle, les larmes aux yeux, comme c'était exaltant d'aller à Woolworth pour s'acheter le nouveau single d'Adam Ant sur 45 tours. Je suis « rétro-vaginale ».

« Je me rappelle quand la mode était à la fourrure, je dis d'un air triste dans les vestiaires de mon club de gym, entourée de sexes roses et glabres. Des touffes hirsutes à perte de vue. Sauvages et indomptables. Une charmille à l'état naturel. Terrain de jeu de mon enfance. Les heures que j'y ai passées ! Alors que maintenant… maintenant tout est épilé, vide. Toute la faune a disparu et laissé la place aux bulldozers. On va y construire un centre commercial, là-bas, sur les vagins. »

Toutes les femmes s'épilent, c'est un fait établi. Sans qu'on ait jamais débattu de la question. C'est comme ça maintenant, c'est tout – et on n'a jamais pensé à en discuter.

J'avais beau savoir que nous traversions une époque de désapprobation pubienne, je n'en ai pas moins été médusée par une lettre envoyée récemment à Suzi Godson, de la rubrique sexo du *Times*, par une divorcée de trente-huit ans qui s'inquiétait au sujet de sa foufoune rétro, et donc velue. Elle prétendait que son petit ami de vingt-neuf ans était « choqué » par son « manque d'hygiène personnelle ». Naïvement, je pensais que la chroniqueuse sexo du *Times* – une nana avec du chien et une tignasse peroxydée que n'aurait pas reniée une impertinente opératrice des télécoms dans les années 1950 – enverrait paître sans plus de cérémonie le petit ami de sa correspondante.

Au lieu de quoi, elle adopta un ton tristement sentencieux. « Les choses ont bien changé dans le domaine de l'hygiène intime », commença-t-elle, avant d'expliquer que « toute femme se permettant plus de souplesse dans sa coupe, comme vous l'aurez remarqué, risque d'être étiquetée rustique, malpropre, voire française. Si votre petit ami a été élevé dans l'attente d'une brésilienne impeccable, il est probable que tout autre choix le rebute ».

Godson ordonna fermement à sa correspondante d'aller se faire épiler à la cire, non sans décrire par le menu combien le procédé était douloureux (« imaginez du scotch brûlant... et multipliez par trois »), avant de conclure avec l'une des plus affligeantes « bonnes nouvelles » qu'il m'ait jamais été donné d'entendre :

« Heureusement, disait-elle, la folie brésilienne est en recul. La dernière mode est à la sicilienne. C'est comme l'épilation brésilienne – mais avec au final un joli petit triangle en forme de Sicile, qui au moins vous garantit de toujours rester femme. Bon courage ! »

Alors, c'est ça, la bonne nouvelle ? La Sicile ? Je peux me dessiner la Sicile sur la moule ? Mon pubis, patrie de la Mafia, abriterait le Parrain ? Ha ha ! Non mais vous imaginez la tête des mecs si on leur imposait ce genre de conneries ? Ils vous enverraient valser par la fenêtre d'un rire sonore avant même que vous ayez pu finir votre phrase.

Je n'arrive pas à croire qu'on soit rendu au point où le simple fait d'avoir une chatte nous coûte des *sous*. On nous fait payer la *maintenance et l'entretien* de nos babas, comme s'il s'agissait d'un jardin communal. C'est un impôt déguisé. La TVA de la cramouille. De l'argent qu'on pourrait dépenser en FACTURES D'ÉLECTRICITÉ, en FROMAGE et en BÉRETS. Mais non, on le gaspille pour transformer nos chihuahuas en blancs de poulet maigrichon de chez Lidl. Allez au DIABLE, mœurs-pornographiques-qui-se-tapent-l'incruste-dans-ma-culotte.
ALLEZ AU DIABLE.

Et bien sûr, ces dépenses en argent, en temps et en douleur folliculaire, c'est à la pornographie qu'on les doit. Si vous vous demandez « Pourquoi les femmes du XXIe siècle se sentent-elles obligées de supprimer leur toison ? », la réponse est : « Parce que c'est ce qui se fait dans le porno. » L'épilation hollywoodienne est devenue le standard d'une industrie entière. Regardez n'importe quel porno produit après, disons, 1988, et tout n'est que glabreté : les gros plans donnent l'impression de regarder un des frères Mitchell, sans yeux, en train de regarder une grosse saucisse remuante.

Et quand on voit ça pour la première fois – par « ça », je veux dire du hard –, cela s'accompagne d'un léger frisson. Pas un seul poil ? Ooooh, la *vilaine*. Comme les talons en Perspex, le spit-roasting et la pénétration anale, l'aspect extrême – « Mazette, c'est pas du sexe ordinaire, hein ? » – de la performance a quelque chose d'excitant. Tant que les vedettes n'ont pas été recrutées dans une nursery ni un zoo, franchement, tout est permis.

Mais l'absence de poils n'est pas là pour exciter. Ni pour satisfaire un fantasme, aussi décevant que cela puisse paraître. Si c'était le cas, je pourrais la défendre jusqu'à ce que les poules aient, littéralement, des dents. Nan – il me semble que la *vraie* raison pour laquelle toutes les stars du porno s'épilent, c'est parce que si on supprime toute la fourrure, on en voit plus dans les plans de pénétration. Et c'est tout. Cette gigantesque et ô combien rentable obsession occidentale des brésiliennes et des hollywoodiennes, pour lesquelles des millions de femmes ordinaires doivent revoir leur calendrier et faire face à la douleur et aux désagréments – et qui, je suis au regret de vous le dire mesdames, vous grossit les cuisses – est en réalité le fruit de considérations bassement cinématographiques. C'est une simple question d'éclairage. Le quotidien de votre fouffe se trouve dicté par les Miyagawa du minou et les Charles B. Lang de la bite.

Étant donné qu'il s'agit d'un simple « truc de pro », notre adoption généralisée de la chose est aussi étrange que si les premiers téléspectateurs s'étaient mis, à l'ère du noir et blanc, à se balader partout le visage badigeonné de maquillage épais et de rouge à lèvres noir comme en utilisaient les présentateurs de l'époque. Enfin voyons – mesdames ! Ces conneries ne nous concernent pas ! On n'est pas payées pour ça ! Pas la peine de se donner tout ce mal ! Revenez à vos afros pelviennes ! Rejouez-nous *Hair* !

Mais, en réalité, cela nous concerne toutes, comme je l'ai dit – parce que la pornographie hardcore constitue aujourd'hui le principal outil d'éducation sexuelle du monde occidental. C'est là que les adolescents, garçons et filles, « apprennent » quoi faire et à quoi s'attendre lorsqu'ils s'arracheront les vêtements.

Résultat, nous risquons de nous retrouver dans une situation où tous les garçons s'attendront à déshabiller une fille pour découvrir une épilation minutieuse, et où toutes les filles – terrifiées à l'idée d'être rejetées ou perçues comme anormales – s'épileront pour eux. Mon esthéticienne m'a raconté qu'elle a vu des filles de douze ou treize ans prendre rendez-vous pour des brésiliennes – supprimant ainsi les premiers signes de maturité dès qu'ils apparaissaient, dans un mélange plutôt inquiétant (une combinaison d'infantilisation et d'influence de la pornographie hardcore), quel que soit l'angle sous lequel on se place.

On en est arrivé au point où, si on écoute les conversations de fond de bus, on peut entendre des garçons de quatorze ans *horrifiés* de découvrir que la gamine de treize ans qu'ils tripotaient avait des poils. Ces garçons du XXIe siècle abreuvés de pornographie sont aussi effrayés par les poils pubiens que l'était apparemment le critique d'art victorien John Ruskin en 1848, lorsque, alarmé à la vue de la toison de son épouse, il refusa de jamais consommer leur union. Ben mon vieux. Sans même s'attacher aux possibles et douloureux effets secondaires sur le plan psychosexuel, je suis attristée de voir que les jeunes filles de treize ans dépensent le peu d'argent qu'elles possèdent à se faire dénuder la fouffe. Elles feraient mieux de dépenser cet argent pour les choses vraiment importantes : une couleur, des collants, des poches de Jilly Cooper, la discographie des Guns N' Roses, les poèmes de Larkin, des Kit Kat, une Thunderbird 22, des boucles d'oreilles qui vous rendent les oreilles vertes et infectées, et des billets de train qui vous emmènent aussi loin que possible de votre ville natale. PRENDS TON MINOU VELU ET EMMÈNE-LE À DUBLIN, voilà ce que je dis.

Parce qu'il y a tellement de plaisir à s'offrir avec une chatte à la fourrure convenable – contrairement à ces versions hollywoodiennes qui semblent n'attendre qu'une rapide giclée de Mr Sheen avant de se faire polir à la peau de chamois.

Paresser dans un hamac en peignant tendrement son Wookiee de ses doigts, les yeux rivés sur la voûte céleste, est l'un des plus grands plaisirs de l'âge adulte. Cette séance de toilettage devrait laisser votre petite afro du bas régulière et bouffante – vous pouvez faire rebondir la paume de votre main dessus, comme sur un minuscule trampoline capillaire.

Si vous parcourez une pièce déshabillée pour le bénéfice d'une paire d'yeux appréciatifs, le reflet dans le miroir vous montrera ce qu'il faut : une poignée de ténèbres entre vos jambes, que vous refusez de malmener. Mi-animal, mi-secret – à approcher avec une mesure de révérence, plutôt que forcée à se coucher là tandis qu'on lui jette des queues comme dans l'avant-dernier jeu de *It's A Knockout*[1].

Les jours de spa, vous pouvez lui passer un petit coup d'après-shampooing et apprécier la douceur de cachemire qui en ressort en même temps que l'assurance de vous être non seulement réappropriée une frange du féminisme perdue sous un océan rugissant

1. Jeu télévisé adapté d'*Intervilles*. (*N.d.É.*)

de fariboles, mais également d'économiser à l'avenir suffisamment de sous pour filer en Finlande admirer une aurore boréale depuis un hôtel cinq étoiles en vous saoulant à coups de cognac millésimé.

Bref. Soignez-la, toilettez-la, mais laissez-la être ce qu'elle devrait être : une chatte adulte sexy, old school, faite pour régner.

« Mais quid des poils sous les bras ? » demanderont certains – pour la plupart des quadras de sexe masculin, visiblement mal à l'aise lorsque vous dites des choses comme « charmant minou façon *Hair Bear Bunch*[1] », et carrément paniqués lorsque vous ajoutez la pornographie dans le mélange.

« Si vous ne croyez pas aux brésiliennes, est-ce que vous vous rasez les aisselles ? Et les *jambes* ? Et les *sourcils* ? Il me semble pourtant que vous vous épilez. *Et quid de votre duvet* ? »

Puis ils se renfoncent dans leur siège, l'air un peu supérieur – comme s'ils venaient de poser un feuilleté à la saucisse au fond d'un piège, sûrs que vous allez vous précipiter dessus et vous laisser capturer.

Pourtant, l'aine, la lèvre supérieure et les aisselles sont à des kilomètres – enfin, à 43 centimètres de distance en moyenne. Ce qui leur arrive, et pourquoi, est complètement différent – en premier lieu parce que les aisselles ne sont pas intimement associées à la maturité sexuelle, ni même à la sexualité tout court, à moins de fréquenter des sites Internet particulièrement spécialisés.

Aussi le destin réservé à vos aisselles se résume-t-il à un choix esthétique – et ne participe pas vraiment

1. Dessin animé produit par Hanna-Barbera dans les années 1970. Les héros en étaient trois ours, dont l'un arborait une coupe afro. (*N.d.T.*)

de la Lutte. En regard de quoi j'ai testé différents looks pour cette zone au fil des années. Certains jours, une aisselle rasée semble un peu… ennuyeuse. Si je porte des jeans et un débardeur pour traîner avec mes potes, le style George Michael s'avère plutôt sympa – période *Faith*, avec un duvet de quatre jours. Cela apporte une touche agréablement musquée – comme si on était trop occupé à vivre le rêve bohème et à gonfler le moteur de son bolide pour faire quelque chose d'aussi minable que se raser. En d'autres occasions, je laisse pousser assez long, jusqu'à former un creux de boucles humides, comme si on était de retour en 1969 et que ma vie entière était faite de gaze, de sitars et de hash.

Un été à Glastonbury, alors que j'avais les cheveux jusqu'à la taille et teints en rouge cerise, je sortis mes Crazy Colours, bien décidée à donner à mes aisselles et à ma fouffe une teinte assortie. Je serai rouge de la tête à la fouffe ! me dis-je joyeusement en appliquant la crème.

Las, celle-ci fondit dans les deux heures, imprégnant mon t-shirt et me donnant l'air de souffrir d'un terrible eczéma suppurant des aisselles. Cela dit, je ne m'en sortis pas trop mal côté couleurs à Glastonbury cette année-là. Caz, elle, avait teint ses sourcils poil-de-carotte en noir, mais le soleil de plomb les avait fait virer aubergine. Lorsqu'elle fonça sur Thom Yorke de Radiohead après l'avoir repéré sur les Green Fields pour lui dire combien elle l'adorait, sa réaction fut « légèrement décalée ».

« Personne n'a envie d'entendre des déclarations d'amour d'une fille aux sourcils violets ! » gémit-elle après coup.

En ce qui concerne la pilosité – qu'il s'agisse des jambes, de la lèvre supérieure, des sourcils, du menton, des tétons ou du pubis –, nous devrions nous atteler à élargir notre lexique esthétique. Un peu comme lorsque Eddie Izzard explique son travestissement par « l'égalité des droits vestimentaires pour tous ». Il ne tient pas nécessairement à porter une robe tous les jours – peut-être même se passera-t-il de talons aiguilles toute une année durant. Mais s'il prend à un homme l'envie d'enfiler une robe, ou à une femme de virer velue, rien ne devrait leur interdire de le faire. Statistiquement, certaines femmes auront meilleure allure avec une moustache. Nombre d'aisselles sont bien mieux ornées d'une touffe bouclée et soyeuse que dénudées ou épilées, en fonction de la tenue arborée au moment dit. Sans oublier la magnificence du monosourcil, dont ma fille de six ans proclame avec militantisme (nourrie qu'elle est aux peintures de Frida Kahlo) : « Je l'aime, parce qu'il est sans fin. »

Les jours de déguisement historique à l'école, elle s'habille en Frida et passe du mascara dessus, « pour le rendre encore plus beau ».

Elle est tellement plus équilibrée que moi à son âge.

Ayant rasé mon premier poil pubien solitaire et terrifié à l'âge de treize ans, je continue d'éliminer ses collègues trois mois durant avant de m'arrêter. Pour un certain nombre de raisons :

1) Comme ils se font de plus en plus nombreux, il devient de plus en plus difficile de les retirer du rasoir de mon père (afin de le replacer, ostensiblement intact, sur l'étagère). Mes doigts sont couverts d'un réseau de minuscules cicatrices, comme si j'avais décidé de remplacer mes empreintes digitales par quelque chose de plus anguleux, ou comme si je m'adonnais à l'automutilation la moins efficace de toute l'histoire. Nettoyer un rasoir, c'est *dangereux*. Une gamine de treize ans ne devrait pas le faire.

2) Ça démange. Ça démange terrible. La repousse semble être constituée aux trois quarts d'amiante, à quoi s'ajoute du mohair artisanal, et ne cesse de distraire mon attention. Au bout de trois semaines, je me retrouve à me gratter comme si j'avais contracté la variole – ce qui est un comble, si l'on considère la raison finale pour laquelle j'abandonne le rasoir :
3) Je me suis rendu compte que personne ne verrait ce qui se passe par là avant des années. DES ANNÉES. Depuis ce jour terrible devant *Bergerac*, je m'habille maintenant – tremblante de froid – dans la chambre. Plus question d'enfiler ma chemise de nuit devant toute la famille. Ni devant personne d'ailleurs. Comme le dirait mon ami Bad Paul bien plus tard : « À quoi tu ressembles nue ? Ça devrait être le cadet de tes soucis, ma belle. » La seule idée qu'une vierge de treize ans se rase la toison pubienne est aussi ridicule que celle de Neil Armstrong s'aspergeant d'after-shave avant de poser le pied sur la Lune – car dans les deux cas, le public est imaginaire. Alors je laisse tout repousser, tranquillement, et abandonne le rasoir de mon père à côté du bain d'yeux et de la lotion. Je passe à l'incident suivant sur le calendrier de la puberté.

La prochaine fois que j'apparais nue devant quelqu'un, j'ai dix-sept ans et suis en train de perdre ma virginité dans une chambre meublée de Stockwell, South London, dans les bras d'un homme au regard franc qui n'en a clairement rien à faire de la façon dont je traite ma toison pubienne et qui n'a qu'une seule envie : m'ôter ma robe verte pour me faire passer à la station horizontale.

3

Je ne sais pas quel nom donner à mes seins !

J'ai parfaitement conscience que l'adolescence est censée être un incroyable… déploiement. Je passais tout mon temps à la bibliothèque. À lire *L'Anatomie* de Gray, à l'affût des passages croustillants. Je connais sur le bout des doigts les passages consacrés au développement mental de l'adolescent – comme lorsque les hormones sexuelles entrent en scène, le cerveau adolescent explose, tout simplement. La matière blanche, avec ces fibres pareilles à des câbles, établit les autoroutes de la raison. Le cerveau s'illumine comme la côte Est au crépuscule, avec des lumières qui clignotent sur l'onde, des étoiles rayonnantes, des spirales, des vagues. À quatorze ans, je suis une expérience. Intérieurement, c'est la résurrection. Je suis perdue dans le genre d'explosion de perspectives que je tenterai de reproduire avec force dépenses, des années plus tard, dans des boîtes de nuit, des fêtes, des toilettes – empilant les billets de 10 livres en échange de pilules afin de sentir le dixième de cette impunité, cette expansion, cette inspiration.

Je lis les biographies de célébrités de mon âge, médusée. Bobby Fischer était grand maître d'échecs à quinze ans. Picasso exposait. Kate Bush écrit *The Man*

With The Child In His Eyes à quatorze ans – si jeune que l'enfant du titre pourrait bien avoir été son propre reflet. Comme tout adolescent, j'ai le potentiel de prendre ma place dans le monde, égale à ou même meilleure que n'importe quel adulte. Je pourrais être un putain de génie.

Du moins est-ce vrai en théorie. J'en ai d'ailleurs conscience – si l'on se fie à mon journal, je me sers de cette expansion inédite de mes capacités mentales pour broyer quelques questions et concepts relativement majeurs : « Si seulement je pouvais pleurer pour toujours. Ça serait un tel soulagement. » « Est-ce que je fais partie des *mauvaises* personnes ? » « Il y a des jours où j'ai l'impression de pouvoir TOUT faire ! Je sais que je suis là pour, dans une certaine et modeste mesure, sauver le MONDE ! » « Est-ce que le port d'un chapeau me rendrait plus mince ? Sérieux ? » Et, le 14 mars 1990 : « J'ai trouvé le sens de la vie : Hourra ! *Cool for Cats*[1] ! GÉNIAL ! »

Mais, pour être honnête, je suis généralement trop occupée à combattre le feu des mes transformations physiques pour me soucier tellement de mon cerveau ou de mon potentiel de génie prodigieux. Mince alors, c'est la folie. Il y a des trucs bizarres qui se répandent un peu partout. Les saignements et la masturbation, ce n'est que la partie visible de l'iceberg. La métamorphose de mon corps, cet objet qui ne faisait guère que chier et finir des puzzles, en un grand magasin magique capable, un jour, de produire des bébés, prend presque tout mon temps et mon attention.

Un matin, je me réveille pour découvrir mon corps tout entier recouvert de marques furieusement rouges, comme des traînées de framboise écrasée parcourant

1. Expression tirée de la chanson *Cool for Cats* de Squeeze (1978) qui dans ce contexte signifie « à la cool ». (*N.d.É.*)

mon ventre, mes cuisses, mes seins, mes aisselles et mes mollets. Au début je prends ça pour une éruption cutanée et passe les deux jours suivants à me balader enduite de Sudocrem (une pommade soignant les érythèmes fessiers chez le nourrisson) en espérant que cela me soulage. Lorsque ma mère s'aperçoit que son stock diminue, elle accuse Cheryl, ma petite sœur de deux ans, d'avoir encore mangé de la pommade et, noble comme je suis, je me garde de la contredire.

Mais en examinant les marques de plus près – porte close, à la lueur d'une lampe d'architecte, *Cool for Cats* en fond (très) sonore pour me soutenir moralement –, je remarque qu'il ne s'agit pas du tout de boutons mais de zébrures. Ma peau s'est déchirée à mesure que je grandissais – et voilà chaque partie tendre de mon corps recouverte de vergetures. La puberté est une lionne qui m'a tigrée de ses griffes tandis que j'essayais de lui échapper. Ou, comme je le dis à Caz ce soir-là : « Je vais devoir porter des collants et des cols roulés pour le RESTANT de ma VIE. Même en été. Je vais devoir faire semblant d'avoir toujours froid. C'est ce que tout le monde retiendra de moi. Que je suis frileuse. »

Caz et moi avons atteint un rare moment de répit dans notre relation. Deux jours plus tôt, nous sommes spontanément tombées dans les bras l'une de l'autre. Ma mère était si choquée et alarmée qu'elle a pris une photo de nous deux, pour célébrer l'occasion. Je l'ai toujours – pieds nus, engoncées dans des peignoirs assortis, le visage collé dans des expressions composées à 98 % de bonne volonté et 2 % d'agression purulente. Notre mère pense que nous nous sommes enfin attachées l'une à l'autre – rapprochées par la responsabilité commune que nous confère notre statut d'aînées d'une fratrie de sept –, capables à présent de mettre nos différends de côté comme les adultes que nous devenons à vitesse grand V.

Alors que la *vraie* raison pour laquelle nous nous embrassons, c'est que nous venons de discuter pendant deux heures de la bonne manière de désigner nos vagins.

« Je peux pas le dire », j'avoue à Caz. Nous sommes dans la chambre, moi assise sur mon lit, elle par terre. Nous écoutons *Cool for Cats* pour la neuvième fois de la matinée. La bande commence déjà à faiblir – la voix de Chris Difford ondule un peu tandis que les Indiens envoient des signaux de fumée depuis les rochers au-dessus du col. Caz est en train de tricoter un pull pour avoir quelque chose à se mettre.

« Je crois que je préférerais faire semblant de pas en avoir plutôt que de devoir dire "vagin", poursuis-je. Si je me blesse et que j'atterris dans un hôpital à cheval sur les principes où on n'a pas le droit de dire des gros mots et qu'on me demande "Où avez-vous mal ?", je crois que, plutôt que dire "au vagin", je lancerais plutôt "Devine !" avant de tomber dans les pommes. Je déteste ce mot, "vagin".

— C'était tellement plus simple l'an dernier », acquiesce Caz avec tristesse.

Jusqu'à l'année précédente, tous les Moran se fourvoyaient en pensant que le mot « nombril » ne faisait pas référence au bouton qu'on a au ventre mais bien aux parties génitales féminines. Toute blessure dans cette zone provoquait invariablement le même cri « Je me suis cognée au NOMBRIL ! » et recueillait la sympathie générale. Ce qui avait pour corollaire de nous rendre l'expression « officier naval[1] » absolument hilarante. Lorsque le prince Andrew avait épousé Sarah Ferguson et que John Dimbleby avait parlé de lui

1. Nombril se dit en anglais *navel*, ce qui en fait un homophone de l'adjectif *naval*. (*N.d.T.*)

comme d'un « officier naval » lors de la retransmission de la cérémonie sur BBC1, nous avions été pris d'un tel fou rire que nous avions dû nous étendre la tête en bas dans l'escalier jusqu'à ce que le sang remonte à notre cerveau.

Parallèlement à cela, il fut un court temps, en 1987, où notre petite sœur Weena écorchait *vagina* en *china*, mot que nous avions ensuite repris un moment. Puis, à l'automne, T'Pau avait sorti son single *China In Your Hand*, et nous avions dû, une fois de plus, nous allonger la tête en bas dans l'escalier jusqu'à ce que notre circulation se rétablisse. Pénétrer dans un magasin où la chanson passait en fond sonore en devenait limite dangereux. Nous nous précipitions dehors, la capuche sur la tête, saisies de soubresauts.

Tant et si bien qu'en 1989, nous n'avons plus de mot pour remplacer « vagin » – et avec tout ce qui se passe dans cette zone, il nous en faut un. Nous réfléchissons un moment en silence.

« On pourrait les appeler Rolf, propose finalement Caz. Comme Rolf Harris ? On dirait un peu sa barbe. »

Nous échangeons un regard. Nous savons toutes les deux que Rolf Harris n'est pas la solution.

Le problème avec le terme « vagin », c'est que les vagins semblent tout simplement porter la poisse. Il faudrait être masochiste pour en vouloir un, avec toutes ces choses horribles qui lui arrivent. Ils finissent déchirés. On les « examine ». On y recueille des indices. Les tueurs en séries y laissent des choses, pour défier Morse[1] – comme on laisserait ses clefs et sa petite monnaie sur l'étagère de l'entrée. Qui voudrait de ça ?

1. Inspecteur de police mélomane et cultivé, héros d'une série de romans écrits par Colin Dexter et interprété pour le petit écran par John Thaw dans les années 1990. (*N.d.T.*)

Non. Autant mettre les choses au clair tout de suite : je n'ai pas de vagin. Je n'en ai jamais eu. D'ailleurs, je parie que très peu de femmes en ont. La reine Victoria, à l'évidence. Barbara Castle. Margaret Thatcher. Dont la toison, bien entendu, était arrangée en une réplique exacte de sa tignasse.

Mais toutes les autres ? Non. Parce que je ne peux pas être la seule. Personne parmi mes connaissances ne parle de son vagin comme de son « vagin ». Toutes utilisent des termes argotiques, des surnoms, des noms inventés – des noms de famille transmis de génération en génération dans la chaleur de leur salon. Lorsque j'ai demandé sur Twitter quels étaient les termes utilisés depuis l'enfance, j'ai reçu 500 réponses en vingt minutes – dont un énorme pourcentage était positivement délirant. On aurait dit que j'avais ouvert la boîte de Pandore de la chatte. Le premier tweet suffit à annoncer la couleur : « La mère de ma meilleure amie disait "canard" et désignait les règles comme "la maladie du canard". »

On est clairement face à un flot de pensée ininterrompu – peut-être même depuis des générations – par quelque influence extérieure que ce soit. Une sorte de consanguinité lexicale.

La palette de choix était immense. Certains mots semblaient particulièrement jolis et/ou amusants : ta fleur, tes deux pence, cornichon, chochotte, Mary, berlingot, putt, ruchas, frifri, pum-pum, grelot, petite fée, fouffe, ma lady, woo-woo, babiole, muffin, cupcake et pochette.

Venaient ensuite les termes à l'évidence issus d'une blague familiale : Valérie, Tata Helen, coquillette, machin, fandango, Yorkshire Pudding (« elle s'écriait "j'ai du sable dans mon Yorkshire !" »), Under Henge, et le centre-ville de Birmingham.

Puis c'était le tour des carrément bizarres et/ou inquiétants : ta différence, ton secret, ton problème, Sweet Fanny Adams (surnom d'une enfant assassinée sous l'ère victorienne ; pas le plus beau jour de l'*Imaginarium Vaginum*, quand on y pense) et conduit. Je ne peux que supposer que « conduit » venait d'une famille qui élevait des serpents et préférait utiliser le même terme d'une espèce à l'autre, afin de gagner du temps.

À l'autre bout du spectre, on notera avec intérêt l'apparition de « lala », « tinky » et « po » – ce qui veut dire que la quasi-totalité des Télétubbies semblent tirer leur nom d'un euphémisme familial désignant le vagin. Il faut bien puiser son inspiration quelque part, j'imagine.

En ce qui me concerne, j'ai un con. Parfois je parle de « chatière » ou de « chatte », mais, la plupart du temps, c'est mon con. Con est un terme adéquat, ancien, historique, puissant. J'aime bien l'idée que mon issue de secours soit également l'insulte la plus répandue dans la langue moderne. Ouaip. C'est dire s'il est puissant, les mecs. Si je vous disais ce que j'ai, là, en bas, il y aurait de quoi faire se pâmer les vieilles dames et les ecclésiastiques. J'aime voir la réaction choquée des gens lorsque vous dites « con ». À croire que ma culotte renferme une bombe nucléaire, ou un tigre enragé, ou un flingue.

Comparé à ça, le mot le plus ordurier dont disposent les hommes pour parler de leurs parties est « bite », ce qui est franchement fadasse et qui doit même être autorisé dans *Blue Peter*[1], je crois, quand ça va mal. Dans une culture où presque tout ce qui a rapport à la féminité est encore perçu comme délicat

1. Série télévisée pour les enfants, diffusée par la BBC depuis 1958. (*N.d.T.*)

et/ou faible – qu'il s'agisse des menstruations, de la ménopause, ou du simple acte d'appeler quelqu'un « une fille » – j'aime le fait que « con » se pose, à lui seul, comme le mot suprême, invincible. Il s'en dégage une résonance quasi mystique. C'est un con – on *sait* tous que c'est un con – mais on ne peut pas l'appeler ainsi. On ne peut pas prononcer le terme même. Trop puissant. Tout comme les Juifs n'ont pas le droit de prononcer le tétragramme et doivent se contenter de « Jehovah ».

Je me suis bien sûr rendu compte que toute cette réflexion derrière mon choix d'appeler mon con un con ne rimait à rien lorsque j'ai eu mes deux filles. À quoi bon leur ressortir tout ce baratin sur les « résonances mystiques de Jehovah » lorsqu'elles se font courser par un instituteur armé d'un balai, enragé à l'idée qu'elles usent si nonchalamment du mot le plus vulgaire de notre langue, juste avant la pause goûter du matin.

Lorsque Lizzie avait quelques jours à peine – à peu près au moment où l'effet du premier kilo de morphine commençait à se dissiper et où je pouvais me concentrer à nouveau, même si, pour être honnête, il me faudrait encore deux bonnes semaines avant de pouvoir m'asseoir sans m'écrier « BON DIEU JE CROIS QU'IL EST CASSÉ ! » –, mon mari et moi avons contemplé notre magnifique petite fille. Les yeux bleus, la bouche en cœur et douce comme une souris de velours, elle venait de faire une grosse commission si énorme que chaque crevasse de son arrière-train en était remplie.

Armé d'une lingette, mon mari s'était prudemment approché de son bas-ventre, avant de s'affaler en arrière, la mine défaite.

« Non seulement je vais devoir nettoyer tout… ça, avait-il dit au bord de l'hystérie, mais en plus je ne sais même pas ce que je nettoie. Comment on va l'appeler ? On va quand même pas dire "con".

— Elle s'appelle LIZZIE ! avais-je rétorqué, choquée.

— Tu sais de quoi je parle, avait soupiré mon mari. Je refuse d'employer ce terme. C'est ce que tu as, toi. Tu as un con. Mais pas elle. Chez toi, c'est... Scooby. Elle, c'est Scrappy-Doo. Ça n'a rien à voir. Oh bon sang – elle en est barbouillée jusqu'au bonnet. Je suis en train de nettoyer de la merde sur un bonnet. Je suis pas sûr d'aimer la paternité. COMMENT ON VA APPELER SON VAGIN ? »

Au cours des semaines suivantes, nous nous sommes trituré les méninges à ce sujet, tels des publicistes se lâchant sur une campagne pour un nouveau yaourt parfum jambon.

« On dirait une coccinelle, avait dit mon mari, alors d'humeur particulièrement fantasque. On pourrait l'appeler sa coccinelle !

— Oui, mais si on poursuit sur cette voie, elle ressemble aussi à une Coccinelle de Volkswagen, avais-je fait remarquer. On pourrait l'appeler Herbie. Et quand elle atteindra l'adolescence et deviendra folle des garçons, on pourra se répéter mutuellement "Herbie part à Mexico" tandis que tu construis la tourelle sans porte dans laquelle on l'enfermera. »

Une autre semaine, mon mari avait proposé « Baby Gap » – « c'est son *baby gap* ! » –, ce qui constituait non seulement une excellente blague[1], mais signifiait également que le simple fait de l'habiller d'un t-shirt ou d'un pull orné du logo « Baby Gap » était prétexte à se rouler de rire sous la table pendant de précieuses minutes.

Dans la pratique, pourtant, ce surnom vite adopté mourut prématurément – nous en abusions tellement

1. En anglais, *baby gap* peut se traduire littéralement par « trou de bébé » ou « mini-trou ». (*N.d.T.*)

qu'il perdit vite de sa drôlerie. L'expression sembla bientôt usée, éculée, comme un vieux chewing-gum.

Nous savions qu'il nous fallait quelque chose de moins gadget, mais ce n'est que lorsque Lizzie s'est mise à parler – aux environs des douze mois – qu'un mot s'imposa finalement à moi.

Elle avait chuté et s'était cognée au *baby gap*. Tandis que je l'attirais sur mon genou en lui expliquant clairement ce qui venait de lui arriver – de cette façon qu'on a de s'adresser à un enfant pour lui enseigner la vie –, je sondai les profondeurs de mon subconscient, pour en ressortir...

« Bot-bot. Tu t'es fait bobo au bot-bot ! » dis-je en essuyant ses larmes.

« Bot-bot » est le terme que ma mère employait pour désigner tous nos organes génitaux avant l'adolescence : « bot » pour l'arrière et « bot-bot » pour l'avant. Terme unique et unisexe. Nous étions bien trop petits pour recourir à quoi que ce soit de plus... technique.

Et voilà que ce mot reprenait du service auprès d'une nouvelle génération. Un petit nom tout doux, propre et potelé, pour un petit bot-bot tout doux, propre et potelé.

Bien sûr, Lizzie se retrouvera en grandissant confrontée au même dilemme que Caz et moi en 1989. En tant qu'adolescente, on a besoin de quelque chose de plus... rock'n'roll. Une fois la puberté entamée, impossible de désigner ce qui sera l'épicentre de la plupart de vos décisions et de votre réflexion pour les quarante années à venir comme votre « bot-bot ». Scarlett O'Hara n'a pas traversé Atlanta à la poursuite d'Ashley puis de Rhett guidée par son bot-bot. Nulle trace de bot-bot dans les tableaux de Georgia O'Keeffe. Quant à Madonna, ce n'est pas son bot-bot qu'elle exhibe dans *Sex*.

Souvent – après m'être promenée dans une clairière en terrain boisé et avoir participé à la cérémonie du calumet parmi les indigènes – je me suis dit que le choix conscient d'un terme pour désigner ses parties génitales était une forme de rite de passage pour les jeunes filles. Aussi important que les premières règles ou que la question de savoir si vous pouvez ou non vous permettre une salopette. Lorsque les mains commencent à se faire baladeuses à l'école (vers l'âge de douze ans, je crois ; il s'agirait semble-t-il d'une variante un peu plus adulte de ce désir irrépressible qu'ont les nouveau-nés de fourrer leurs doigts dans les lecteurs de DVD), il est important pour une fille de réfléchir à l'endroit exact où lesdites mains se baladent. Même si « en moi » fait l'affaire pour commencer, il s'agit pour l'essentiel d'une directive ou d'un ordre, et non d'un substantif.

De nos jours, dans un monde où les adolescents font toute leur éducation sexuelle en regardant du porno, Adam nommerait peut-être encore les animaux, mais c'est à Ron Jeremy qu'il incombe de nommer les vagins. Comme il faut s'y attendre, lorsqu'on laisse cette prérogative à des stars du porno qui improvisent leurs dialogues tout en exécutant une double pénétration, la réflexion, la délicatesse ou l'esthétique n'ont pas vraiment droit de cité.

En résulte une génération entière de jeunes filles pour qui le terme de référence est « chatte ». Personnellement, je déteste ce terme. Je l'ai entendu cité à la troisième personne dans trop de films porno pour qu'il garde encore un caractère fun ou joyeux.

« Ça lui plaît, à ta chatte, hein ? » « Tu veux que je m'occupe de ta chatte ? »

On y retrouve ce sentiment de déconnexion physique, à la fois déplaisant et grotesque – imaginez, des femmes séparées de leur vagin –, qui me rebute dans le porno de bas étage. Sans compter l'impression constante et dérangeante que le monsieur fait peut-être après tout référence au félin de madame, lequel, assis bord cadre, les fusille du regard.

Un jour, me dis-je parfois en rêvassant, tous les chats présents sur les tournages porno se soulèveront, révoltés par tous ces dialogues grossiers qu'on leur jette à la figure, et pénétreront dans le champ de la caméra pour aller vomir avec force ostentation une boule de poils au beau milieu d'une scène de sodomie.

Mais, soyons francs : « chatte », c'est encore ce qu'il y a de plus gentil. Il existe toute une panoplie de termes argotiques qui sont, à leur manière, au moins aussi horribles que « vagin ». C'est l'heure de la check-list !

• Ton sexe : on dirait une tentative anticipée de rejeter la responsabilité.

• Trou : le cauchemar de toute paire de collants ou de bas. Alors que mon Johnnylulu est le RÊVE de toute paire de collants ou de bas.

• Pot de miel : suppose l'arrivée imminente d'une nuée d'abeilles.

• Chagatte : un mélange déplaisant de vulgarité et de stupidité. Non.

• Buisson (ou *bush*, en anglais) : le groupe du même nom est pénible. Quant à la version végétale, elle est pleine d'araignées. Non.

• Vag' : on dirait le nom d'une mégère indiscrète, comme « Barb » ou « Val ». Suggère également une consommation excessive de cigarettes Rothman, ainsi qu'une addiction limite au bingo. Non.

D'un autre côté, voici ceux que j'aime bien :

• Minou : rappelle un chat un peu plaintif. Un peu comme le mien, par moments.

• Chatière : amusant.

• Fouffe : caniche français pomponné et légèrement ridicule.

• Le puits du Sarlacc : résonance sans fin, notamment dûe au fait que, quelle que soit la force de son désir, elle ne pourra jamais piéger Han Solo en elle.

Bien sûr, une fois qu'on se lance dans les surnoms ridicules pour son vestibule numéro un, pourquoi s'arrêter ?

Rien ne va plus au Zoo-Safari des West Midlands, dirai-je tristement, assise sur la cuvette des toilettes pendant une crise de cystite. L'arbre a été terrassé par la foudre dans le Jardin de Minuit.

En d'autres jours plus heureux, on pourra remarquer que « la brume roule joliment sur le Mull of Kintyre aujourd'hui ».

Mais, et vos roberts alors ? Après tout, il n'est guère plus facile de trouver comment baptiser vos seins. Ils sont assis là sur votre cage thoracique depuis l'âge de treize ans, et pourtant on serait bien en plein de trouver un seul mot pour les désigner qui ne vous mette pas, vous ou quelqu'un d'autre, mal à l'aise.

Il y a quelques années, la pépée sexy aux lèvres voluptueuses en vogue, Scarlett Johansson, révéla qu'elle appelait ses seins « mes girls ».

« J'aime mon corps et mon visage, dit-elle (parlant au nom de tous à l'exception peut-être des aveugles), et j'adore mes seins – je les surnomme “mes girls”. »

Ce n'était pas la première fois de sa carrière que Johansson soulevait un point épineux[1]. Quel nom une

1. Dans *Lost in Translation*, elle nous posait la question suivante : « Est-il convenable de ne pas faire l'amour avec Bill Murray lors d'un voyage au Japon ? » À laquelle n'importe quelle personne censée répondait sans hésiter : « Non, non – il faut toujours faire l'amour avec Bill Murray quand on voyage au Japon. » (*N.d.A.*)

femme d'esprit et de bon sens pouvait-elle bien donner à ses nibards ? Scarlett avait trouvé la réponse idéale – « mes girls », c'est à la fois ludique, possessif, féministe. Problème : plus personne à présent ne peut désigner ses vielles à roue comme « mes girls », car alors on pensera que vous parlez des seins de Scarlett Johansson et non des vôtres.

« Chais pas, tu crois que ce top ne va pas à mes girls ? diriez-vous.

— Oh, sur mes girls ça serait fantastique, parce que Scarlett Johansson a le genre de nichons qui pourrait amener la paix dans le monde, répondrait un ami. Les tiens, en revanche, sont un peu de traviole, avec des tétons qui partent dans tous les sens. Honnêtement, on dirait les yeux de Marty Feldman. »

Dans le monde des tabloïds, bien sûr, la vie est plus simple. On y parle de boobs. Ou, plutôt, de BOOBS ! « Keeley la pin-up a des BOOBS d'enfer ! dit Shayne Ward. Cheryl a les meilleurs BOOBS de Girls Aloud ! » Même si vous utilisez un autre terme lorsque vous répondez à un journaliste du *Sun*, il passera à la moulinette de leur correcteur pour en ressortir en tant que « boobs » quand même. Ils m'ont interviewée une fois, à l'époque où je surnommais mes seins « mes logos » – c'était la grande époque de la Britpop ; je ne faisais que satisfaire, pensais-je, les idéaux de Blur. Et, je vous le donne en mille, l'article publié le lendemain portait le titre suivant : « “J'adore mes BOOBS”, déclare Caitlin Moran. »

En ce qui me concerne, je n'ai pas de boobs. Pas un seul. Aussi le titre me semblait-il aussi farfelu que s'il avait annoncé « “J'adore ma QUEUE PRÉHENSILE RAYÉE DE LÉMURIEN”, déclare Caitlin Moran. »

« Boobs », ça fait trop Benny Hill. Les boobs sont parfaitement sphériques, bondissants, blagueurs

– autant parler de vos « clowns de poitrine roses » en accompagnant l'expression d'un « wah wah waaaaaaah » de trombone, tant qu'on y est.

Les boobs sont également, de manière générale, blancs et issus de la classe ouvrière – on rencontre rarement des boobs bangladais, ou du Bahreïn. Personne n'a jamais entendu parler des « boobs de Lady Antonia Fraser ». Les boobs, c'est ce qu'on trouve chez Jordan, Pamela Anderson, ou Barbara Windsor – sauf lorsque Barbara a eu un cancer dans *EastEnders*, moment auquel ils sont rapidement devenus des « seins ». Les « boobs », eux, n'attrapent bien sûr jamais le cancer, de même qu'ils n'allaitent pas, ni ne font l'objet de subtiles représentations érotiques dans le Tao. Les boobs n'existent que pour s'agiter verticalement sur les poitrines de jeunes femmes entre quatorze et trente-deux ans, après quoi ils piquent du nez et disparaissent probablement de la surface de la Terre pour se dissiper dans l'espace et, peut-être, intégrer finalement les anneaux géants de Saturne.

« Poitrine » ne convient pas non plus, pour des raisons diamétralement opposées. Jamais vous n'entendrez « poitrine » prononcé dans une situation positive. La poitrine est un oiseau de malheur. Tout comme les vagins, la poitrine est là pour être examinée par les docteurs ou contracter une angine ; mais poitrine cumule aussi un nombre important de points horrifiques pour être violemment prélevée chez les porcs et fumée avant de passer à la casserole, et pour fournir un terme de choix aux hommes maladroits qui s'apprêtent à vous faire très mal l'amour (« Je peux toucher ta poitrine avec ma main ? ») ainsi qu'aux pervers vieillissants (« Sa poitrine sublime, enfin libérée de son frêle carcan de textile, sembla danser en direction de Hengist »).

« Buste », ça fait un peu Les Dawson[1]. « Décolleté » ne colle pas, pour des raisons évidentes – « j'ai mal au décolleté » –, de même que « embonpoint », qui rappelle simultanément bonnet et pointe, si bien qu'il perdrait sa raison d'être dès l'instant où vous ôtez votre soutien-gorge. « Nichon », c'est agréablement terre à terre pour un usage au quotidien – « File-moi un Kit Kat, je me suis pris la porte dans le nichon » – mais peine à transformer l'essai de l'usage nocturne, où il semble un peu trop brusque. Personnellement, j'aime bien assez « Les Gars » – mais c'est aussi le surnom que je donne à mes sept frères et sœurs, et comme toute confusion potentielle risquerait d'aggraver notre état mental déjà fort précaire, je ferais sans doute mieux de m'abstenir.

J'ai bien traversé une période où je donnais à mon bazar du haut des noms de duos reconnus – « Il m'a fait sortir Fry et Laurie ! » « Tout allait si bien jusqu'à ce que Scarecrow et Mrs King refusent de rentrer dans le top. » « En fait, je les appelle Simon & Garfunkel parce que l'un est plus gros que l'autre. » Puis j'ai eu un enfant. La sage-femme m'a regardée d'un air sévère pendant que j'essayais de coincer l'extrémité fonctionnelle de « Christopher Dean » dans la bouche de mon nouveau-né tandis que « Jayne Torvill » gisait plus loin, traumatisée et en sang.

La langue anglaise n'est pas encore parvenue à une solution satisfaisante au problème des roploplos de la femme moyenne. Étant donné les idiotes gloussantes, ignorantes et paniquées que nous sommes, il est fort probable que ledit problème nous poursuive encore un bon moment. Peut-être devrions-nous tout bêtement laisser tomber la langue parlée pendant l'interrègne et les désigner simplement en tant que « (.)(.) ».

1. Leslie « Les » Dawson (1931-1993) : humoriste anglais, connu pour son style pince-sans-rire. (*N.d.T.*)

En tout cas, la conclusion à laquelle nous sommes parvenues, Caz et moi, était que, dans le cas des seins comme des vagins, on pouvait bien se passer de la langue. Après une courte période où nous les désignions conjointement comme « Maîtres et Valets » – ce qui avait l'avantage supplémentaire de leur donner l'allure d'une production classieuse de la BBC, laquelle inspirerait à beaucoup des souvenirs émus –, il nous apparut que nous pouvions tout simplement pointer du doigt les zones concernées en murmurant « *là* » d'un air extravagant, à la manière de Les Dawson. « *Là* » et « *là* » fit office de rustine jusqu'à ce que nous nous sentions enfin suffisamment aguerries et rouées pour employer les termes « nichons » et « con » – à quinze ans pour moi, et vers vingt-sept pour Caz, si mes souvenirs sont bons. Ça, mon vieux, sacré discours que nous a servi la demoiselle d'honneur ce jour-là.

4

JE SUIS FÉMINISTE !

Dans *La Femme eunuque*, Germaine Greer suggère à la lectrice de prendre le temps de goûter son sang menstruel. « Si ce n'est pas encore fait, il vous reste beaucoup de chemin à parcourir, ma belle », dit-elle.

Eh bien, je ne peux que me ranger à son avis. Il faut tout essayer au moins une fois dans sa vie – y compris manger les crevettes aigres-douces d'un camion de vente à emporter miteux à Leicester, ou porter une jupe bouffante. J'ai, bien entendu, goûté mon propre sang menstruel. Je préférerais de loin grignoter un paquet de Nik Nak, mais ce n'était pas si terrible : meilleur même que la majorité des produits disponibles dans les buffets ferroviaires, en plus d'être un produit à l'éthique irréprochable. J'ai toujours pris soin de moi, de façon exemplaire. Je dispose toujours de paille propre et moelleuse pour mon couchage.

Pourtant, je ne vous encouragerai pas personnellement à goûter votre sang menstruel tout de suite, étant bien consciente que vous êtes peut-être dans le bus, ou assise au fond d'une garderie où vous discutez à bâtons rompus avec une femme prénommée « Barb ». À l'instar de beaucoup d'autres activités « épanouissantes » (comme, par exemple, le saut en parachute, l'apprentissage de la danse du ventre, ou la réalisation d'un tatouage), goûter votre sang menstruel ne serait, avouons-le, guère plus qu'une entrée supplémentaire dans la « Liste des choses à faire », comme réparer la tringle à rideaux, vermifuger les chats, ou recoudre le bouton de votre manteau qui, maintenant que vous y repensez, est tombé en 2003.

Non, mesdames, rassurez-vous. Vous ne serez pas obligées de goûter vos ragnagnas aujourd'hui. Pas tant que je serai là.

En revanche, il y a bien UNE chose que je vais vous obliger à faire : dire « Je suis féministe ». Le crier, même, de préférence debout sur une chaise – mais ça c'est parce que je trouve toujours que tout a l'air bien plus exaltant sur une chaise.

Il est capital que vous le disiez à voix haute. « JE SUIS FÉMINISTE. » Si vous ne vous en sentez pas capable – même sans grimper sur une chaise –, il y a de quoi s'alarmer. C'est sans doute une des choses les plus importantes qu'une femme dira jamais dans sa vie, au même titre que « Je t'aime », « C'est un garçon ou une fille ? », ou « Non ! J'ai changé d'avis ! Je ne veux PAS de frange ! »

Dites-le. ALLEZ, DITES-LE, LÀ, TOUT DE SUITE ! Parce que si vous n'en êtes pas capable, cela revient pour vous à vous incliner en disant « Bottez-moi le derrière et reprenez-moi le droit de vote, s'il vous plaît, cher patriarcat ».

Et n'allez pas croire que le simple fait d'être un garçon vous exempte du devoir de grimper sur cette chaise pour crier « JE SUIS FÉMINISTE ! » Le féministe mâle est l'un des plus glorieux produits finis de l'évolution. Un féministe mâle se doit, ABSOLUMENT, de grimper sur la chaise – afin que toutes ces dames puissent vous porter un toast au champagne, avant de convoiter sauvagement votre corps. Voire en profiter pour vous faire changer cette ampoule, tant que vous êtes là-haut. Parce que nous, on ne sait pas faire. Il y a une énorme toile d'araignée sur le plafonnier.

J'avais quinze ans quand j'ai proclamé pour la première fois « Je suis féministe ». Me voilà, assise dans ma chambre en train de le dire. Les yeux rivés dans le miroir, sur mon reflet qui prononce ces mots : « Je suis féministe. Je suis féministe. »

Près de trois ans se sont écoulés depuis que j'ai rédigé ma « Liste des choses à faire avant mes dix-huit ans », et je commence tout doucement à ébaucher un vague plan de la personne que je devrais être. Je ne me suis toujours pas fait percer les oreilles, je n'ai pas perdu de poids ni dressé la chienne, et tous mes vêtements sont toujours affreux. Mon deuxième meilleur top est un t-shirt orné d'un dessin d'alligator tenant une bière avec la légende « ÉCLATEZ-VOUS SOUS LE SOLEIL DE FLORIDE ! » en rose pétant. Ce qui semble particulièrement incongru sur une hippie enrobée et déprimée aux cheveux jusqu'à la taille déambulant dans les rues de Wolverhampton sous la pluie. On dirait une énorme plaisanterie grinçante, pour être franche.

Je n'ai toujours pas d'amis, non plus. Pas un seul – à moins de compter la famille, ce qui ne se fait pas, évidemment, parce qu'ils sont fournis gratuitement avec la vie, que vous le vouliez ou non, comme la brochure Curry's de six pages glissée dans le journal local pour vous vendre des ordinateurs Spectrum 128k et autres « ghetto blasters ». Non. La famille, ça ne compte pas pour deux sous.

L'avantage, cependant, c'est que je ne suis jamais seule, parce que – comme un million de garçons et filles solitaires avant moi – je peux compter sur les livres, la télé et la musique pour s'occuper de moi à présent. Je suis élevée par des sorcières, des loups et les invités surprise de *Wogan*[1]. Je m'aperçois que chaque œuvre d'art représente une personne qui essaye de vous dire quelque chose. Ce qui fait des *milliers* de personnes prêtes à me parler, pour peu que j'ouvre leurs livres ou regarde leur émission. Un million de télégrammes remplis d'informations importantes et d'astuces. Parfois les informations sont douteuses, les astuces mal interprétées – mais il y a toujours quelque chose à en retirer sur l'état du monde. Votre téléscripteur CNN tourne à plein régime. Vous recevez des données.

Les livres représentent la source la plus puissante, chacun étant la somme d'une vie, inhalable en une seule journée. Je lis vite, si bien que j'aspire toutes ces existences à un rythme féroce : six, sept, huit par semaine. J'aime particulièrement les autobiographies, qui me permettent d'engloutir une personne entière avant le coucher du soleil. Je lis les histoires de fermiers gallois et de navigatrices ayant fait le tour du monde, de soldats de la Seconde Guerre mondiale et de gouvernantes du Shropshire au début du XXe siècle, de journalistes et de stars de cinéma, de scénaristes, de princes Tudor et de premiers ministres du XVIIe siècle.

Or chaque livre a son propre cercle d'amis qu'il souhaite vous présenter, comme si la bibliothèque était le théâtre d'une fête permanente. La première fois que je rencontre *Décrocher la Lune*, de David Niven, il n'arrête pas de me parler de Harpo Marx, jusqu'à ce que je croise finalement ce dernier aux rayons des autobiographies, lettre M, et qu'on devienne copains comme cochons. Bien vite, je suis parfaitement au fait de la façon dont il passe ses après-midi : à l'Algonquin Round Table de New York, sorte de paradis perdu

1. Talk show télévisé, présenté par Terry Wogan sur BBC1 de 1982 à 1992. (*N.d.T.*)

pour dandys amateurs de cocktails équipés de machine à écrire. Robert Benchley, Robert E. Sherwood, Alexander Woollcott – lesquels éveillent en moi une vieille affection pour les dandys maniérés exprimant leur amour à travers un filtre d'insultes allant crescendo (« Salut, vieux débris »).

Enfin, c'est via Woollcott que je tombe nez à nez avec sainte Dorothy Parker, dont j'ai l'impression qu'elle m'attendait depuis toujours, coincée en 1923, avec son rouge à lèvres, ses cigarettes et son joyeux désespoir punchy. Dorothy Parker revêt une importance monumentale car elle est, d'après ce que j'en sais à l'époque, la première femme jamais capable de se montrer drôle – une avancée dans l'évolution des femmes, aussi capitale que le développement de la main préhensile ou que l'invention de la roue. Parker est drôle dans les années 1920, après quoi tout me porte à croire que plus aucune femme ne s'est montrée drôle avant l'arrivée, dans les eighties, de French et Saunders ou de Victoria Wood[1].

Robert Johnson a inventé le blues à un carrefour à minuit, après avoir vendu son âme au diable. Dorothy Parker, elle, a inventé les femmes drôles à 2 heures du matin, dans le meilleur bar à cocktail de New York, après avoir laissé un pourboire de 50 cents à un commis serveur pour un martini. Difficile de ne pas tirer de conclusions quant à savoir lequel des deux sexes est le plus intelligent.

Pourtant, Parker m'inquiète aussi, parce que la moitié de ses écrits les plus drôles parlent de suicide – à croire que l'humour ne lui réussit pas aussi bien qu'à l'humoriste Ben Elton, par exemple. Sans compter qu'il faut attendre près de soixante ans avant de trouver une autre femme drôle après elle. Le sentier

1. Célèbre humoriste britannique. (*N.d.É.*)

qu'elle a dégagé est longtemps resté vierge. Je commence à craindre que les femmes ne soient peut-être, après tout, pas aussi douées que les hommes, comme le dit la rumeur.

Ce même mois où je lis le *Curriculum Vitae* de Parker (« Les rasoirs font mal / Les rivières sont humides / Les acides marquent / Et les comprimés causent des crampes / Les pistolets ne sont pas légaux / Les cordes cèdent / Le gaz a une odeur affreuse / Autant rester en vie »), je découvre Sylvia Plath, dont tout le monde s'accorde à dire qu'elle est l'une des rares femmes à écrire aussi bien qu'un homme, mais qui, elle aussi, n'a de cesse d'essayer de se tuer, que ce soit dans des accidents de voiture (toujours la même) ou des overdoses. Voilà qui est inquiétant. Je suis en plein dans mon obsession Bessie Smith, dont la vie est laminée par l'héroïne. J'adore Janis Joplin, qui dévore les sixties à en mourir. Et les gens se montrent de plus en plus horribles envers la duchesse d'York, simplement parce qu'elle est rousse.

Je ne peux m'empêcher de remarquer que la plupart des femmes qui tiennent tête aux hommes semblent malheureuses et enclines à mourir jeunes. L'opinion publique, dans sa paresse, en conclut que c'est parce que les femmes sont fondamentalement mal équipées pour jeter un œil au-dessus du parapet et affronter les hommes à armes égales. Elles ne sont pas de taille pour les trucs de mecs. Elles feraient mieux de laisser tomber.

Pourtant, lorsque je regarde de plus près ce qui les mine – le désespoir, la haine de soi, le manque d'estime personnelle, l'épuisement, la frustration née de l'absence récurrente d'opportunités, d'espace, de compréhension, de soutien –, il me semble qu'elles meurent toutes des mêmes causes : elles sont coincées au mauvais siècle. Je me dis que ces époques révolues étaient toxiques pour les femmes. Je le savais déjà – mais ce n'était alors qu'un fait acquis, tacite. Je le réapprends maintenant – mais cette fois, il s'agit d'un fait scandaleux, explosif.

Elles sont entourées d'hommes, sans équipe, sans chef de meute pour les encourager. Elles portent l'unique paire de talons claquant dans une salle peuplée de bigots. Elles ont pour fardeau la fatigue des pionnières. Elles sont furieuses et exténuées à force de devoir expliquer aux hommes ce que les femmes ont toujours su. Ce sont des astronautes dans la station Mir, des cœurs placés à l'intérieur des premiers patients de transplantations. Elles peuvent ouvrir la voie, oui, mais ce n'est pas viable. L'organisme finit par les rejeter. L'atmosphère s'avère trop pauvre en oxygène. C'est l'échec.

Et c'est ainsi que je finis par trouver Germaine Greer, juste quand j'avais besoin d'elle. Je sais vaguement quel est son champ d'action, bien sûr (chaque fois que ma mère tente de deviner ce qui cloche avec la voiture, mon père soupire « Très bien, Germaine Greer. Laisse-moi faire. »), mais je ne l'ai encore jamais rencontrée. Je n'ai jamais lu ses écrits ni entendu ses discours. Je m'imagine un bout de femme braillard et sévère qui passe son temps à pointer du doigt ce qu'il faut faire – bref, une nonne, option furax.

Puis je la vois à la télé. Je ne sais plus dans quelle émission – mon journal ne le dit pas ; en revanche, la date est toute enguirlandée de points d'exclamation. « Je viens de voir Germaine Greer à la télé – elle est SYMPA !!!!!! écris-je. DRÔÔÔLLLEEE !!!!! »

Greer emploie des mots comme « libération » et « féminisme », et je me rends compte – à l'âge de quinze ans – que c'est la première personne que j'entends les utiliser sans une once de sarcasme ni la moindre paire de guillemets invisibles. Elle ne les prononce pas comme s'il s'agissait de mots à la fois légèrement vulgaires et un tantinet dangereux qu'il convient de manipuler avec des pincettes, comme « purin » ou « typhus ».

Au contraire, Greer déclare « je suis féministe » d'un ton parfaitement calme, logique et confiant dans sa légitimité. On croirait entendre la solution d'une énigme circulant depuis des années. Greer le dit avec légitimité et fierté : car ce mot est un prix pour lequel des milliards de femmes ont combattu depuis la naissance de l'humanité. Voilà le vaccin contre l'échec des pionnières. Voilà l'atmosphère qui nous permettrait d'aller dans l'espace, la pièce d'équipement qui nous manquait à toutes. Voilà ce qui va nous maintenir en vie.

Une semaine s'écoule avant que je déclare à mon tour « je suis féministe » devant mon miroir. En fumant une fausse cigarette de papier toilette roulé. Je souffle un nuage de fumée imaginaire, façon Lauren Bacall, en disant « je suis féministe, Humphrey Bogart ».

Le mot en lui-même semble plus excitant encore qu'un juron. C'est enivrant. J'en ai la tête qui tourne.

Je sais que je suis féministe maintenant, parce que (après avoir vu et aimé Greer à la télé) je viens de lire *La Femme eunuque*. Certes, je n'étais pas uniquement attirée par les promesses d'émancipation – je dois avouer que je cherchais aussi des scènes de sexe. Je sais qu'il s'agit, pour paraphraser Eulalie McKecknie Shinn décrivant la poésie de Balzac dans *The Music Man*, d'un « livre COCHON ». Regardez : même la couverture a des seins. Il y a *forcément* de la baise là-dedans.

Pourtant, même s'il y a des passages crus, le plus remarquable pour quelqu'un élevé au rock, c'est que Greer écrit sur son expérience de femme de la même façon que les hommes chantent leur expérience d'homme. Lorsque Bowie décrit Ziggy dans *Ziggy Stardust* comme « le nazz[1] / au cul sensass / [qui] est allé trop loin / mais bon sang ce qu'il jouait bien », il aurait tout aussi bien pu décrire Germaine Greer. C'est elle, la nazz au cul sensass. Sous sa plume, les paragraphes se font solos de piano, et le féminisme un concept simple : on devrait tous lui ressembler un peu plus. Se moquer de toute connerie inutile héritée du passé. Se montrer neuf, rapide, libre. Rire, et baiser, ne jamais avoir peur de dénoncer quiconque fait preuve de stupidité ou se fourvoie – qu'il s'agisse d'un petit ami ou du gouvernement. Et le faire AVEC FRACAS. COMME LE ROCK.

Par la suite, *La Femme eunuque* devient comme une personne déboulant dans la pièce – ma chambre – en actionnant une pluie de paillettes dorées et en poussant des « Oh my God ! » Greer possède la vélocité irrésistible des champions de leur catégorie. Et déborde d'allégresse, sachant qu'elle dit des choses que personne n'a encore dites avant elle. Elle sait que c'est *elle*, le nouveau front météorologique, la tempête imminente.

Je ne comprends pas la moitié de son propos. À quinze ans, je n'ai encore jamais fait l'expérience du sexisme en milieu professionnel, de la haine des hommes envers les femmes, ni même, à vrai dire, de ce qui m'a menée à la lire en premier lieu : un pénis cherchant stimulation et caresses. La moitié du livre me déroute totalement : son mélange de colère contre les hommes et de conviction que les femmes baisseront de toute façon les bras, faibles comme elles sont, est

---

1. Richard Butley a écrit un poème au milieu du XXe siècle, intitulé « The Nazz », sorte de variation jazzy sur Jésus de Nazareth. Bowie reprend ici le terme qui désigne un être fascinant. (*N.d.É.*)

pour le moins étranger à ma vision du monde. Je pense généralement que l'interpellation « Les Gars » vaut pour tout le monde et que nous essayons de nous entendre du mieux possible.

Je ne comprends pas vraiment les vastes généralisations – et je parie que le reste du monde non plus, d'ailleurs, ou du moins est-ce ce que je me dis.

Il ne fait cependant aucun doute que ce livre – et le monde auquel il appartient – me donne le frisson. Germaine parvient soudain à me faire croire que le fait d'être une femme – d'appartenir à ce sexe systématiquement évincé, honni, bâillonné, écrasé – est en réalité extraordinaire. Dans ce XXe siècle, ère éprise de nouveauté, les femmes s'avèrent être la plus grande des innovations. Bien calées dans leur carton, elles jouent les mortes depuis la nuit des temps, toutes emballées de cellophane qu'elles sont. Mais voilà que nous sommes devenues la nouvelle espèce ! La nouvelle mode ! Nous sommes la tulipe, l'Amérique, le hula hoop, le cliché lunaire, la cocaïne ! Tout ce que nous faisons sera forcément extraordinaire.

Je me transforme en fan – de ceux qui décident, de façon un peu paresseuse mais réellement exaltée, de croire purement et simplement en tout ce que dit ou fait leur idole, de suivre son sillage fluorescent sans poser de questions. Cette héroïne-là ne saurait me blesser – ni me révéler soudain de façon dramatique qu'elle me déteste probablement – comme les roadies de Led Zeppelin distribuant à leurs groupies mineures des lambeaux de vêtements ornés d'un œil, d'un oiseau et d'un matelot : « *I swallow semen*[1] ». Ou comme lorsque j'ai découvert que Frank Bough, le « papa petit déj » de la télé, était branché SM.

1. Rébus coquin : *eye/I* (œil/je), *swallow* (moineau/avaler), *seamen/semen* (marins/sperme). (*N.d.T.*)

En tant qu'adolescente douillette, je suis en manque de héros pour me dorloter l'âme.

Au fil des ans, bien sûr, je deviendrai suffisamment greerienne moi-même pour ne plus toujours être d'accord avec ses déclarations : elle a stoppé toute activité sexuelle dans les années 1980, fait campagne contre l'élection d'une transsexuelle pour un poste de maître de conférences au Newnham Ladies College, fait une fixation sur les transgenres MTF et, plus grave encore, lancé une diatribe contre la coiffure de Suzanne Moore, chroniqueuse au *Guardian* (« un nid d'oiseau sur la tête et des chaussures de pute aux pieds »), qui m'a attristée, parce que j'adore les tignasses bouffantes.

Mais à quinze ans, à peine *La Femme eunuque* terminé, je suis tellement excitée par ma condition de femme que, si j'avais été un garçon, je crois bien que j'aurais franchi la barrière.

En 1990, à quinze ans et demi, je me balade en proclamant « je suis féministe » de la même façon que les personnes normales annoncent à la ronde « pétédethunes[1] ! », « Rodney, espèce de crétin[2] ! », ou « Suivez l'ours[3] ! » J'ai découvert une partie de mon identité.

Mais vous devez bien sûr vous interroger : « Suis-je *vraiment* féministe ? Peut-être pas. Je n'en sais rien ! Je suis trop cassée et déboussolée pour tirer ça au clair. Ma tringle à rideau n'est toujours pas en place ! Je

---

1. *« Loadsamoney ! »* : devise d'un personnage comique créé par l'humoriste Harry Enfield dans les années 1980. (*N.d.T.*)

2. *« Rodney, you plonker ! »* : réplique culte de Del Boy, héros de la sitcom *Only Fools and Horses*, interprété par David Jason de 1981 à 1991. La série, diffusée sur BBC 1, était très populaire. (*N.d.T.*)

3. *« Follow the bear ! »* : slogan d'une publicité très populaire pour la bière Hofmeister. (*N.d.T.*)

n'ai pas le *temps* de déterminer si je milite pour les droits des femmes ! Ça a l'air tellement compliqué. QU'EST-CE QUE ÇA VEUT DIRE ? »

Je comprends.

Voici donc un test rapide pour vous aider à répondre à cette question. Mettez la main dans votre culotte.

a) Disposez-vous d'un vagin ? et
b) Voulez-vous en garder le contrôle ?

Si vous avez répondu « oui » aux deux, alors félicitations ! Vous êtes féministe.

Car nous devons reprendre possession du terme « féminisme ». Nous en avons terriblement besoin. En lisant des statistiques établissant que seulement 29 % des Américaines se décrivent comme féministes – et à peine 42 % des Britanniques –, je me demandais, mais enfin mesdames, qu'est-ce que vous croyez que c'est, le féminisme ? Qu'est-ce qui vous rebute dans la « libération de la femme » ? Le droit de vote ? Celui de ne pas être la propriété de l'homme que vous épousez ? La campagne pour l'égalité des salaires ? *Vogue* de Madonna ? Les jeans ? Est-ce que toutes ces bonnes choses VOUS TAPENT SUR LE SYSTÈME ? Ou bien étiez-vous simplement BOURRÉES AU MOMENT DU SONDAGE ?

Mais je me suis bien calmée depuis cette époque – depuis que j'ai compris qu'il était techniquement impossible pour une femme de réfuter le féminisme. Sans le féminisme, vous n'auriez même pas *l'autorisation* de débattre sur la place de la femme dans la société. Vous seriez trop occupées à accoucher sur le sol de la cuisine – une cuiller en bois coincée entre les dents afin de ne pas perturber la partie de cartes de ces messieurs – avant de retourner récurer les toilettes à la chaux vive. Voilà pourquoi ces chroniqueuses du *Daily Mail* (qui chroniquent surtout leur dégoût du féminisme) me font rire. On te paye 1 600 livres sterling pour ça, ma chérie, il me semble. Et je parie que ça atterrit directement sur ton compte en banque, pas celui de ton mari. Plus les femmes s'insurgent ouvertement contre le féminisme, plus elles prouvent non seulement son existence, mais aussi le fait qu'elles jouissent des privilèges durement gagnés grâce à lui.

Car les gens auront beau tenter de le molester et de le rabaisser, « féminisme » demeure le mot qu'il nous faut. Aucun autre ne fera l'affaire. Et soyons honnêtes, aucun autre mot n'a *jamais* fait l'affaire, à l'exception de « *Girl Power* » – lequel donne l'impression que vous avez rejoint une branche de l'Église de scientologie dirigée par Geri Halliwell. Le simple fait que « *Girl Power* » ait été l'unique rival du terme féminisme ces cinquante dernières années est absolument désolant. Après tout, P. Diddy, lui, a eu quatre noms différents *à lui tout seul*.

Personnellement, je trouve que « féministe » tout seul ne suffit pas. Je veux aller au bout. Et l'en ramener accompagné de l'épithète « enragée ». C'est tellement plus sexy. Après tant d'années de rejet, il est prêt à revenir en force ! Ils s'en sont servis pour nous insulter ! On va leur renvoyer à la figure ! Je veux reprendre possession de la locution « féministe enragée » de la même façon que la communauté noire s'est réapproprié le terme « *Nigger* ».

« Va, ma féministe enragée ! Explore la dichotomie dialectique entre mâle et femelle », exhorterai-je mes amies dans les bars pendant que tout le monde hochera la tête en voyant combien nous sommes avant-gardistes et authentiques, aussi exaltées par ce mot que par le champagne, les coups de volant et *Helter Skelter*.

Le simple fait qu'il soit actuellement sous-employé et vilipendé rend la chose plus sexy encore – un peu comme décider de remettre le haut-de-forme en vogue, toute seule, sans l'aide de personne. Une fois que les gens auront remarqué combien vous avez l'air sexy avec, ils voudront *tous* en porter un.

Ce qu'il nous faut, c'est le seul mot dont nous ayons jamais disposé pour décrire l'action de « rendre le monde équitable pour les hommes et les femmes ». La mauvaise volonté affichée des femmes à l'utiliser envoie un message terriblement négatif. Imaginez si, dans les années 1960, il était devenu de bon ton chez les Noirs de se dire « pas très branchés » droits civiques.

« Non ! Les droits civiques, ça me gave ! Ce Martin Luther King crie trop. Franchement, il ferait bien de se détendre un coup. »

D'un autre côté, je comprends pourquoi les femmes se sont mises à rejeter le terme « féminisme ». Celui-ci se trouvait invoqué dans des contextes tellement nombreux et saugrenus que, à moins d'être au courant des visées les plus profondes du mouvement plutôt que de devoir tirer des conclusions de toute la friture qui l'entourait, on ne pouvait que supposer qu'il s'agissait là d'une combinaison spectaculairement repoussante de mépris des hommes, de détresse et d'hypocrisie, généralement représentée par des vêtements affreux, une fureur continuelle et, ne nous voilons pas la face, une absence de vie sexuelle.

*

Prenez par exemple la chronique « *What I'm Really Thinking* » du *Guardian*, laquelle, en 2010, relaya les pensées intimes d'une femme de ménage :

« Parfois… je médite sur les absurdités de mon travail : par exemple, que le gros du repassage concerne des vêtements masculins. » Pressées d'échapper à la domesticité, les femmes refusent de repasser les chemises de leurs maris. Félicitations : votre manifestation de féminisme implique que la tâche incombe à une autre femme, lui assignant un autre rang.

C'est une idée que j'ai rencontrée des centaines de fois – qu'une *vraie* féministe passerait l'aspirateur elle-même, que Germaine Greer récure elle-même ses toilettes, et qu'Emily Wilding Davison s'est jetée elle-même sous ce cheval, les mains encore tout embaumées de Mr Propre d'avoir nettoyé son four. En suivant ce raisonnement, combien de femmes ont dû conclure, avec un soupir tandis qu'elles engageaient une femme de ménage, qu'elles ne pouvaient donc pas être féministes ?

Sauf que, bien sûr, engager une femme de ménage n'est pas un exemple d'oppression des femmes par d'autres femmes, parce que LES FEMMES N'ONT PAS INVENTÉ LA POUSSIÈRE. LE RÉSIDU POISSEUX QUI S'AMASSE SUR LA BOUILLOIRE NE VIENT PAS DES VAGINS DES FEMMES. CE NE SONT PAS LES ŒSTROGÈNES QUI RECOUVRENT LES ASSIETTES DE SAUCE TOMATE, DE MIETTES DE POISSON PANÉ OU DE FRAGMENTS DE PURÉE. MON UTÉRUS N'A PAS FONCÉ À L'ÉTAGE POUR JETER TOUS LES VÊTEMENTS DES ENFANTS PAR TERRE ET ENDUIRE LA BALUSTRADE DE CONFITURE. ET CE NE SONT PAS MES SEINS QUI ONT POUSSÉ L'ÉCONOMIE MONDIALE À ASSIGNER LES TÂCHES MÉNAGÈRES AUX FEMMES.

Le foutoir est un problème qui mine l'humanité. La propreté domestique nous concerne tous. Lorsqu'un homme engage un homme de ménage, on n'y voit qu'un employeur et son employé. Qu'est-ce qui fait d'un couple hétérosexuel employant une femme de ménage le symbole d'une trahison du féminisme ? Ce n'est pas très clair – à moins de croire que gérer un foyer constitue, d'une certaine manière :

a) un devoir incombant irrévocablement aux femmes – lequel, par ailleurs,
b) ne saurait être accompli autrement que par amour, et jamais pour de l'argent, autrement la magie du foyer en serait « souillée ». Comme si les plats se souciaient de savoir qu'ils sont nettoyés par une aide extérieure rémunérée, plutôt que par la maîtresse de maison, et que cela les rendrait « tout tristes ».

Ce qui est clairement, excusez le terme technique, un ramassis de fadaises. On peut payer des gens pour faire tout le reste à sa place. Certains endroits vous blanchiront l'anus si vous le souhaitez (pour peu que vous en trouviez la teinte trop sombre). Je vous assure. Contre de l'argent, quelqu'un vous appliquera du peroxyde sur le trou de balle pour le rendre platine comme Marilyn Monroe. Votre champ est truffé de mines ? Payez quelqu'un pour les retirer, au péril de sa vie. Vous avez envie de regarder des gens se défoncer le cartilage nasal à coups de poing ? Allez voir du combat ultime. Certaines personnes gagnent leur vie en transportant du purin, en travaillant comme mercenaires, ou en masturbant des cochons dans des bocaux.

Et pourtant, au milieu de tout ça, et avec toutes les professions que l'on serait en droit de critiquer, il est toujours mal vu pour une habitante du nord de Londres d'employer quelqu'un pour faire le ménage chez elle.

J'ai, pour ma part, occupé cet emploi quand j'avais seize ans. Je faisais le ménage chez une femme qui habitait une maison remplie de lambris sur Penn Road, à Wolverhampton, et j'étais ravie qu'une personne avec mes qualifications (nulles) puisse gagner de l'argent en passant du détergeant sur les robinets d'une autre ou en ponçant le tartre de sa bouilloire à la fourchette. Vingt ans plus tard, j'ai moi-même recours à une femme de ménage.

Cela n'a rien à voir avec le féminisme. Si c'est faire preuve d'antiféminisme que d'employer une femme de ménage quand on appartient à la classe moyenne, alors c'est forcément la lutte des classes qui se joue quand un homme fait appel à un plombier ? Le féminisme se heurte au même problème que le « politiquement correct » : c'est une étiquette qu'on emploie à tort et à travers.

Mon amie Alexis a récemment croisé un « gentleman de la rue » occupé à siroter une Kestrel à 9 h 07 du matin, assis dans l'entrée d'un magasin.

« Ha haha ! Pas très politiquement correct, hein ! » s'est exclamé le clochard en brandissant sa canette comme pour porter un toast.

Bien entendu, se saouler à 9 heures du matin devant le Primark sur Western Road, à Brighton, n'a strictement rien à voir avec le politiquement correct. Même avec la meilleure volonté du monde – mon gars, t'es juste un clodo en train de picoler. Tu n'es pas en train de faire un pied de nez à Barack Obama, à Polly Toynbee[1], ou à la BBC. Pourtant, un grand nombre de personnes seraient d'accord avec sa définition du « politiquement correct » (tendance qu'a la « brigade du politiquement correct » à interdire toute activité vaguement transgressive), plutôt qu'avec sa *définition réelle* : la formalisation de la politesse. La codification de la courtoisie dans des domaines où, auparavant, des choses vraiment horribles se produisaient régulièrement, comme l'emploi du terme « Paki » ou comme

1. Célèbre journaliste politique et écrivaine britannique. (*N.d.É.*)

cette fois où un ouvrier m'a interpelée d'un « Néné McGee » quand j'avais quinze ans.

Il existe une génération entière de personnes qui confondent « féminisme » avec « tout ce qui se rapporte aux femmes ». « Féminisme » et « femmes modernes » sont deux termes considérés comme parfaitement interchangeables – d'un côté, c'est un rappel joyeux de ce que le féminisme a accompli, mais de l'autre, c'est un vrai bazar politique, lexical et grammatical.

Au cours des dernières années, j'ai vu le féminisme (rapide rappel : il s'agit de la libération de la femme) rendu responsable, pêle-mêle, des troubles alimentaires, de la dépression féminine, de la hausse du taux de divorces, de l'obésité infantile, de la dépression masculine, des grossesses tardives, de l'augmentation du taux d'avortement, de l'alcoolisme féminin et de l'augmentation du taux de criminalité chez les femmes. Autant de choses qui se trouvent simplement ÊTRE EN RAPPORT AVEC LES FEMMES, mais qui n'ont rien à voir avec ce mouvement politique que l'on nomme « féminisme ».

Ultime ironie, le féminisme est souvent utilisé comme bâton – enfin, non, le phallocentrisme de l'image semble inapproprié, parlons donc d'un « triangle poilu » – pour empêcher les femmes de se comporter de façon aussi libre, normale et décomplexée que les hommes. Pire encore : dans les cas les plus extrêmes, on l'utilise pour suggérer que le fait de se comporter de façon aussi libre, normale et décomplexée que les hommes détruirait nos congénères.

Prenez notre côté langue de pute. Il est à présent courant d'entendre dire que les féministes ne devraient pas persifler à l'encontre de leurs congénères.

« Ce n'est pas très féministe », diront les gens si je dis du mal d'une autre femme. « Et la solidarité féminine, alors ? » s'exclament-ils lorsque Julie Burchill s'attaque à Camille Paglia, ou que Germaine Greer se lâche sur Suzanne Moore.

Personnellement, je suis d'avis que le féminisme a ses limites – au-delà desquelles on se doit de râler. Depuis quand le féminisme a-t-il fusionné avec le bouddhisme ? Pourquoi diable devrais-je, sous prétexte que je suis une femme, me montrer *gentille* envers tout le monde ? Et pourquoi les femmes devraient-elles (en plus de tout le reste) prendre un soin particulier à se montrer en permanence « adorables » et « encourageantes » les unes envers les autres ? C'est une vision de la « solidarité féminine » que je trouve, pour ma part, franchement illogique. Le simple fait de rencontrer une personne équipée d'un soutien-gorge ne va pas me faire gagner 20 points de bonus « respect même sexe ». Quand on est con, on est con – peu importe de quel côté on fait la queue pour aller aux toilettes.

Lorsqu'on suggère que ce sont les *autres femmes* qui, en persiflant sur leurs congénères, ont, depuis toujours, ralenti l'avancement des femmes, je me dis que c'est singulièrement surestimer le pouvoir d'un coup de griffe verbal administré lors d'une pause clope. Il ne faut pas oublier que dire d'un air narquois « Elle a le cheveu un peu mollasson sur le dessus » n'est pas ce qui empêche les femmes d'en finir avec l'inégalité devant le salaire ou d'obtenir une place dans les conseils d'administration. M'est avis que ce double échec est plutôt dû aux dizaines de milliers d'années de patriarcat et de misogynie enracinés socialement et politiquement. Deux choses qui ont un tout petit peu plus de poids qu'une blague sur un pantalon ridicule.

J'ai une règle qui me permet de juger (lorsque le temps presse et que la situation nécessite une évaluation rapide) si je suis en présence de conneries sexistes. Elle n'est pas infaillible à 100 %, mais elle me met généralement sur la bonne voie.

Elle se résume à poser la question suivante : « Est-ce que les hommes le font ? Est-ce que les hommes s'en soucient également ? Est-ce que les hommes perdent du temps pour ça ? Est-ce qu'on dit aux hommes de ne pas le faire parce que cela serait une trahison envers leurs congénères ? Est-ce que les hommes sont obligés d'écrire de fichus bouquins sur ces conneries débiles, exaspérantes et chronophages ? Est-ce que *Jeremy Clarkson*[1] se sent menacé par ça ? »

Presque toujours, la réponse est : « Non. On n'interdit pas aux garçons de se comporter d'une certaine manière. Ils se contentent de vaquer à leurs occupations. »

On n'informe pas les hommes qu'ils oppressent leurs congénères par leurs commentaires. On suppose d'eux qu'ils sont parfaitement capables de supporter l'idée que d'autres hommes disent du mal d'eux. Partant de là, je pense que l'on peut supposer des femmes qu'elles peuvent supporter que d'autres femmes disent du mal d'elles, aussi. PARCE QUE NOUS N'AVONS GROSSO MODO RIEN À ENVIER AUX HOMMES QUAND IL S'AGIT DE SE MONTRER DÉTESTABLES LES UNES ENVERS LES AUTRES.

Ce qui ne veut pas dire que nous devons systématiquement nous mettre à nous traiter mutuellement comme de la merde et transformer chaque journée en un autodafé de vingt-quatre heures où vies, garde-robes et psychés se consument devant nos yeux. Nous

1. Présentateur vedette de la BBC. (*N.d.É.*)

ne devons jamais perdre de vue la plus importante des règles de l'humanité : RESTER POLI. RESTER POLI demeure sans aucun doute la plus grande contribution que chacun puisse apporter quotidiennement à la vie sur terre.

Mais d'un autre côté, se demander « Est-ce que les garçons le font aussi ? » est un bon moyen de détecter les spores de misogynie implantés dans le sol, lequel pourrait autrement passer pour un terrain fertile et propice à cultiver une philosophie.

C'est le principe du « Est-ce que les garçons le font aussi ? » qui m'a finalement permis de décider que j'étais contre le port de la burqa pour les femmes. Bien sûr, l'idée derrière la burqa est de préserver votre modestie et de s'assurer que les gens vous regardent avant tout comme un être humain, plutôt que comme simple objet sexuel. Très bien. Mais pour vous protéger de qui ? Des hommes. Et qui, tant que vous suivez les règles et portez les bons vêtements, vous protège des hommes ? Les hommes. Et qui donc vous regarde comme un simple objet sexuel au lieu de vous considérer comme un être humain en premier lieu ? Les hommes.

Bien. Tout porte donc à croire que le problème vient d'abord et avant tout des hommes. Je classerais volontiers tout ceci sous l'en-tête « Trucs que les hommes devraient régler par eux-mêmes ». Je ne vois pas pourquoi c'est soudain à *nous* de nous recouvrir de la tête aux pieds pour arranger les choses. À moins de vraiment, véritablement, aimer ce genre de tenue au point de la porter même pour regarder *EastEnders* toute seule, auquel cas libre à vous. Ma politesse respecte votre choix. Vous pouvez être ce que vous voulez – tant que vous êtes sûre que c'est ce que vous *voulez* vraiment, plutôt que l'une de deux options également discutables qui vous sont imposées.

Parce que le but du féminisme n'est pas de fabriquer un *type* de femme bien défini. L'idée même qu'il existe des « types », acceptables ou non, de femme est précisément ce qui mine le féminisme depuis si longtemps – cette croyance que « nous » ne devrions pas accepter les meufs négligées, les meufs pas futes-futes, les meufs qui cassent, les meufs qui engagent des femmes de ménage, les meufs qui restent à la maison s'occuper des enfants, les meufs qui conduisent des Mini Metro roses avec un autocollant « Carbure à la poudre de fée ! » sur le pare-choc, les meufs en burqa, ou encore les meufs qui aiment à rêver qu'elles sont mariées avec le Zach Braff de *Scrubs* et qu'il leur arrive parfois de faire l'amour dans une ambulance sous le regard et même les applaudissements du reste de la distribution. Vous savez quoi ? Le féminisme vous accueille toutes.

Qu'est-ce que le féminisme ? Tout simplement la conviction que les femmes devraient être aussi libres que les hommes, peu importe leur degré de folie, de lenteur d'esprit, de naïveté, de mauvais goût vestimentaire, de surpoids, de calvitie, de paresse ou de suffisance.

Êtes-vous féministe ? Hahaha. Bien sûr que oui.

5

J'ai besoin d'un soutif !

Vous avez beau être féministe, il y a bien un moment où vous avez besoin de faire un peu de shopping. Je ne vous parle pas de shopping à la *Sex and the City*, cette expérience prétendument fun et révélatrice, sorte de méditation avec une jambe coincée dans une paire de jeggings taille 40 chez Topshop. Personnellement, je trouve l'idée que les femmes doivent « adorer » le shopping vraiment bizarre – presque toutes les femmes que je connais sont au bord des larmes après avoir crapahuté dans la grand'rue pendant trois quarts d'heure à la recherche d'un chemisier, et s'empressent de se rabattre sur une bouteille de gin dans ces tristes moments où il leur faut mettre la main sur une paire de jeans.

Non. Par « shopping », j'entends simplement « sortir acheter quelque chose dont on a réellement besoin » – comme une culotte, par exemple. Car à quinze ans, j'ai besoin de sous-vêtements. Terriblement besoin, même. Certes, je me sens prête à pulvériser le patriarcat et me faire tatouer « je suis une féministe enragée » sur le corps sauf si je dois montrer le contenu de mon tiroir à culottes. Mais qu'est-ce que je raconte ? Je n'ai même pas de tiroir dédié. Tout ce que je possède – culottes, deux débardeurs, deux paires de collants, une jupe, trois t-shirts et un seul pull élimé – est rangé dans un carton sous le lit. C'est à peine si j'ai des « sous-vêtements » à proprement parler.

Ce que j'ai, ce sont des héritages. À quinze ans, je suis devenue trop grande pour acheter quoi que ce soit dans le minuscule magasin de vêtements à l'ancienne de Warstones Road, où les culottes pour enfant sont rangées dans un immense mur de tiroirs en bois et vendues dans des sacs en papier, comme s'il s'agissait d'une demi-livre de bonbons ou de côtes d'agneau.

Alors, comme nous sommes à l'époque trop pauvres pour acheter de nouvelles culottes (taille adulte), je deviens la récipiendaire du Legs Sous-Vestimentaire Moran, autrement dit quatre vieilles culottes à la coupe classique ayant appartenu à ma mère. Du genre qu'un gamin de cinq ans arracherait de la corde à linge. Bouillies et blanchies si souvent que les rayures roses, autrefois pimpantes, ne sont maintenant plus que de pâles ombres, telles les silhouettes grises que les gens laissent paraît-il sur les murs près de l'épicentre d'une explosion atomique.

Pour ne rien arranger, l'élastique n'est plus que sporadiquement attaché au corps du tissu, lequel pendouille comme une banderole de la bande de caoutchouc distendu. Comme si ma culotte avait été le théâtre d'une fête à laquelle personne n'était convié.

Même si je ne suis pas une enfant *particulièrement* ignoble, je ne suis pas vraiment dégoûtée à l'idée de porter les vieilles culottes de ma mère. Après tout, c'est trois fois rien quand on sait que je dormais dans le lit où était morte ma mémé (mais oui, pile au milieu de l'empreinte massive laissée par son corps dans le matelas ; son fantôme me tient lieu de chemise de nuit).

Ou plutôt, c'est trois fois rien jusqu'au jour où je m'assieds dans le jardin avec Caz.

Nous sommes occupées à tracer discrètement et affectueusement une moustache, une barbe et un monosourcil sur le visage endormi de la petite Cheryl, âgée de deux ans, à l'aide d'un morceau de charbon.

Tout va pour le mieux dans le meilleur des mondes jusqu'à ce que Caz hoche la tête en direction de Cheryl et marmonne (avec ce mélange de dégoût et de fouille-merdise qui rend mon adolescence à ses côtés tellement plus drôle) : « Maman portait probablement tes culottes quand elle l'a conçue, tu sais. Papa a dû les lui ARRACHER pour mettre Chel en route. Il était EN MODE SEXY. DEVANT TA CULOTTE. »

Je m'empresse évidemment de frapper Caz. Je la frappe de toutes mes forces et l'envoie valser en arrière.

« Sale PREVERSE ! » je m'exclame.

« Prevers » est notre nouveau mot fétiche. Nous lisons tous beaucoup – parfois peut-être trop vite. Récemment, nous avons également adopté le terme « paradigme », prononcé « paradigne ». Un risque à prendre quand on est autodidacte. Ou dictatorial, comme nous l'aurions lu trop vite sans jamais être corrigés.

« TÊTE DE NŒUD ! » hurle Caz en me boxant comme un kangourou. Si nous étions dans un film, la photo prise par ma mère il y a trois semaines à peine (de nous dans les bras l'une de l'autre, sur le palier, dans nos robes de chambre) se dissiperait dans un fondu enchaîné en se consumant doucement. Fin de notre entente cordiale, qui ne reprendra pas avant un an.

Mon mécontentement ne durera cependant qu'une après-midi. Je n'ai d'autre choix que de me rasseoir, toujours vêtue de ces sous-vêtements, que je porterai encore pendant quatre longues années mal culottées.

Je n'avais pas d'autre option. C'est l'une des raisons pour lesquelles c'est nul d'être vraiment très pauvre. Vous êtes obligé de porter des culottes qui vous donnent des cauchemars.

Les sous-vêtements – en premier lieu culottes et soutiens-gorge, mais aussi jupons, collants, et autres corsets – constituent l'uniforme exclusif de la femme. C'est l'équivalent féminin du casque et de la combinaison ignifugée pour un pompier. Ou des grandes chaussures pour un clown. Nous en avons besoin pour pratiquer notre « profession » : être une femme. Nécessité technique. Bien sûr, chaque femme est différente, mais le plus souvent, nous avons besoin d'un soutien-gorge pour affronter la journée – en particulier si celle-ci implique de devoir courir après un bus ou arborer une robe décolletée. Autrement nous risquerions de devoir trotter une main sur la poitrine, de peur que nos seins, à force de rebondir, tournoient comme les pompons d'une stripteaseuse, hypnotisant accidentellement un passant. Cela m'est déjà arrivé. C'était pas joli-joli.

De même, alors que la Judith Chalmers de l'émission de voyages *Wish You Were Here* est célèbre pour ne pas porter de culotte – pas même sur l'Acropole –, je pense que la plupart d'entre nous connaissent les risques que cela suppose. Oui. Des araignées pourraient grimper le long de vos jambes, faire leur nid en vous et pondre leurs œufs dans votre précieux. Emma Parry de mon école connaissait une fille dont la cousine avait subi un tel désagrément, à Leicester. À la naissance, les petites araignées affamées s'étaient attaquées aux poils de son postérieur. Ne me regardez pas comme ça – je ne fais que vous rapporter ce qui faisait la une à Wolverhampton en 1986. J'étais surprise que l'info n'ait pas été reprise à l'échelle nationale à l'époque.

Je crois que nous pouvons nous accorder à dire que les enjeux sont, à l'évidence, bien trop graves pour qu'une femme se risque à vivre sans culotte.

Ayant passé ces quatre ans et demi à porter les culottes de ma mère, je savais que j'échouais dans un des domaines principaux du cursus féminin : les femmes sont censées avoir belle allure en sous-vêtements. Une fille en culotte, c'est d'enfer. Et en soutif – top canon. L'inconscient collectif est rempli de la notion que, quand tout est fait et dit, la femme est au sommet de sa gloire lorsqu'elle apparaît en sous-vêtements.

Et pour être honnête, c'est souvent le cas. C'est l'une des armes secrètes inhérentes au sexe faible, doux et rond : culotte et soutien-gorge nous vont comme un gant. Tant que vous possédez une paire de seins potables dans un soutif potable, peu importe que le reste de votre personne ressemble à un flanc renversé par terre et à moitié mangé par le chat, parce que tout le monde n'aura d'yeux que pour le soutif et son contenu. Leur magie est inversement proportionnelle à leurs capacités effectives : loin de soigner les malades ou de résoudre des équations complexes, ils se contentent de reposer dans leurs bonnets, remuant à l'occasion pour pimenter les choses.

D'ailleurs, ce qui rend la panoplie des sous-vêtements remarquable, quelles que soient l'époque ou la culture, c'est bien le fait extraordinaire et totalement improbable que la grande majorité de ses composantes soit sexy. Comme le disait Will Smith dans *Men In Black*, on rend ça beau.

La magie des sous-vêtements de qualité (d'une qualité telle que l'on parle alors de *lingerie*) ne connaît pas de limites. Avec la crème de la crème – les sous-vêtements de qualité olympique, la came que les dealers ne vendent qu'à leurs clients « privilégiés » –, même les filles hétéros perdent leurs moyens en voyant d'autres filles hétéros ainsi vêtues.

Un jour, j'ai atterri dans un club de striptease avec mon amie Vicky. C'est une longue histoire. À vrai dire elle compose le gros du chapitre 9. Enfin bref, lorsque vers 1 heure du matin, une danseuse du nom de Marina nous a fait un numéro en privé, j'ai fondu en trois minutes à peine. Le sortilège de la lingerie impériale. Marina avait son ahurissant postérieur de Blanche-Neige emballé dans du satin rouge cerise, comme un cadeau dont les rubans couraient le long de ses cuisses. Tandis qu'elle ondulait de part et d'autre, ivre et hilare, il était impossible de penser à autre chose que le bruit presque imperceptible avec lequel le tissu frottait contre sa peau, ou combien la tentation était grande de tirer sur les rubans, comme sur un frein de secours, pour l'amener à s'arrêter soudain juste devant votre nez.

À l'évidence, Marina avait eu la même idée. L'esprit embrumé par la vodka, elle nous avait tout juste incitées à défaire les rubans *avec nos dents* lorsqu'un vigile a fait irruption en hurlant « PAS TOUCHE ! PAS TOUCHE ! »

Marina s'est dégagée d'un air boudeur : le charme était rompu. Je suis sortie du club en titubant, l'esprit anéanti par les agressions combinées d'un champagne demi-sec poisseux et de la lingerie de Marina.

Chantons donc un instant les louanges de la lingerie – récitons les psaumes de ces petits tiroirs du haut de la commode. Les bas – noirs, à couture ou en voile ultra fin – qui vous permettent de baiser instantanément, spontanément, debout, peut-être même avant d'avoir fini de demander « Je dois signer sur le bordereau de livraison ? »

Les culottes en satin pêche ornées de dentelle sur l'arrière. Les bodys aux couleurs extravagantes flashant sous les corsages : bleu pervenche, rose rouge, doré comme l'alliance au sol. Les joies vaporeuses, légères, immaculées du tulle. Cette façon qu'a la soie de glisser sur vous, comme un trait d'huile. La vision d'un afflux sanguin à travers la semi-visibilité de la dentelle. La ligne noire reliant le mollet à la cuisse. Les agrafes renfermant la chair voluptueuse. Les boutons arrachés. L'ourlet.

Rien, ou presque, ne me rend plus heureuse que mon jupon bleu orné de minuscules roses et surmonté de bretelles noires. Non seulement il incarne la gaieté ronronnante et pêchue de ces cartes postales coquines des fifties sur lesquelles j'ai basé le gros de ma garde-robe et de ma sexualité, mais en plus il m'amincit de façon admirable. C'est une chose que j'ai souvent observée avec les sous-vêtements : un article bien choisi constituera la tenue la plus flatteuse sur vous.

Oh, si seulement le monde pouvait voir combien nous sommes fabuleuses, sous cet amas de vêtements.

Heureusement, parfois, le monde entier en a l'occasion ! Porter des sous-vêtements avec brio est un talent si important pour une femme qu'on organise même des concours pour juger qui est la plus douée dans ce domaine – Miss America, Miss Monde, Miss International, Miss Univers. Vous aurez beau appeler ça « l'épreuve du maillot de bain », on sait tous de quoi il s'agit vraiment : l'épreuve du soutif et de la culotte.

Je suis même sûre que c'était son nom initial, jusqu'à trente secondes avant le tout premier Miss World, quand quelqu'un s'est penché vers Eric Morley pour lui dire (en couvrant le microphone de sa main tandis que la musique du générique retentissait) : « Écoute, Eric. Cette histoire de féminisme. Je ne crois pas que ça soit juste une mode. J'ai peur que ça dure un peu. Est-ce qu'on ne pourrait pas mettre cette "épreuve – wahouh – du soutif et de la culotte" en rapport avec la natation ? »

Peut-être est-ce parce que nous avons formalisé notre « capacité à porter soutien-gorge et culotte » pour en faire un concours aux récompenses ahurissantes (faire le tour du monde pour rencontrer enfants et personnes âgées ! Coucher avec des footballeurs ! Porter un diadème !) que, au fil des ans, nous avons rendu la tâche de plus en plus compliquée. Les culottes mêmes sont devenues de plus en plus compliquées. Pour la simple raison qu'elles sont devenues de plus en plus petites. Beaucoup plus petites. Trop petites.

Un exemple parmi d'autres : il y a quelques mois, j'étais dans un métro bondé avec une de mes amies, qui se mit à pâlir et baisser la voix progressivement, jusqu'à finalement se pencher vers moi pour avouer que sa culotte était si minuscule qu'elle avait entièrement disparu dans sa fente.

« Là, je la porte sur le clito – comme un petit chapeau », dit-elle.

Ceci n'est à l'évidence pas acceptable. Bon sang ! Pareilles culottes devraient être renvoyées à l'âge de pierre. Batman n'a pas à se coltiner ces fadaises – alors pourquoi nous ? Ce devrait être un droit fondamental, pour les femmes, de disposer de sous-vêtements assez consistants pour épouser l'avant de leur anatomie, à la façon d'une étoile de mer – au lieu de se laisser happer par la gravité sans fond de leurs entrailles et finir phagocytées à force d'une trop grande friction. C'est de la folie.

Je vais mettre les choses au clair, là, une bonne fois pour toutes : je suis partisane des culottes classiques.

Le féminisme enragé a BESOIN de grandes culottes. Vraiment grandes. Celle que je porte en ce moment aurait pu servir d'étouffoir pour éteindre le grand incendie de Londres dans les premières quarante-huit heures environ. Elle s'étire du haut de ma cuisse jusqu'à mon nombril et fait également office de résidence secondaire où m'évader les week-ends. Si je devais me porter candidate au poste de parlementaire, ce serait sur le seul programme de « Donnons aux femmes des slips géants ».

Chers lecteurs, si je vous ai choqués avec toutes ces révélations sur mes préférences sous-vestimentaires, alors imaginez combien je l'ai pour ma part été en apprenant quelles étaient les préférences sous-vestimentaires des autres. Qui ne sont plus un secret au XXIe siècle. Jupes droites, jeans moulants et leggings – autant de tenues qui nous laissent voir avec exactitude le type de culotte portée par leur propriétaire, à la manière de ces surimpressions « géo-physiques » d'anciens systèmes de drainage dans *Time Team*[1].

Résultat : rares sont les femmes au Royaume-Uni portant des culottes véritablement adaptées. Au lieu de choisir quelque chose qui contienne, de façon logique et rassurante, leurs deux fesses (autrement dit ce que *moi* j'appellerais une culotte convenable), elles jettent leur dévolu sur de simples accessoires fessiers, des bijoux de cul. Partout, ce ne sont que slips, slips brésiliens, bikinis, strings, boxers, culottes échancrées ou shorts[2].

1. Émission d'archéologie diffusée sur Channel 4. (*N.d.T.*)

2. Le dernier article pourrait faire croire aux non-initiées qu'il offre une couverture correcte, alors qu'il se contente en réalité de vous barrer la taille d'une mince bande noire. Un peu comme si votre zone reproductive avait été victime d'un crime effroyable, pour lequel elle était interviewée sous couvert d'anonymat pour le JT de 20 heures. (*N.d.A.*)

Ces étroites partitions élastiques barrant l'arrière-train sont, en termes de confort aussi bien que d'esthétique, aussi cruelles que la partition entre l'Inde et le Pakistan. Elles provoquent de catastrophiques déformations physiques. Des parties entières de l'anatomie se trouvent scindées en deux ou entreprennent de vastes migrations. De mes yeux, j'ai vu des femmes se balader avec jusqu'à huit fesses, dont le placement pouvait varier de la hanche au milieu de la cuisse. Les culottes elles-mêmes ne sont pas responsables de cette difformité imposée. Ce ne sont que des pions, simplement dépassés par la tâche qui les attend. Leurs effectifs sont insuffisants. C'est le remake de Fort Alamo.

Femmes, un tel choix de sous-vêtements ne peut être un acte de bon sens. Pourquoi refuser à notre postérieur les ressources (comme, disons, un mètre supplémentaire de tissu) nécessaires à son confort ? Pourquoi ainsi succomber à la sliporexie ?

Tout ceci n'est bien entendu qu'un symptôme de cette croyance illusoire qu'ont les femmes qu'elles pourraient, à tout moment, subir une inspection expresse de leur sex-appeal. Les femmes portent des mini-culottes parce qu'elles pensent que c'est sexy. Mais, dans ce domaine, les femmes ont collectivement perdu la raison. Mesdames ! Combien de fois cette année avez-vous eu réellement *besoin* de porter une culotte minuscule ? En d'autres termes, sans y aller par quatre chemins : combien de fois avez-vous, de façon totalement soudaine et imprévue, fait l'amour en pleine lumière avec un expert exigeant de l'érotisme ?

Je me disais aussi. Vu la probabilité, vous pourriez tout aussi bien cacher un plateau de backgammon là-dessous, au cas où il vous faudrait divertir un groupe de dames âgées. Ce qui a plus de chances de survenir.

Vous savez, quand il s'agit de sexe, il ne faut pas oublier que les hommes sont des créatures à la mémoire merveilleusement courte. Peu leur importe le type de culotte que vous arborez. Une fois votre jupe tombée, vous pourriez porter un sac en papier de chez Gregg's avec deux trous où passer les jambes que cela ne les repousserait pas. CERTAINS HOMMES SERAIENT PRÊTS À COUCHER AVEC DES VÉLOS. Les hommes se fichent de savoir si vous portez des dessous sexy ou non.

Imaginez si les hommes souffraient d'une telle folie de la sur-préparation. Ils en seraient réduits à glisser deux billets pour un week-end à Prague dans leur caleçon, dans l'éventualité où ils rencontreraient une demoiselle en mal de romance IMMÉDIATE. Ce qu'ils ne font pas. Je vous assure.

Aussi minuscule qu'il soit, à la fois littéralement et métaphoriquement, le problème des mini-slips n'en a pas moins des ramifications massives pour nous en tant que nation. Cela ne vous aura pas échappé : la puissance de notre pays s'étiole au même rythme que nos culottes. Lorsque les femmes portaient des sous-vêtements les couvrant du menton à l'orteil, le soleil ne se couchait jamais sur l'Empire britannique. Maintenant que les femmes pourraient ranger une semaine entière de sous-vêtements dans une boîte d'allumettes, il ne nous reste à peine plus qu'un dominion sur le Bailiwick de Jersey et sur l'île de Man. Tous les bienfaits de l'obtention par les femmes du droit de vote ont été anéantis par leur éternelle lutte contre leurs mini-slips. Comment voulez-vous que la moitié de la population remporte la guerre contre le terrorisme si elle ne peut même pas s'asseoir sans grincer des dents ?

NOTE : la seule occasion pour laquelle il n'est à vrai dire pas mauvais de se passer carrément de culotte, ce sont les festivals de rock. Et ce si vous portez une robe longue. Dans ce cas, toute femme naturellement irritée par la longueur de la file d'attente pour les toilettes pourra alors s'adonner à un « pipi festivalier ». Pour cela, elle devra s'asseoir sur un carré de pelouse inoccupé en prenant soin d'écarter sa jupe autour d'elle à la façon de Deborah Kerr dans *Anna et le roi.* S'étant assurée que le tissu est convenablement réparti, elle pourra alors uriner discrètement à l'endroit même, sans que personne ne s'aperçoive de rien – puis attendre que la douce brise naturelle sèche sa « zone ».

C'est ainsi que j'imagine Blanche-Neige soulager sa vessie, abandonnée dans la forêt par le chasseur. Ou Galadriel arroser son chou dans *Le Seigneur des anneaux*, lorsque le besoin s'en fait sentir.

NOTE SUBSIDIAIRE : SEULE la présence de fourmis saurait mettre ce plan à mal. Les fourmis DÉTESTENT qu'on leur pisse dessus.

Mais, bien sûr, les culottes ne représentent qu'une moitié de cette affaire de sous-vêtement – la moitié inférieure. Quid de son pendant supérieur : les soutiens-gorge ? Ceux-ci disposent d'un pouvoir qui leur est propre. Tous les quatre ans, lorsque la Coupe du monde bat son plein, mes cinq sœurs et moi nous délectons des matchs disputés par le Brésil. N'importe quel match. Brésil contre n'importe qui.

« BRA[1] ! vociférons-nous le doigt pointé sur l'écran. BRA ! Y a écrit BRA au dos de leurs maillots ! BRA !!!!!! »

Nous tambourinons des pieds contre le canapé, comme étranglées par l'amusement.

---

1. *Bra* : « soutif » en anglais. C'est également, bien sûr, l'abbréviation de Brazil. (*N.d.T.*)

« BRA !!!!!!! coassons-nous, le visage si brûlant et humide de larmes que nous semblons avoir bouilli dans une casserole. BRAAAAAAAAAAAAAA !!!!!!! »

C'est la chose la plus hilarante qui nous soit jamais arrivée depuis 1991 et notre découverte du port de Brest[1] dans l'atlas mondial.

Le soutien-gorge est peut-être le plus offensant des articles vestimentaires féminins. Si vous ne me croyez pas, faites ce test simple : lancez un soutien-gorge à un garçon de neuf ans. Sa réaction sera la même que si vous lui aviez balancé un rat vivant sur la tête. Il se mettra à courir loin de vous en hurlant, comme un petit Vietnamien recouvert de napalm, offusqué qu'il sera par les soutiens-gorge.

Dieu merci, ce n'est pas notre cas, à nous les dames. Car il n'y a parfois pas meilleur soutien que celui d'un bon soutif. À trente-cinq ans, mes seins ressemblent encore à des pêches. Mais du genre que vous retrouveriez au fond de votre sac à main, après avoir oublié que vous les aviez emportées pour le goûter. Des pêches à la surface marquée par vos clefs, un ticket de bus coincé à la place de la queue. Le genre de pêche que vous examineriez d'un air circonspect au supermarché, une livre les dix, en vous disant « je pourrais toujours en faire des smoothies... »

C'est l'allaitement, les amis. Deux enfants particulièrement prompts à faire des coliques. Depuis le jour où la deuxième a poussé une beuglante sur l'autoroute M1, et que j'ai essayé de la calmer en m'installant à côté d'elle à l'arrière de la voiture et en tortillant mon sein sous la ceinture pour lui mettre dans la bouche, comme une sorte de siphon lactaire, mes mamelles

1. Jeu sur l'homophonie entre Brest (la ville) et *breast* (« poitrine » ou « sein » en anglais). (*N.d.T.*)

sont foutues. Et elles le savent, bénies soient-elles. Si elles étaient un personnage de film, ce serait la fille qui, trébuchant alors qu'elle est poursuivie par les nazis, s'écrie « continuez sans moi ! j'ai bien vécu ! » Mes seins me souhaitent tout le bonheur du monde, mais ils ne pourront pas survivre à cette épreuve.

Mais vous savez quoi ? Ce n'est pas grave ! Je vous assure. Premièrement, je ne suis pas un top model, alors qui se soucie de savoir que mes seins ont la tête de Sam le pirate ? Personne ne me jugera jamais pour ça ! Ha ! Le patriarcat peut essayer de me faire culpabiliser autant qu'il veut ! Ça lui passera le temps ! (Pour changer des fléchettes !) Mais moi ça me fait rien ! Parce que je sais que les seules personnes susceptibles de voir mes seins nus, à savoir des nourrissons affamés et des hommes sur le point de consommer, les approcheront avec une profonde révérence.

Le reste du temps, j'ai mon ami fidèle, Soutif, pour me venir en aide. Ô Soutif. Comme je t'aime. Tu es l'équivalent lingesque du ketchup : tu agrémentes tout. Avec le bon soutien-gorge, vous pouvez fourrer ce qui reste de vos mamelons (en vous aidant peut-être d'une pelle, ou d'un proche) et le laisser sculpter votre matière brute pour en tirer deux ravissants appendices.

Ces temps-ci, je me contente d'enrouler mes tétons pulvérisés comme une lance d'incendie et compte sur une admirable création technique de Rigby & Peller pour les mettre plus ou moins en place. Seuls, ils gêneraient ma marche, comme une robe trop longue. Mais avec Soutif, je peux les mettre ou je veux. D'ailleurs, lorsque j'ajuste mes bretelles, on dirait un peu un de ces jeux où il faut épingler la queue sur l'âne : épinglez les seins sur la trentenaire. Sans mes lentilles de contact, qui sait où je pourrais bien les coller. Je ne serais pas étonnée de sortir un jour, pressée et victime d'une gueule de bois, avec mes seins sur la tête.

D'un autre côté, si vous laissez le soutien-gorge dicter votre vie, alors il en ira de même pour votre mort. Comme il faut s'y attendre de la part d'un article doté d'une magie aussi puissante, le soutien-gorge tend parfois à passer du côté obscur pour tenter de vous détruire. Un peu comme Saroumane dans *Le Seigneur des anneaux*, mais avec un petit ruban au milieu. Saruman.

Dans *Cougar Town* (la sitcom dans laquelle Courteney Cox joue une divorcée quadragénaire qui tente, chaque semaine, de s'enfiler une queue longue et juvénile avant minuit), l'héroïne explique à un moment donné à une amie plus jeune pourquoi elle n'aime plus sortir en boîte.

« Le vin est meilleur chez moi, dit-elle en levant un verre de ce qui, même à la télé, ressemble à un pinot grigio des plus médiocres, et à cette heure-ci je ne rêve que d'une chose : retirer mon soutif. »

Pour ceux qui n'en ont jamais porté (les hommes, les enfants, les animaux, Agyness Deyn), il est quasiment impossible de vous décrire le plaisir qui s'empare de vous au moment d'ôter certains soutiens-gorge. L'un d'entre eux (bleu canard, couvrant, légèrement rembourré, magnifique, extrêmement cher) me serrait si cruellement que j'ai dû appeler le magasin où je l'avais acheté quelques jours plus tard, en larmes.

« Est-ce que c'est censé me faire si mal ? ai-je demandé, réprimant avec peine un sanglot.

— Il faut qu'il se fasse », m'a répondu la dame d'un ton sévère, comme un sergent instructeur ordonnant à ses nouvelles recrues de pisser sur leurs bottes pour en assouplir le cuir.

J'ai effectivement fini par apprivoiser le soutien-gorge en question – mais les vingt premières fois où je l'ai porté, j'ai foncé dans ma chambre le retirer à peine rentrée, soupirant comme un astronaute sortant de sa combinaison spatiale. Je le jetais littéralement au sol avant de masser la marque rouge qu'il m'avait laissée, tel un moine soignant les séquelles laissées par un cilice.

Le soulagement lorsque l'on retire un mauvais soutien-gorge est indescriptible. C'est à la fois comme mettre les pieds sur la table, aller aux toilettes, boire un verre d'eau fraîche par une journée de canicule et fumer une clope assis sur les marches d'une caravane. Retirer un mauvais soutif est un bon indice pour évaluer vos amitiés : si vous vous sentez suffisamment à l'aise chez quelqu'un pour y passer en fin de journée en disant « je retire mon soutif une seconde », c'est que vous êtes amis intimes.

Bien sûr, de temps à autre, on se trouve obligé de retirer son mauvais soutien-gorge dans un lieu moins accueillant. J'ai vu des femmes, de retour de boîte de nuit, retirer les leurs dans des taxis, qui n'avaient parfois même pas encore quitté le parking.

J'ai assisté une fois à une scène de ce genre sous un abribus, devant le Bar Rumba de Camden High Street.

J'ai compris.

Aux idiots qui vous lancent « T'es féministe ? Tu brûles tes soutifs, alors, hein ? HEIN ? Tu les brûles, tes soutifs, sale féministe ? », il convient de répondre calmement : « Idiot. IDIOT. Les soutifs sont mes amis. Mes meilleurs amis. Les plus intimes. À l'exception du Janet Reger à corbeille qui était une taille trop petit et me coupait la circulation. Ouais. Celui-là, je l'ai imbibé de pétrole et immolé devant l'ambassade des États-Unis. »

6

Je suis grosse !

Nous sommes donc à présent en 1991, j'ai seize ans, et je suis assise sur la pelouse devant la cathédrale St. Peter, en train de fumer une cigarette avec Matthew Vale.

Matt est, de son propre avis aussi bien que de celui de nombreux arbitres indépendants, l'adolescent le plus cool de Wolverhampton. Il possède la discographie intégrale des Byrds ainsi qu'un tas de pulls baggy trouvés dans des boutiques caritatives, et quand il danse il bouge bien, copiant certains de ses mouvements sur ceux des Supremes. Un des premiers laïus qu'il m'a servis disait qu'il fallait « toujours avoir un plan » quand on foule une piste de danse.

« On peut pas juste se ramener et… faire le con, disait-il en tirant sur sa clope. Faut raconter une petite histoire. » De bons conseils comme celui-là, Matt en a plein. En voici un autre qu'il me donne : « Essaye de ne pas être trop con. » Une fois qu'on vous a dit ça, c'est fou de voir le nombre de personnes qui semblent ne *pas* avoir reçu ce conseil. Alors qu'il est plein de sagesse.

Lorsque vous rencontrez Matt pour la première fois, il vous dit (en tirant sa frange sur ses yeux) qu'il garde la frange sur les yeux parce qu'il ne peut pas regarder les gens droit dans les mirettes depuis un mauvais trip à l'acide. « Parce que parfois, j'ai peur que si les gens me regardent dans les yeux, ils voient que je suis *un démon.* »

Au bout de six mois passés à le côtoyer, je le surprends un jour étendu sur un lit, le front dégagé. Et me rends compte qu'en réalité c'est parce qu'il louche un peu et qu'il n'a pas envie qu'on le remarque.

Oui, bien sûr qu'il me plaît. Bon sang ce qu'il me plaît. Ce n'était pas le cas jusqu'à ce que mon amie Jools l'aperçoive un jour en ville et s'exclame ensuite au téléphone « Mais c'était QUI ? Il. Était. TROP. CANON. »

Avant cela, j'étais fière de nos rapports fraternels. Après avoir entendu le hurlement de désir de Jools, cependant, j'ai cessé de me faire des illusions et finalement reconnu qu'il faisait 1 m 86, et cachait sous ses pulls béants un corps d'athlète, ainsi que des yeux aussi verts que ceux d'un dragon. Quand je m'imaginais en train de l'embrasser, je méditais sur le rose ravissant, presque féminin, de ses lèvres. Avec quelles précautions je devrais les dévorer, pour faire durer la chose. Sa bouche était si petite. Elle me remplissait la moitié de la tête. J'avais seize ans j'avais seize ans j'avais seize ans, il en avait dix-neuf, et nous fumions des clopes, assis sur la pelouse de St. Peter.

Nous sommes fin octobre. Deux mois se sont écoulés depuis notre première rencontre – dans un cours du soir pour adultes, un cours de cinéma où nous nous sommes tous les deux montrés immédiatement et régulièrement médiocres – et c'est la première fois que nous passons du temps ensemble, rien que tous les deux. On est essentiellement en train d'auditionner tous les deux pour le rôle d'ami.

J'ai vu sa copine, je sais donc qu'il ne va rien « se passer » entre nous – à moins qu'elle meure subitement, ce qui serait terriblement, terriblement, TERRIBLEMENT triste –, mais la journée est à marquer d'une pierre blanche : nous avons acheté une cassette du *Tango in the Night* de Fleetwood Mac pour 50 pence à la boutique de Recherche contre le cancer, volé un déodorant chez Boots, et plus généralement paradé un peu partout dans le Mander Centre ainsi que sur Queen Square.

Je suis vêtue avec soin, tandis que nous exhalons de la fumée, assis sur la pelouse de la cathédrale. Nous sommes en 1991 et je commence tout juste à gagner de l'argent (en occupant le plus subalterne des postes chez *Melody Maker*), aussi, pour la première fois de ma vie, je peux m'acheter des vêtements dans les magasins, et non plus dans des vide-greniers. Je porte un t-shirt bariolé de turquoise avec une jupe longue, des Doc Martens et un gilet. J'ai seize ans j'ai seize ans j'ai seize ans et ce sont mes plus beaux habits, et c'est mon plus beau jour, et un vol de pigeons passe en trombe à côté de nous, leurs ailes comme du lin, et c'est l'automne, et le ciel s'étire à l'infini, et je peux attendre, j'attendrai qu'il soit prêt, elle pourrait bien mourir après tout, elle pourrait mourir si facilement ; des gens s'écroulent morts tous les jours dans le bus.

Et Matt dit :

« T'avais un surnom à l'école ? »

Et je réponds :

« Oui. »

Et il demande :

« On t'appelait La Grosse ? »

Voilà, c'est la première fois de ma vie que je sens le monde s'arrêter de tourner – mais pas la dernière, bien sûr. Tout est glacial et immobile et aveuglant l'espace d'une seconde. Un flash. Quelqu'un vient de nous prendre en photo tous les deux, pour l'inclure dans un diaporama : « Tenez, vos pires moments ! » Moi et Matty Vale, sur la pelouse de la cathédrale, octobre 1991.

Parce que je pensais sincèrement qu'il n'avait peut-être pas remarqué, hahaha. Je pensais avoir soigneusement dissimulé mes 25 kilos en trop sous mon nouveau t-shirt et mon gilet et parler trop vite pour qu'il s'en aperçoive. Je pensais que mes cheveux étaient longs et luisants, et mes yeux bleus, et que c'était un secret. Je pensais qu'il n'avait peut-être pas remarqué que j'étais grosse.

Je l'ai dit – là, je l'ai dit. Parce que j'ai seize ans seize ans seize ans et que je fais 101 kilos. Je ne fais que manger du pain et du fromage et lire toute la journée. Je suis grosse. On est tous gros. Ma famille tout entière est obèse.

Il n'y a pas de miroir en pied dans la maison, aussi quand je veux me voir nue, je dois aller en ville, chez Marks & Spencer, et faire semblant de prendre une jupe écossaise pour aller dans la cabine d'essayage et me regarder.

Je suis vierge, je ne fais pas de sport, ne déplace pas d'objets lourds, ne vais nulle part et ne fais rien, alors mon corps est une grosse chose pâle et somnolente. Le voilà, qui se reflète maladroitement dans le miroir, l'air prêt à entendre de mauvaises nouvelles. Mais c'est *lui*, la mauvaise nouvelle. Les adolescentes sont censées être sveltes et sexy. Un gros corps d'adolescente n'a d'intérêt pour personne surtout pas pour la propriétaire. C'est un albatros. Un oiseau blanc surdimensionné. Que je traîne partout comme une ancre.

Mais je ne suis qu'un cerveau dans un bocal, me dis-je. Ça me console. Je ne suis qu'un cerveau dans un bocal. Peu importe le reste. Voilà ce qu'est mon corps : « le reste. » Le bocal. Je suis futée, alors on s'en fiche que je sois grosse.

Je suis grosse.

Parce que j'ai parfaitement conscience de la signification du terme « grosse » – sa signification *réelle*, lorsqu'on le prononce, qu'on le pense. Ce n'est pas qu'un terme simplement descriptif, comme « brune » ou « âgée de trente-quatre ans ».

C'est un juron. C'est une arme. Une sous-espèce sociologique. C'est une accusation, un renvoi, un rejet. Lorsque Matt me demande si on me surnommait « La Grosse » à l'école il me visualise déjà, avec pitié, dans les bas-fonds de la hiérarchie scolaire – coincée (parce qu'on est à Wolverhampton en 1986) entre les deux Asiatiques, le bègue, le Témoin de Jéhovah borgne, le gamin sous surveillance médicale, celui qui est clairement gay et l'autre qui est si maigre qu'on lui demande *constamment* si Bob Geldof est déjà passé chez lui.

Matt va compatir, ce qui veut dire qu'il ne me sautera jamais, donc que je suis tristement condamnée à mourir de chagrin en phase terminale – probablement dans l'heure, voire avant même d'avoir fini cette cigarette, sur laquelle, je m'en aperçois à présent, je suis en train de pleurer.

Dans ma famille, ma famille de gros, personne n'emploie jamais le terme « gros ». « Gros », c'est le mot qu'on entend crié dans la cour de récré ou dans la rue – jamais il ne franchira le perron de notre maison. Ma mère ne veut pas de cette fange dans son foyer. À la maison, entre nous, nous sommes en sécurité. C'est une sorte de cocon pour les lents et les douillets. Rien ici ne peut heurter notre sensibilité, parce que nous n'admettons jamais que le gros existe.

Jamais nous ne faisons allusion à notre corpulence. L'éléphant, c'est nous.

Mais le silence est ce qu'il y a de plus oppressant. Parce qu'il suppose une acceptation silencieuse, résignée, stoïque de toutes ces choses auxquelles nous n'aurons jamais accès : les shorts, les piscines, les robes à bretelles, les randonnées à la campagne, le patin à roulettes, les jupettes plissées, les tops sans manches, les talons hauts, le grimper de corde, la possibilité de s'asseoir sur un tabouret haut, de passer à pied à côté d'un chantier de construction, de flirter, d'être embrassé, de se sentir sûr de soi.

Et de perdre du poids.

L'idée même qu'on puisse suggérer que nous ne sommes pas *obligés* d'être gros – que les choses peuvent changer – nous est totalement extraterrestre. Nous sommes gros, présentement, et nous serons gros à jamais, et il ne faut jamais, jamais y faire allusion, un point c'est tout. C'est comme le Choixpeau magique d'Harry Potter. Nous avons tiré « gros » et c'est ce que nous resterons jusqu'à la fin de nos jours. Le gros est notre race. Notre espèce. Notre mode.

Il en résulte qu'il y a peu de choses dans le monde extérieur – ou de moments dans l'année – que nous sommes capables de goûter. L'été transpire sous les épaisseurs de gêne. Les jours d'orage, le vent aplatit les jupes contre nos cuisses, nous alarmant autant, pensons-nous, que les passants et spectateurs.

L'hiver est la seule saison où nous soyons réellement à l'aise : recouverts de la tête aux pieds de pulls, manteaux, bottes et bonnets. Je me découvre un faible pour le père Noël. Si je l'épousais, non seulement on attendrait de moi que je reste grosse, mais j'aurais même l'air mince à côté de lui. La perspective serait mon amie. Nous rêvons tous de déménager en Norvège, ou en Alaska, où nous pourrons porter en permanence d'énormes manteaux matelassés, sans jamais révéler le moindre centimètre de chair. Lorsqu'il pleut, c'est pour nous le paradis. Car alors nous pouvons rester à la maison, loin de tous, en pyjama, sans nous soucier de rien. Les cerveaux dans leurs bocaux peuvent rester à l'intérieur, au sec et au chaud.

Lorsque Matty Vale me demande si on m'appelait La Grosse, je porte sous mes vêtements le maillot de bain de mes douze ans (qui me fait office de corset primitif et en définitive inefficace) et retiens douloureusement mon estomac depuis le début de l'après-midi.

« Non ! » je m'exclame. En lui adressant un coup d'œil et de sourcil impérieux à la Ava Gardner. « Bon sang ! »

Je tire une nouvelle taffe sur ma clope et cesse de rentrer le ventre. Il m'a démasquée. À quoi bon.

Non. On ne m'appelait pas La Grosse à l'école, ô Matt le beau gosse inconscient, que je vais passer les deux années suivantes à désirer comme un fixe de cocaïne, au point que je volerai ton pull pour le fourrer sous mon oreiller, avant de causer accidentellement ta rupture en confiant un terrible secret à la mauvaise personne, après quoi notre petit cercle social explosera de façon spectaculairement moche.

C'était « Gros Tas ».

Est-ce que la seule lecture du mot « gros » vous fait grincer des dents ? Avez-vous l'impression que je me montre malpolie ou indélicate en le disant ? C'est un terme qui a pris un poids considérable depuis deux générations – dans une conversation, lorsque « gros » fait son apparition, les gens paniquent, comme si une alarme retentissait, provoquant un florilège de dénégations aussi encourageantes qu'effrayées – « Tu n'es pas grosse ! Bien sûr que non ! Ma chérie, je t'assure,

TU N'ES PAS GROSSE ! » – alors que l'intéressée est clairement et indéniablement grosse, et a juste besoin d'en parler.

La plupart du temps, cependant, le terme est utilisé comme arme pour couper court à la discussion : « La ferme, grosse truie. » Silence.

« Gros » est venu remplacer « pédé » et « gouine » comme insulte de choix dans les cours de récré. Il est généralement considéré comme le Hiroshima des accusations – la bombe qui, une fois lâchée, appelle à la reddition immédiate de l'accusé. Si vous parvenez à contrer un argument parfaitement valide d'un « Ouais, ben moi au moins je suis pas *gros* », alors vous êtes les Alliés, et vous avez gagné.

C'est une accusation tellement grave qu'elle demeure efficace même si elle totalement dénuée d'exactitude. J'ai vu des femmes taille 38 se laisser clouer le bec par cette insulte – comme si elles avaient l'impression que l'accusateur avait d'une certaine manière perçu leur « aura de grosse » ou deviné qu'elles deviendraient grosses plus tard, et les avait dénoncées.

Les deux fois où on m'a renvoyé ce « Ouais, ben moi au moins je suis pas *grosse* », j'ai essayé de répondre en détournant une réplique célèbre : « Si je suis grosse, c'est parce qu'à chaque fois que je baise ton père, il me donne un biscuit. »

Las, mon public, pas encore prêt à analyser cette technique avant-gardiste consistant à subvertir un cliché, a simplement supposé que j'avais développé un trouble alimentaire pour surmonter un traumatisme lié à la pédophilie.

Ce qui ne faisait qu'ajouter à mon allure généralement non désirable. Je suis en avance à la fois sur mon temps et sur la courbe de poids de ma tranche d'âge.

Mais il n'est pas bon du tout, bien sûr, de donner autant de poids au mot « gros ». De la même façon que je vous ai encouragées plus tôt à grimper sur une chaise pour crier « JE SUIS UNE FÉMINISTE ENRAGÉE », je vous encourage à présent à grimper sur une chaise pour répéter le mot « GROS ». « GROS GROS GROS GROS GROS. »

Dites-le jusqu'à oublier la gêne qui l'entoure, jusqu'à ce qu'il vous semble normal – comme « plateau », par exemple – et finisse par perdre tout sens. Pointez des objets du doigt et appelez-les « gros ». « Ce carreau est gros. » « Le mur est gros. » « Je trouve Jésus gros. » « Gros » doit être vidé de toute substance, comme un abcès de son pus. Nous devons pouvoir le regarder calmement, droit dans les yeux, discuter de sa nature et de sa signification et de ce qui en a fait un sujet brûlant pour les femmes occidentales du XXIe siècle. GROS GROS GROS GROS.

Tout d'abord, je pense que nous devrions nous mettre d'accord sur ce que cela signifie vraiment, « gros ». À l'évidence, les standards de beauté varient avec les époques, et il existe toutes sortes de métabolismes et de morphologies – le coup des os épais, c'est VRAI ! Je ne l'ai appris que récemment ! Comparée à Kylie, j'ai véritablement l'ossature d'un mastodonte ! JAMAIS je n'aurais pu entrer dans son short lamé parce que j'ai TROP DE CALCIUM !

En tenant compte de cela, il n'est donc pas recommandé d'insister trop lourdement sur le terme « normal ».

Mais après une vie entière de considération, je pense avoir enfin mis le doigt sur une définition de ce qu'est un bon poids « normal » et recommandable. Et qui est :

« De forme humaine. »

Si vous êtes immédiatement identifiable comme un être humain – avec une silhouette raisonnable comme pourrait en dessiner un gamin de dix ans si on lui demandait de croquer une personne en moins d'une minute –, alors vous êtes très bien comme ça. « Un corps raisonnablement sain et propre est un corps magnifique », comme l'écrit la déesse Greer.

Vous *pourriez* passer le restant de vos jours à vous prendre la tête sur les créneaux à l'arrière de vos cuisses, la barrique de bière qui enfle votre ventre, ou le fait que, lorsque vous courez, vous sentez vos fesses s'entrechoquer comme les boules d'un tac-tac. Ce qui reviendrait cependant à fonctionner sur la supposition inconsciente que vous serez, à un moment donné, forcée d'apparaître nue devant un public qui vous attribuera une note sur dix, or (comme nous l'avons déjà vu plus tôt) CECI NE VOUS ARRIVERA JAMAIS À MOINS DE PARTICIPER À *AMERICA'S NEXT TOP MODEL*. Ce qui se passe dans votre soutif et votre culotte RESTE dans votre soutif et votre culotte. Si vous êtes capable de trouver une robe qui soit jolie sur vous et si vous pouvez monter trois escaliers en courant, vous n'êtes pas grosse.

L'idée qu'il vous faille être mieux que simplement « de forme humaine » – avec ces muscles parfaitement sculptés, où la moindre cuiller à café de graisse excédentaire formant un boulet au genou est inacceptable, sans parler d'un monde où un 40 est considéré « XL » – est une autre pierre à cet édifice que les féministes enragées peuvent techniquement balayer comme étant « un ramassis de conneries ».

Mes grosses années sont celles où je n'avais *pas* forme humaine. J'étais un triangle de 101 kilos, avec des jambes en pyramides inversées et une absence totale de cou. Et c'est parce que je n'avais pas d'activité humaine. Je ne marchais ni ne courais ni ne dansais ni ne nageais ni ne grimpais les escaliers ; la nourriture que j'ingurgitais n'était pas de celles que les humains sont censés consommer. Personne n'est censé manger 500 grammes de patates bouillies recouvertes de Vitalite, ou un morceau de fromage de la taille d'un poing piqué sur une fourchette, présentée comme une sucette. J'étais complètement déconnectée de mon corps que je ne comprenais pas. Je n'étais qu'un cerveau dans un bocal. Je n'étais pas une femme.

Comble de l'ironie, c'est Matthew Vale qui, ayant sans le savoir réduit mon cœur en miettes d'un coup de poing sur la pelouse de St. Peter, me pousse à perdre 25 kilos, et me fait ainsi découvrir l'autre moitié de mon être : celle dotée de jambes.

Matt et moi prenons l'habitude d'escalader la rampe de la route à quatre voies tous les jeudis et vendredis soir pour rejoindre un pub perdu au milieu de nulle part et danser cinq heures d'affilée au son des années 1986-1991, composé de groupes britanniques blancs ayant fait la couverture de *NME* et de *Melody Maker* : Spiritualized, Happy Mondays, The Fall, New Order. C'est aussi lui qui me rend accro aux Silk Cut, dix par jour, ce qui ne me laisse plus de sous pour manger – pratique.

Passés en accéléré, les enregistrements des caméras de surveillance montreraient ma transformation, en l'espace de six mois sur cette piste de danse, d'une sorte de marshmallow géant en quelque chose qui ressemble indéniablement à une adolescente de forme humaine, maintenant capable de sortir et de s'acheter une robe dans un magasin normal. Une petite robe à fleurs courte, à porter avec un cardigan, des bottes et de l'eyeliner. Je peux passer pour « normale », si je m'habille avec soin, mais je n'utilise toujours pas les termes « mince » ou « gros », de peur qu'on y regarde alors de plus près pour essayer de déterminer lequel me correspond.

Mais, et c'est plus important, c'est sur cette piste de danse que (clope dans une main, cidre dans l'autre, au son du *How Soon Is Now* des Smiths qui semblent nous dépasser en trombe, tous feux dehors et vastes, comme le Faucon Millenium) je ressens une euphorie nouvelle : j'ai découvert où se cachait mon corps. Il se trouve qu'il était JUSTE EN DESSOUS DE MA TÊTE, PENDANT TOUT CE TEMPS ! QUI L'EÛT CRU ? C'est toujours le dernier endroit où l'on cherche.

Et voilà que je le fais valser de ce côté-ci, mal, puis sauter par là, de façon ridicule, et jouer des maracas invisibles dans un mouvement de danse qui préservera sans doute ma virginité une année supplémentaire, au bas mot, mais qu'est-ce c'est *amusant*, d'avoir ces bras, et ces jambes, et ce petit ventre.

C'est le début d'un long processus, lequel inclut grossesses et naissances et longues après-midi de baise sous influence, randonnées de 40 kilomètres, apprentissage de la course, de la course vraiment rapide, du genre où on a l'impression de danser en ligne droite, et qui m'amènera au point où, à trente-cinq ans, je peux dire que j'aime mon corps autant que ma tête. Mon cerveau n'a pas aussi belle allure en robe, et mon corps est encore assez nul quand il s'agit de faire des blagues sur les événements ridicules marquant l'existence de Victoria Beckham, mais on est tous copains maintenant. On s'entend bien, on est d'accord sur pas mal de choses, par exemple ce que représente une quantité « raisonnable » de frites, et si je devrais grimper l'escalator en courant (oui).

Aujourd'hui, je ne souhaite plus (comme je le faisais souvent à quinze ans, en proie à l'hystérie) me retrouver dans un sérieux accident de voiture qui obligerait mon corps à être reconstruit intégralement en n'utilisant que la moitié des matériaux qui le constituent actuellement.

Et quand je me regarde dans les miroirs des cabines d'essayage chez Marks & Spencer, mon corps a enfin l'air éveillé.

Mais pourquoi étais-je devenue grosse ? Pourquoi avais-je l'habitude de manger jusqu'à la souffrance, de considérer mon propre corps comme quelque chose d'aussi distant et peu engageant que, par exemple, l'état du marché immobilier à Buenos Aires ? Et pourquoi (alors qu'il est bien évidemment contre-*recommandé* d'enfler au point de rester coincé, un jour funeste, sur un siège à la fête foraine locale, et de devoir se faire aider par son ancien directeur d'école, Mr Thompson, pour en sortir) l'embonpoint est-il considéré comme un croisement entre une honte terrible et une absolue tragédie ? Comme quelque chose qui – pour une femme – se situerait quelque part entre une énorme cicatrice faciale et le fait d'avoir couché avec les nazis ? Pourquoi les femmes se plaignent-elles avec une telle fierté de leurs excès, que ce soit au niveau des finances (« ... et là mon banquier a pris ma carte de crédit pour LA COUPER EN DEUX AVEC UN SABRE ! »), de l'alcool (« ... et là j'ai pris ma chaussure pour LA JETER PAR-DESSUS L'ABRIBUS ! ») ou du travail « ... si fatiguée que je me suis endormie au poste de contrôle, et quand je me suis réveillée, je me suis rendu compte que j'avais APPUYÉ SUR LE BOUTON DE LANCEMENT DU MISSILE NUCLÉAIRE ! ENCORE ! »), mais jamais, jamais de la nourriture ? Pourquoi le fait de compenser avec la nourriture devrait-il toujours être le plus bêtement secret des malheurs ? Après tout, on peut difficilement cacher ses habitudes très longtemps si on mange six Kit Kat par jour.

Il y a sept ans, une de mes amies a rompu avec une pop star ; relançant sa boulimie, elle s'est goinfrée et purgée neuf jours durant, avant d'intégrer d'elle-même la clinique The Priory.

J'ai mis ma fille dans un buggy et lui ai rendu visite – mue à la fois par l'affection et par la curiosité de voir à quoi pouvait ressembler The Priory. Je suppose que j'imaginais l'endroit comme un clone du Château Marmont, avec des médicaments dernier cri. Rempli de célébrités ravagées tentant de rejoindre la normalité à coups de griffes, perdues dans un décor magnifique.

En réalité, The Priory ressemble plus, tant au niveau visuel qu'olfactif, à un hôtel familial de standing moyen à Welshpool. Tapis élimés, portes coupe-feu effet tek, et, quelque part (à en juger par l'odeur), un chaudron de hachis en perpétuelle ébullition faisant office de parfum d'intérieur géant. C'était moins « Olympia, foyer des dieux », et plus « Olympia, station de métro du parc des expositions ».

Et puis, comme me l'expliquait mon amie, assise au bout de son lit, en fumant cigarette sur cigarette, il se trouve qu'un institut rempli de toxicomanes accablés de troubles émotionnels, ce n'est pas drôle *du tout*.

« Il y a toute une hiérarchie », soupirait-elle en triturant ses cuticules du pouce. Elle faisait brûler une bougie Diptyque Jasmin pour masquer les indices de son dernier méfait – elle venait de vomir son petit déjeuner –, mais les effluves de bile s'étaient attardées plus longtemps que prévu.

« Les accros à l'héroïne méprisent les cocaïnomanes. Les cocaïnomanes méprisent les alcooliques. Et tout le monde pense que les personnes souffrant de troubles alimentaires – qu'elles soient grosses ou maigres – ne sont que des rebuts. »

La voilà, votre hiérarchie du malheur, résumée à la louche. De toutes les compulsions irrésistibles capables de vous détruire, toutes ont le potentiel variable d'exercer une certaine fascination perverse et malsaine – à l'exception de celle liée à la nourriture.

Prenez, par exemple, David Bowie. Voilà un homme qui consommait tellement de cocaïne qu'il s'était mis à conserver son urine en bouteille dans le réfrigérateur, craignant que des sorciers « puissent la voler ». Et pourtant, il avait beau ranger sa pisse pourrissante avec son jambon, il n'en était pas moins cool. Bien au contraire – qui nierait que le fait que Bowie décrive maintenant son esprit comme « gruyérisé » par l'abus de cocaïne a quelque chose d'adorablement rock'n'roll ? Enfin, c'est David Bowie !

Ou imaginez Keith Richards, époque Glimmer Twins – sniffant, fumant, s'injectant, buvant et sautant tout ce qui bouge. Tout le monde l'adore ! Keith ? Tellement décalqué qu'il ne remarque pas que deux groupies, occupées à baiser devant lui, mettent accidentellement le feu à leur propre chevelure ? ROCK'N'ROLL ! Pour beaucoup, c'est ce que les Stones nous ont donné *de mieux* !

Même si, ne nous voilons pas la face, il serait certainement un cauchemar à côtoyer – paranoïaque, tremblant, imprévisible, avec des accès d'extrême morosité ou de manie et, la plupart du temps, tellement inconscient que son principal moyen de locomotion serait de se laisser traîner par les chevilles –, nous ne pouvons réprimer un frisson culturel (« Oh, cool ») en voyant les gens se foutre ainsi en l'air.

Mais imaginez si, au lieu de prendre de l'héroïne, Keith s'était mis à se goinfrer et à doubler de volume.

S'il s'était pris de passion pour les spaghetti bolognaise, par exemple, ou s'il montait sur scène avec un Subway aux boulettes de viande de 30 centimètres de long à la main, et s'arrêtait entre chaque morceau pour mordre dedans. S'il errait jusqu'à Alphabet Street, pris de tics, en manque depuis quatre heures, cherchant désespérément du Babybel. Toutes ces longues, folles nuits de débauche après les spectacles, dans ces penthouses, des poupées désirables éparpillées partout dans la pièce, et Keith au milieu, étalé sur un lit à eau XXXL drapé de soie, à manger des sandwiches de Chipster au vinaigre et des têtes de nègre sur un plateau.

Arrivé à *Their Satanic Majesties Request*, tout ce qu'aurait exigé sa Majesté satanique serait une ceinture de 96 centimètres, et tout le monde se serait moqué des Stones et de leur chamallow géant de guitariste qui détruisait le concept même de rock'n'roll.

Mais bien sûr, pendant tout ce temps, Keith aurait été simplement adorable : réveil à 8 heures, chambres d'hôtel impeccables, merci tout le monde, des journées de travail de douze heures. Fini les disparitions de quarante-huit heures dont on revient avec un poisson rouge dans la poche et un nouveau copain SDF nommé Alan Fuck.

Car si les gens mangent à l'excès, c'est *exactement* pour les mêmes raisons qui les font boire, fumer, baiser à la chaîne ou prendre de la drogue. Que ce soit bien clair : je ne parle pas ici des excès gastronomiques pleins de joie et d'enthousiasme perpétrés par des personnages rabelaisiens ou falstaffiens traitant le monde comme une série de délices sensoriels, et qui prennent leur pied en dégustant vin, pain et viande. Quelqu'un qui s'écarterait de la table, replet, en s'écriant « C'ÉTAIT SPLENDIDE ! » avant de s'asseoir devant la cheminée pour boire un porto et déguster des truffes au chocolat ne souffre pas de névroses liées à la nourriture. Ces personnes-là entretiennent une relation consensuelle à la nourriture et, la plupart du temps, n'ont que faire des quelques kilos supplémentaires que celle-ci leur apporte. Elles ont tendance à bien porter leur poids – luxueusement, comme un manteau de fourrure ou une ceinture ornée de diamants – au lieu de tenter nerveusement de le cacher ou de s'en excuser. Ces personnes-là ne sont pas « grosses » – elles sont tout simplement... voluptueuses. Elles n'ont pas de problème avec la nourriture – à moins de manquer d'huile de truffe, ou d'être déçues par le plat de fruits de mer qu'elles se faisaient une joie de savourer.

Non – je parle de ceux pour qui l'idée même de nourriture n'a rien à voir avec le plaisir, et tout avec la compulsion. Pour qui l'obsession de la nourriture et de ses effets constitue le fond sonore, constant et morne, de leur réflexion ordinaire. Ceux qui pensent au déjeuner tout en prenant leur petit déjeuner, au dessert en croquant des chips ; qui entrent dans la cuisine au bord de la panique pour manger tranche après tranche de pain beurré, sans reprendre leur souffle – sans le goûter, sans même le mâcher –, jusqu'à ce que la panique se noie dans une routine presque méditative d'ingurgitation déglutition, ingurgitation déglutition.

Cet état de quasi-transe vous offre une dizaine ou une vingtaine de minutes de répit bienvenu pendant lequel vous évitez de penser, jusqu'à ce que, finalement, une nouvelle série de sensations – inconfort physique, regret immense – vous pousse à vous arrêter, de la même façon que le whisky ou la dope vous font perdre connaissance. Céder à la boulimie ou trouver refuge dans la nourriture, c'est le chemin le plus économique et le plus doux vers l'autosatisfaction, mais aussi l'auto-oblitération. On y trouve la même libération temporaire que dans l'alcool, le sexe ou les stupéfiants, mais sans – et c'est là sans doute le plus important – jamais finir dans un état qui vous prive de vos facultés mentales.

Pour aller vite : choisir la nourriture comme drogue de prédilection (avec le sucre comme excitant, ou les glucides comme tranquillisant, sorte de Valium des classes défavorisées) ne vous empêchera pas de préparer les goûters des enfants, les déposer à l'école, vous occuper du petit dernier, rendre visite à votre mère et veiller auprès du cadet toute la nuit parce qu'il est malade – chose totalement impossible si vous vous avalez un sachet entier de skunk ou faites des allers-retours jusqu'au placard sous l'escalier pour écluser des shots de scotch.

La suralimentation constitue l'addiction de choix des gens responsables, c'est pourquoi elle se retrouve au bas de l'échelle hiérarchique des addictions. C'est un moyen de vous foutre en l'air tout en restant pleinement fonctionnel par obligation. Les gros ne s'autorisent pas le « luxe » d'une addiction qui les rende inutiles, incontrôlables ou encombrants. Ils préfèrent s'autodétruire lentement, d'une façon qui ne dérange personne. Voilà pourquoi la suralimentation est si souvent l'addiction de choix des femmes. Toutes ces mères qui mangent en cachette. Tous ces Kit Kat dans des tiroirs de bureau. Tous ces moments de déprime, tard le soir, éclairés par les seuls néons du réfrigérateur.

Je me demande parfois si le seul moyen pour la boulimie de jamais être considérée à sa juste valeur ne serait pas pour elle de revêtir la même coolitude rock'n'roll et perverse que ses collègues. Peut-être le moment est-il venu pour les femmes de cesser enfin leurs cachotteries et de traiter leurs vices secrets de la même façon que les autres drogués traitent leur dépendance. Se pointer au bureau éreintée, en soupirant « Punaise, je me suis fait un trip au hachis parmentier hier soir, tu n'imagines même pas. Sérieux, à 10 heures du soir, je devais avoir de la PURÉE jusqu'aux SOURCILS. L'overdose de viande hachée ! »

Ou débouler chez une amie en abattant votre sac à main sur la table avant d'aboyer « J'ai eu une journée de MERDE avec les enfants. Il me faut six shots de crackers au fromage, LÀ, TOUT DE SUITE, sinon je te *jure* que je pète un câble. »

Alors, les gens seraient capables de s'intéresser à votre trouble avec la même franchise que pour les autres. Ils pourraient vous répondre, « Ouhlà, poulette. Tu ferais peut-être mieux d'y aller mollo avec les portions chargées en glucides. Je te sens un peu borderline, là. Moi c'est pareil, je me suis fait une session de trois heures de lasagnes au micro-ondes hier soir. Et si on faisait un petit tour à la campagne ? Pour se vider la tête. Se ressaisir un bon coup. »

Parce que, pour le moment, je ne peux m'empêcher de remarquer que, dans cette société obsédée par l'embonpoint – si prompte à le pointer du doigt et crier sa désapprobation –, les seules personnes qui n'en parlent *pas* sont les seules que le problème concerne réellement.

7

Je rencontre du sexisme !

Donc, j'ai perdu du poids, je peux porter des robes, et j'ai un emploi. Je suis à présent – comme j'ai pour habitude de l'annoncer sur un ton joyeux – La Personne La Moins Importante de *Melody Maker*, cet hebdomadaire musical que tout le monde confond avec *NME*, lequel est bien plus célèbre mais, de notre avis, moins cool. Chez *NME*, ils se droguent, mais sans vraiment en faire des articles. Alors que chez *Melody Maker*, c'est souvent la base même des dossiers.

Alors que *NME* emploie des hommes normaux et respectables, qui poursuivent tous des carrières de haute volée dans la radiophonie (Stuart Maconie, Andrew Collins, David Quantick), l'équipe de *Melody Maker* se rapproche plus du casting de *La Famille Addams*. Les réunions éditoriales donnent la distincte impression que tout le monde est arrivé là après s'être fait refouler à l'entrée de la Cantina dans *Star Wars*.

On forme un drôle de groupe mal assorti. Chacun ici est exclu de la société pour une raison ou une autre. Pour certains, c'est parce qu'il s'agit de sexistes antédiluviens avec des cheveux improbables et l'aura distincte de ceux qui n'ont pas quitté le pub depuis 1976. Pour d'autres, c'est parce qu'ils sont si admirablement, si créativement anormaux qu'il apparaît évident qu'aucune autre ville que Londres, et aucun autre employeur que ce magazine, ne voudrait d'eux.

Pricey est un gothique gallois bien bâti avec des dreadlocks rousses arrangées en couettes de chaque côté de la tête, qui aime se mettre au premier rang des concerts de Public Enemy, les lèvres peintes et les ongles vernis. Lorsque les Manic Street Preachers passent en ville, il quitte le bureau avec un éventail en dentelle noire et une bouteille de Malibu. Lorsqu'ils discutent avec lui, les gens sont toujours médusés d'apprendre qu'il est a) hétérosexuel et b) originaire de cette planète.

Ben Turner quant à lui est un minuscule homme-enfant au crâne rasé. Il semble avoir treize ans. Lorsque je le rencontre pour la première fois, je suppose qu'il s'agit d'un jeune leucémique qui aurait écrit à l'association Make-A-Wish afin de passer la journée dans une « vraie rédaction musicale ». Au bout de quelques semaines, je découvre que c'est, en réalité, a) un adulte, et b) une autorité en matière de dance music en Grande-Bretagne, qui finira par terrasser cette leucémie imaginaire que je lui avais attribuée pour fonder le Bestival.

Le rédacteur en chef, Jonesy, qui va sur les cinquante, ressemble à un bison robuste – mais avec les cheveux auburn, glamour et grotesquement luisants, de Carol Decker, la chanteuse de T'Pau. En le voyant de dos dans un bar, les hommes lui adressent souvent des commentaires libidineux. Avant de s'enfuir en hurlant lorsqu'il se retourne.

Les frères Stud portent du cuir, jurent comme des dockers et arrivent souvent ivres après une nuit de beuverie pour cuver sous un bureau. Simon Reynolds est un magnifique préraphaélite diplômé d'Oxford féru de dance music avant-gardiste inécoutable qui passe son temps dans des clubs où les gens sont armés, et qui est si intelligent que la moitié d'entre nous n'ose pas lui adresser la parole. Pete Paphides vient de quitter la friterie familiale à Birmingham pour venir travailler pour un magazine dont le slogan est « aucune musique n'est trop cool, trop zarbi ou trop marginale » tout en dorlotant ses vieux disques d'ABBA, d'ELO, de Crowded House et des Bee Gees, vêtu d'une sélection de confortables cardigans achetés chez Marks & Spencer's.

Et voilà qu'ils sont rejoints par une gamine de seize ans débarquée avec son chapeau de Wolverhampton, qui fume comme un sapeur et donne des coups de pied dans les tibias des autres lorsqu'ils critiquent The Wonder Stuff. Dès la première semaine, je fais saigner David Bennun. Vingt ans plus tard, lorsque je le croise à un concert de Lady Gaga à Manchester, il remonte tristement la jambe de son pantalon pour me montrer la cicatrice que je lui ai laissée. Avant de me rappeler la fois où j'ai menacé de jeter quelqu'un par ma fenêtre du vingt-sixième étage tandis que le reste de l'équipe continuait tranquillement de taper à l'ordinateur. Ce n'est pas un lieu de travail normal. C'est sans doute ce qui nous rend cool, pensons-nous. Alors que pour *NME*, c'est *exactement* ce qui fait de nous des branleurs.

C'est la première fois que je sors vraiment de chez moi, que je rencontre des adultes. Auparavant, toute ma vie sociale se jouait sur la piste de danse et dans les toilettes du Raglan, un minuscule trou à rats peuplé d'ados à franges et à bottes : autrement dit, un parc à bébé avec un bar. Notre innocence crevait les yeux – elle brillait sur nos visages de la même façon que nos dents luisaient sous les lampes UV. Oui, ça faisait l'amour, ça se fightait, ça répandait des rumeurs, ça se droguait – mais dans le fond, ce n'était qu'une bande de bébés tigres qui se battait à coups de patte de velours. Nous étions tous égaux. Il n'y avait ni calcul ni récrimination. Tout était oublié après la sieste.

Entrer dans le monde des adultes est donc un vrai choc. Lorsque je me pointe au bureau le premier jour, je sors de l'ascenseur la clope au bec, que tout le monde sache que je suis, moi aussi, une adulte. Dans le même but, j'offre à chacun une gorgée d'une bouteille de Southern Comfort que je sors de mon sac à dos. La plupart objectent, à l'exception de Ben Stud – fraîchement débarqué du ferry qui le ramenait d'Amsterdam, où il a interviewé un groupe – qui accepte avec un joyeux « Tu tombes bien ! » et boit un coup. Baissant les yeux, je remarque qu'il se sert d'un frisbee promotionnel en guise de cendrier, d'assiette pour son petit pain au bacon, et de vide-poche où mettre ses clefs.

J'ai déjà décidé que j'allais coucher avec un maximum de personnes à Londres. Il n'y a pas de raison. Avec ma première paye – un chèque de 28,42 livres –, je me suis acheté de jolies culottes grises à dentelle, jetant enfin au passage le legs à présent peu spacieux de ma mère, si bien que je n'ai plus à rougir de mon apparence. J'ai eu beau l'offrir à la cantonade, personne à Wolverhampton ne semblait intéressé par ma virginité, aussi ai-je conclu qu'il s'agissait d'une de ces choses qui ne se faisaient que dans la capitale – comme un balayage naturel ou les Dirty Martini. C'est une affaire de spécialiste.

Mon but ce mois-là sera donc de trouver le moyen de devenir à la fois la journaliste surdouée *et* le joli petit cul que tout le monde s'arrache (en espérant que quelqu'un ne tardera pas à se taper ce dernier), le tout sans y gagner de « réputation ». Oui : à seize ans, il me faut apprendre à conduire le seize-roues qui me sert de Camion du Flirt – mais sans ruiner ma carrière.

Le flirt sur le lieu de travail : un sujet épineux pour les féministes. Beaucoup de féministes radicales n'y croient pas du tout : de leur point de vue, autant aller jusqu'au bout et s'installer dans une vitrine de Soho avec une pancarte annonçant « Mannequin, dix-huit ans, branlettes » au-dessus de la sonnette.

Et vous savez, pour beaucoup, c'est l'opinion adéquate. L'idée même que les femmes *doivent* flirter pour avancer semble aussi fastidieuse que toutes ces autres corvées que les femmes sont censées *devoir* accomplir – comme être mince, accepter des salaires inférieurs de 30 %, ou se retenir de rire devant *30 Rock* quand elles ont la bouche pleine et qu'il en tombe un bout sur le tapis, vite gobé par le chat.

Certaines femmes ne flirtent pas, tout simplement. Par manque d'envie ou incompatibilité de tempérament, parce que cela les rend chatouilleuses et leur donne envie de filer des coups de poing, peu importe. Elles aiment autant le flirt que moi toute activité nécessitant un torse musclé, des talons hauts ou une bonne coordination spatiale. Elles se portent très bien sans.

Mais pour d'autres, flirter, c'est... une évidence. Ce n'est ni un mécanisme de défense ni le résultat d'années de sexualisation imposée par ce foutu patriarcat. Ce n'est pas une conséquence. C'est un acte. Qui découle d'une joie presque délirante d'être en vie, de parler avec quelqu'un qui ne vous ennuie pas à mourir, de la complicité trouvée en échangeant une phrase à la fois pétillante, évidente et éphémère comme « Tu me plais et je te plais. N'est-ce pas merveilleux de voir combien nous sommes adorables ensemble ? »

Il n'est même pas vraiment question de sexe, si on a le flirt naturel. On flirte avec tout le monde – hommes, femmes, enfants, animaux. Avec les standards téléphoniques de billetterie automatisée (« Faites le 3 pour les options supplémentaires ? Oh, mon chou, tu n'as pas idée de ce que je te ferais pour l'option que j'ai en tête »).

En tant que flirteuse patentée et joyeuse, mon raisonnement est le suivant : tant qu'à passer la journée à converser avec des gens – même si ce n'est qu'au téléphone, pour organiser la livraison d'un nouveau lave-vaisselle –, pourquoi ne pas s'arranger pour que chacun en ressorte requinqué et guilleret ? Pour moi, le flirt, c'est un peu comme le moment dans *Mary Poppins* où Mary déclare : « Chaque tâche peut devenir selon l'humeur un plaisir. Tous les soupirs n'valent pas mieux qu'un soupir. »

Mais est-ce que le fait de flirter m'a aidée au sein de *Melody Maker* ? Ma carrière s'est-elle épanouie grâce à mon sex-appeal dévastateur ? Au risque de paraître brusque : non. Rappelez-vous cependant que je n'étais qu'une ado bourrée de seize ans avec un énorme chapeau qui semblait encore un peu effrayée par le briquet qu'elle utilisait pour allumer ses clopes. À l'époque, mes compétences en matière de flirt étaient des plus rudimentaires – pour ce qu'il m'en souvienne, elles consistaient principalement en des clins d'œil « osés » dignes d'un pirate fou. Et quelque chose me dit que pour moi, indiquer subtilement mon intérêt pour la chose sexuelle devait se résumer à lancer un « Ça alors. Les rapports sexuels, c'est sacrément sexy, non ? *Sexy* ! » au beau milieu de conversations par ailleurs parfaitement normales tournant autour de la vitesse de l'ascenseur.

Presque sans exception (et de façon parfaitement compréhensible), mes supérieurs au sein de la rédaction semblaient me considérer comme une espèce de petit singe en robe qui serait entré par la fenêtre et qu'ils auraient décidé de laisser s'amuser sur les ordinateurs de peur qu'il ne se mette à mordre tout le monde dans un accès de rage. Et quand bien même ils ne m'auraient pas regardée avec un soupçon d'horreur, jamais je n'aurais flirté avec eux de toute façon : c'étaient de vrais adultes ! Tellement vieux ! Genre, la trentaine ! Si d'aventure je prenais mon pied avec l'un d'entre eux, il pourrait se mettre d'un coup à me parler impôts locaux, isolation des murs ou autre préoccupation d'adulte du même acabit, me laissant sur le bord de la route conversationnelle. Cela n'avait rien de séduisant.

Donc, non. Je n'ai pas fait avancer ma carrière à coups de flirt. C'était même le contraire : je soupçonne le bourgeonnement débordant de ma sexualité d'avoir coupé la chique à un certain nombre d'offres d'emploi, par crainte d'accusations de prédation à l'endroit d'une Lolita brummie[1]. Cependant, je ne démords pas de l'idée que les féministes enragées ont le droit de gravir les échelons par le flirt, sans pour autant compromettre d'un iota leurs principes féministes enragés.

Mesdames, nous sommes en position de faiblesse sur le lieu de travail. Vos collègues masculins flirtent *constamment* avec leurs patrons masculins. La majorité des lieux de travail ressemblent à *Bromancing the Stone*. C'est comme ça que les hommes se lient. En flirtant. Ils flirtent en jouant au golf, ils flirtent en allant au foot, ils flirtent en discutant dans l'urinoir – et, malheureusement, flirtent pendant leurs virées nocturnes dans les pubs et clubs de striptease. Ils se rapprochent grâce à leurs similitudes biologiques. Si notre seul moyen de nous lier avec eux est de le faire via nos différences biologiques, alors on fonce. Vous vous sentez obligée de coucher avec eux si vous le faites ? Dans ce cas, ne flirtez pas. Ça vous semble un moyen facile

1. Brummie : habitant de Birmingham. (*N.d.T.*)

de passer aux choses sérieuses ? Alors faites-le – et ne reprochez pas aux autres femmes de le faire aussi.

Enfin, ne le leur reprochez pas en face, en tout cas. Vous avez bien entendu le droit de pester aux toilettes.

J'apprends donc les rudiments du flirt. Pas pour le travail – pour le plaisir. Dieu que c'est compliqué. Je n'ai flirté qu'avec des adolescents jusqu'à présent, lesquels ne s'en rendaient pas compte la moitié du temps, Dieu soit loué. En fait, maintenant que j'y pense, ça devait faire plus de la moitié du temps puisque je suis toujours vierge. À l'évidence, ils n'en avaient pas la moindre idée.

C'est que je suis trop subtile, me dis-je lors d'une soirée, quelques semaines plus tard. Je porte toujours un immense chapeau – depuis le jour où l'idée m'est venue dans mon journal qu'il pourrait rendre mon corps plus petit par la magie de la perspective, je ne l'ai jamais ôté –, un mètre d'eyeliner, et je suis plus que pompette. Enfin, je m'adonne à une « danse sexy » près du bar, sur *Respect* d'Erasure. Voilà qui est plutôt relax. Je devrais me montrer moins subtile. Ça ne fonctionne pas.

La fois suivante où un homme s'approche de moi, nous discutons Erasure pendant cinq minutes, jouons avec la possibilité que je me déplace légèrement sur la gauche pour lui permettre de se faire servir, puis je le regarde, en silence.

« Tout va bien ? demande-t-il finalement, l'air un peu perturbé, en tendant un billet de cinq livres au barman en échange de sa bière.

— Je me demandais simplement ce que ça ferait de t'embrasser », réponds-je en lui adressant un regard intense sous le chapeau. Je n'en ai pas conscience sur le moment, mais en y repensant aujourd'hui je suppose que je devais ressembler à une palourde louchant légèrement, à l'affût de plancton insouciant.

Dix secondes plus tard, on s'embrasse. Il fourre sa langue dans ma gorge comme si je faisais une grève de la faim et qu'il s'apprête à me gaver avec un tuyau, et je m'efforce de ne pas l'expulser en toussant. Je suis euphorique. Mon Dieu ! Qui eût cru que c'était si facile ! Qu'il suffisait de réclamer un contact sexuel pour l'obtenir ! Je constate à présent que ma tactique précédente, à Wolverhampton – traîner simplement avec les garçons, en espérant qu'ils trébuchent, me tombent dessus et me roulent une pelle « tant qu'on y est » –, empestait l'amateurisme. *Voilà* comment on progresse – en passant simplement commande pour un baiser, comme sur Amazon !

Les semaines suivantes sont une révélation. Je mets plus ou moins ma carrière en veille le temps de récolter le plus de baisers possible. J'en apprends énormément. Je découvre que, en règle générale, les meilleurs embrasseurs sont aussi les meilleurs interlocuteurs : disons qu'ils… écoutent ce que vous dites et y répondent. Un homme m'embrasse à m'en faire perdre les pédales dans une allée de Soho, et je passe les trois jours suivants à planer si haut que j'en écris un poème de six pages, rempli de métaphores catastrophiques sur les étoiles, les anémones et les sables mouvants. Lors d'une autre séance de baisers nocturnes avec un autre homme, nous parvenons tous les deux à fumer tout du long, même si je me dois d'objecter contre son chewing-gum : je vais le pêcher dans sa bouche avant de le jeter d'un geste dramatique par-dessus mon épaule en disant « Et si tu me mâchais *moi*, plutôt » avec un accent de Wolverhampton sensuel.

Mais le monde de l'industrie musicale et médiatique est minuscule – c'est essentiellement un village qui se retrouve dans les mêmes cinq ou six bars et salles de concert tous les soirs. Je commence à avoir une « réputation » chez *Melody Maker*. Des choses se produisent au bureau, qui me mettent mal à l'aise. Un pigiste remplit la rubrique « Ragots de la semaine » de références à peine voilées au fait que j'ai roulé des pelles à un de ses collègues. Un gars du département des arts passe l'une de nos conférences de rédaction au pub à faire des commentaires sur les problèmes d'éjaculation précoce d'un autre type à qui j'ai roulé des pelles – « j'espère que ta robe se nettoie facilement ».

Puis c'est au tour d'un des éditeurs de me convoquer dans son bureau pour me dire que l'article que je viens de rendre *pourrait* faire la une, « alors que dis-tu de t'asseoir sur mes genoux, le temps qu'on en discute ? »

Waouh, me dis-je. Si ça c'est pas du sexisme ! Du sexisme, qui m'arrive, à moi ! Même dans une rédaction remplie de marginaux de gauche progressistes, il se trouve encore des gens pour me juger parce que je suis une femme sexuellement active ! Dans un sens, c'est presque excitant – après tout, la dernière fois qu'on m'a jugée pour ma sexualité, ça s'est terminé avec les petites frappes qui me jetaient des pierres le jour de mon anniversaire. Si je suis passée du statut de totalement indésirable (à l'époque) à celui de vulgaire pouffe (maintenant), c'est sûrement une sorte de promotion, non ? Devenir une femme, c'est quelque chose qui se fait pas à pas, et celui-ci est, à sa façon, une marque de progrès considérable.

D'un autre côté, au début, je me retrouve clouée sur place en ne sachant pas quoi faire. J'ai lu des romans où le patriarcat jugeait les femmes sexuellement actives, mais ceux-ci n'ont pas beaucoup de conseils à me donner sur la réaction à adopter. En règle générale, ces femmes finissent agonisantes sur la lande, exclues de la société d'Atlanta, ou avalent de l'arsenic, avant que leurs filles soient envoyées travailler dans des manufactures de coton. Les tactiques d'adaptation des femmes adultes au XIXe siècle me donnent peu de grain à moudre, aussi – en l'absence d'un meilleur modèle – je régresse simplement aux méthodes d'adaptation de mon enfance. En tant qu'aînée d'une fratrie de huit enfants qui se tapaient régulièrement dessus, ma tactique chez *Melody Maker* se résume à me montrer un peu... extrême. J'exige que le type du département des arts qui prétend que ma robe est « facile à nettoyer » me paie un verre pour m'avoir offensée. Le pigiste qui m'a diffamée dans sa rubrique ragots reçoit l'ordre de grimper sur une chaise, devant le reste de la rédaction, pour me présenter ses excuses tandis que je pointe un doigt accusateur en déclarant : « Ta rubrique ne contenait même pas de *blagues.* » Ce qui est, à mes yeux, la pire des insultes.

Et lorsque l'éditeur me demande de m'asseoir sur ses genoux, afin de discuter de ma « promotion », je me dis simplement « rira bien qui rira le dernier » et m'affale lourdement sur lui avant d'allumer une clope.

« Ton sang circule toujours ? » je lui demande d'un air joyeux tandis qu'il tousse et transpire.

J'obtiens ma première une. Il passe dix minutes dans la salle de conférence, à se taper les cuisses jusqu'à sentir à nouveau ses jambes.

D'un côté, je comprends pourquoi je suis devenue le dindon de la farce à la rédac. Je me comporte un peu, il faut bien l'avouer, comme une lady Pac-Man obsédée – à courir partout en claquant la bouche pour gober les lèvres des gens. Il y a bien de quoi en tirer une centaine de gags. Nom de dieu, j'en fais volontiers la moitié moi-même.

Mais ces plaisanteries ne sont pas des plaisanteries « amusées ». Les commentaires s'accompagnent d'une drôle d'expression ; ils ont comme une sorte de… méchanceté crasse et insistante. Et je remarque que les hommes de la rédaction qui m'embrassent n'en font pas les frais, eux. Ces plaisanteries semblent venir d'un recoin sombre. Les ténèbres, voilà ce que je perçois tandis que je quitte la rédaction à la fin de ma journée, cigarette au bec, pour prouver que je suis adulte, mais aussi toujours des leurs. Des ténèbres inconfortables.

De nos jours, le sexisme, c'est un peu comme Meryl Streep dans un nouveau film : on ne le reconnaît pas toujours tout de suite. On peut passer vingt minutes à apprécier les dinosaures, les combats spatiaux et les soldats de la Confédération avec leur mal du pays avant de se dire : « Oh mon Dieu – là, sous la perruque ! C'EST MERYL. »

Bien souvent, une femme peut avoir quitté une soirée, pris le bus pour rentrer, nettoyé son visage, grimpé dans son lit, lu *La Femme eunuque* une vingtaine de minutes et éteint la lumière avant de rallumer et de se redresser d'un coup en s'écriant « Minute – JE VIENS DE ME PRENDRE UNE DOSE DE SEXISME. ET QUEL SEXISME ! QUAND CE TYPE M'A APPELÉE "TÉTONS EN SUCRE"… C'ÉTAIT DU SEXISME, ET PAS UNE DÉFORMATION ACCIDENTELLE DU NOM "ANDREA" ! »

Ce n'était jamais comme ça avant, bien sûr – avant l'avènement de la deuxième vague du féminisme, du politiquement correct et des femmes équipées de bombes lacrymo dans leurs sacs, le sexisme était tout à la fois décomplexé et omniprésent. On le reconnaissait au premier coup d'œil. C'était du genre « Restez à votre place, mesdames », « Va donc nous faire du thé, ma jolie », « Y a du monde au balcon ! » et autres sifflements carnassiers émis par n'importe quel mâle de passage de treize ans ou plus.

À l'époque, Benny Hill qui pourchassait une blonde autour d'un bureau en faisant mine de presser des klaxons de ses mains, ce n'était pas du « divertissement ». C'était la réalité, tout simplement. Le sexisme – comme les cendriers, David Essex et les odeurs de transpiration – était partout, que le cadre soit approprié ou non. J'ai revu *Une fille pour Gregory*[1] récemment – cet adorable film, bon enfant et réconfortant, l'histoire d'une fille douée pour le foot qui rêve de jouer dans l'équipe de l'école – et ai été estomaquée de relever une scène dans laquelle le prof de cuisine met la main au panier de Susan (une lycéenne), laquelle se contente de s'éloigner d'un pas nonchalant sans qu'elle ni le film n'aient aucun commentaire à offrir à ce sujet. Dans *Une fille pour Gregory* ! Le film qui m'avait marquée comme étant l'équivalent de *Défense du droit des femmes* pour toutes celles qui, à l'époque, dormaient sous une couette Holly Hobbie !

Et il ne serait venu à l'idée de personne de s'en plaindre à l'époque – parce que tripoter une lycéenne en public dans la joie et la bonne humeur n'était qu'un exemple de saine perversion toute britannique. Un troussage de gueuse. Ça faisait partie de notre héritage, comme les roulés au fromage et la noyade de bébés mal formés dans un tonneau de cidre.

Et bien sûr – à l'instar des bâtiments à colombages et Stonehenge – on trouve encore pleins d'exemples de ce sexisme à l'ancienne de nos jours. J'ai demandé sur Twitter si certaines avaient été confrontées à du sexisme débridé récemment, et alors même que je

1. *Gregory's Girl* (1981) : film de Bill Forsyth avec John Sinclair et Dee Hepburn. (*N.d.T.*)

m'attendais à un certain nombre de boulettes ridiculement stéréotypées, je n'étais pas préparée au déluge qui a déferlé trente secondes après ma requête, pour durer près de quatre jours.

Au final, j'ai reçu pas loin de 2 000 réponses – lesquelles, tandis qu'elles s'empilaient, se transformèrent rapidement en un gigantesque débat entre femmes qui croyaient toutes leur cas bien plus isolé qu'il ne l'était en réalité.

En voici quelques-unes qui me laissent pantoise :

« J'ai eu un patron qui disait : "On se paluche tous en pensant à Rosie – mais je suis le seul à avoir un bureau pour le faire." »

« Un type a bondi d'une voiture et fourré sa main sous ma jupe pour vérifier si je portais un collant ou des bas pendant que j'attendais le bus. »

« J'ai travaillé dans un garage Ford où le reste du personnel criait NIBARDS à chaque fois que je traversais l'atelier. »

C'est ça, le sexisme à l'ancienne : aussi lent mais évident que le boulet géant dans *Les Aventuriers de l'arche perdue*. Et dans un sens, aussi épouvantable, déprimant et débilitant qu'il soit, il me manque. Après tout, le monde qui nous entoure est de plus en plus complexe. Au fil des années, toutes sortes de variations sur le sexisme ont fait leur apparition, brouillant les pistes. On trouve maintenant des femmes misogynes, et des hommes se livrant au « sexisme ironique », dans lequel surnommer une femme « Néné McGee » et lui enjoindre d'« aller nous préparer un sandwich aux œufs frits » ne compte techniquement pas comme du sexisme mais comme « une blague », à laquelle on se doit de « rire ».

De nos jours, une pléthore d'attitudes merdiques envers les femmes sont devenues diffuses, indistinctes, voire presque indétectables. Les combattre donne l'impression d'affronter une odeur de moisi dans le couloir, armée d'un seul couteau à pain. Car – à l'instar du racisme, de l'antisémitisme et de l'homophobie – le sexisme moderne est devenu malin. Sournois. Codifié. De la même façon qu'un raciste qui s'ignore n'oserait jamais prononcer « nègre » en public, mais se fendrait d'une référence acerbe sur le fait que les Noirs aient le rythme dans la peau ou aiment le poulet frit, un misogyne dans le placard dispose d'un vaste éventail de mots, commentaires, expressions et attitudes pour rabaisser les femmes de façon subtile ou les déconcerter, mais sans qu'il soit immédiatement évident que c'est là leur but.

Prenez, par exemple, un petit différend au bureau. Votre opinion diffère sur un projet. Un collègue masculin l'a mal pris et est sorti en trombe. À son retour, il dépose un paquet de Tampax sur votre bureau.

« Vu tes sautes d'humeur, je me suis dit que tu en aurais peut-être besoin », dit-il avec un sourire à la Jimmy Carr[1]. Quelques ricanements retentissent.

Que faire ? À l'évidence, avec plus de ressources, vous pourriez ouvrir votre tiroir, en sortir une paire de testicules et les placer sur son bureau en rétorquant : « Et vu comme tu t'es dégonflé lors de notre dernière prise de bec, je me suis dit que *ceci* pourrait t'être utile. » Las, même la femme la mieux préparée au monde a peu de chance de garder une paire de roustons en caoutchouc dans son bureau.

Et en société ? Vous êtes en vacances avec une autre famille. Vous avez tous des enfants. Vous remarquez que les hommes en font moitié moins que les femmes quand il s'agit de s'occuper de la maison et des enfants – ils ont cette extraordinaire capacité à s'asseoir dans

1. Humoriste et animateur de télévision anglais connu pour son humour noir et pince-sans-rire. (*N.d.T.*)

un fauteuil pour jouer sereinement à Angry Birds sur leur iPhone pendant que leurs épouses s'affairent, épluchant les patates et volant à la rescousse de mouflets braillards et maculés de boue tombés dans un puits désaffecté.

« Je ne suis pas aussi doué pour ce genre de choses », disent-ils d'un air presque plaintif tandis que les femmes, stressées, éclusent des shots de whisky debout dans la cuisine dès 16 heures.

Là encore, dans l'idéal, vous seriez préparée : peut-être auriez-vous appris à vos aînés à citer *La Femme eunuque* de mémoire, en échange d'un Milky Way. Ou peut-être auriez-vous installé une appli iPhone intitulée « Historique du partage des tâches domestiques de 1600 à nos jours » qu'il vous suffirait de lancer et de laisser sur la table, à côté des bières, pour que les hommes y jettent un œil. Mais qui a le temps de s'adonner à ces délicieuses manigances ?

Lorsque j'ai demandé aux dames de Twitter de me fournir des exemples de sexisme, au final, ce sont les exemples les plus codifiés qui se sont avérés dérangeants. Kate, qui expliquait qu'elle « ne porte plus de haut blanc avec une jupe noire lors des réunions, car tout le monde faisait la queue devant moi à la pause café. On me prenait pour une serveuse ». Ou Hannah, qui – lors de son licenciement – s'est vue consolée par son patron d'un « Ne vous en faites pas ma jolie – au moins vous avez toujours des jambes d'enfer ».

Bien sûr, si ces instances sont tellement pernicieuses et dommageables, c'est parce qu'elles impliquent une part de doute. Est-ce sciemment qu'ils se montrent sexistes, ou bien ce sexisme n'est-il qu'accidentel, dû à la négligence ou à la stupidité ? Le commentaire sur les « jambes d'enfer », par exemple – cela aurait pu être une tentative extrêmement balourde pour la consoler, plutôt que la supposition implicite que le seul souci d'une femme serait d'être séduisante et que, tant qu'elle a belle allure en jupe courte, tout ira bien pour elle sur son lieu de travail ; même si, à l'évidence, elle sera foutue une fois qu'elle aura vieilli et commencé à porter des pantalons et des chaussures confortables.

Aurez-vous l'air d'une harpie hurlante et dénuée d'humour si vous reprenez les gens sur ce genre d'attitude ? Devriez-vous plutôt vous contenter de laisser couler avec un haussement d'épaules lorsqu'un employé d'un rang inférieur, en vous apercevant debout à côté de la théière, vous demande « Lait, sans sucre – et vous auriez des biscuits ? »

En bref, *comment savoir si vous êtes en train de vous manger du sexisme ?*

Eh bien, dans ce domaine, nous pouvons nous faciliter la tâche en nous posant la question : est-ce que c'est poli ? Si nous – l'intégralité de la population terrestre, mâle comme femelle – sommes tout simplement, fondamentalement, « Les Gars », alors, est-ce qu'un des Gars vient de se montrer… grossier avec un autre Gars ?

Ne parlez pas de sexisme. Parlez plutôt de « manières ». Lorsqu'une femme cligne un peu des yeux et secoue la tête comme Columbo en disant « Je suis désolée, mais cela me semble un peu… mal élevé », un homme ne tardera pas à présenter ses excuses. Parce que même le plus vil des fanatiques ne saurait se défendre contre une accusation d'impolitesse.

Après tout, vous pourrez toujours vous disputer (jusqu'à en pleurer) sur ce qui constitue ou non de la misogynie moderne et codifiée, mais un simple manque de tact, du genre à lui valoir une calotte de la part de Mère, cela ne se discute pas. Pas la peine d'en faire un conflit homme/femme. Il s'agit simplement d'une dispute entre Les Gars.

Il est important de considérer le monde entier comme « Les Gars ». L'idée que nous ne sommes tous, en fin de compte, qu'une bande de baroudeurs bien intentionnés qui tentent de s'entendre du mieux possible – c'est l'alpha et l'omega de ma vision du monde. Je ne suis ni « pro-femmes » ni « anti-hommes ». Je suis juste « Tope-là pour les six milliards ».

Car je ne crois pas que le problème ici vienne des « hommes », de la virilité ou de la sexualité masculine. Je ne pense pas que le sexisme soit une question d'opposition homme/femme. L'Homme n'est pas l'Homme simplement parce qu'il est un homme. Parfois, l'Homme est une femme – en particulier si vous fréquentez le même genre de night-clubs que moi, même si là n'est pas la question. Les hommes ne font pas ce genre de crasse aux femmes juste parce qu'elles sont « femelles ». ET JE NE CROIS PAS QUE ÇA SOIT UNE AFFAIRE DE SEXE.

Alors que je commence à observer la façon dont hommes et femmes interagissent dans le monde des adultes – au travail, dans leurs relations et leurs mariages, mais surtout, pour être honnête, au travail – je n'en viens pas à penser, comme beaucoup (la déesse Greer y compris) que les hommes détestent secrètement les femmes. Que les hommes détestent les femmes parce qu'il y a un truc dans les pénis et la testostérone qui meurt d'envie de déclarer la guerre aux vagins et aux œstrogènes.

Non. Même si je suis passablement ivre la moitié du temps, et même si je porte souvent suffisamment de mascara pour me rendre de facto aveugle, je ne vois pas ça comme une opposition homme/femme du tout. Ce que je vois, en revanche, c'est une opposition gagnant/perdant.

La plupart des manifestations de sexisme sont dues au fait que les hommes ont l'habitude de nous voir perdre. Voilà le vrai problème. Nous souffrons de notre mauvais statut. Les hommes sont habitués à nous voir sur la deuxième marche du podium, voire tout simplement disqualifiées. Pour les hommes nés avant le féminisme, c'est là-dessus que s'est bâtie leur éducation : des mères citoyennes de second ordre ; des sœurs qu'il fallait marier ; des camarades de classe féminines qui allaient à l'école des secrétaires avant de devenir femmes au foyer. Des femmes qui se retiraient. Qui disparaissaient.

Ce sont ces hommes qui dirigent nos grandes entreprises, ont du poids en Bourse, conseillent nos gouvernements. Qui dictent les horaires de travail et les congés maternité, les priorités économiques et les coutumes sociétales. Et, bien sûr, ils n'ont pas la parité dans le sang : leur génération a été nourrie au sexisme autant qu'aux puddings bouillis, aux fessées et au golf. Ils réagissent automatiquement en considérant les femmes comme « autres ». Leurs préjugés établis contre la femme libérée et active mourront avec eux.

Même les hommes nés après le féminisme, qui ont grandi avec les manuels et les manifestations et vu leurs propres mères partir tous les matins pour le bureau, même s'ils croient en l'égalité *théorique* des femmes, ont rarement conscience du grand coup de balai historique qui a eu lieu avant eux. Une petite voix intérieure – étouffée, mais jamais tout à fait réduite au silence – leur souffle : « Si les femmes sont vraiment les égales des hommes, où en est la preuve ? » Et cette voix ne parle pas qu'aux hommes. Elle parle aussi aux femmes.

Car le plus ardent des historiens féministes, quel que soit son sexe, aura beau citer l'exemple des

Amazones, des tribus matriarcales ou de Cléopâtre, il ou elle ne pourra masquer le fait que les femmes n'ont, grosso modo, rien accompli au cours des cent mille dernières années. Allons – rendons-nous à l'évidence. Cessons de prétendre inlassablement qu'il existe une histoire parallèle où les femmes seraient victorieuses et créatives, sur un pied d'égalité avec les hommes, et qui aurait été systématiquement réécrite par L'Homme. C'est faux. Nos empires, nos armées, nos cités, nos œuvres d'art, nos philosophes, philanthropes, inventeuses, scientifiques, astronautes, exploratrices, politiciennes et icônes pourraient toutes cohabiter confortablement dans une cabine de karaoké de SingStar. Nous ne comptons ni Mozart ni Einstein, ni Galilée ni Gandhi. Ni Beatles, ni Churchill, ni Hawking, ni Christophe Colomb. Ça ne s'est pas fait, c'est tout.

Presque tout, jusqu'à aujourd'hui, a été la création des hommes – et un déni progressiste, politiquement correct de ce fait ne peut que rendre les choses plus difficiles et délicates sur le long terme. Prétendre que les femmes ont eu une chance de faire tout cela auparavant mais n'ont tout simplement pas réussi aussi bien que les hommes, que l'expérience de la libération féminine avait déjà eu lieu sans succès, ne fait qu'alimenter la croyance selon laquelle les femmes ne sont tout simplement pas aussi performantes que les hommes, point à la ligne. Que les choses devraient suivent leur cours actuel – dans un monde modelé selon et honorant les priorités, les besoins, les caprices et les succès des hommes. Les femmes sont terminées avant même d'avoir commencé. Alors que la vérité est que nous n'avons pas commencé *du tout*. Bien sûr que non. Autrement cela se saurait.

Je vois bien combien cette présomption est erronée au bureau. *Melody Maker* est peuplé d'hommes bons et progressistes. Le peu de sexisme que j'ai rencontré venait de ceux que le reste de la rédaction considère comme de pauvres types détraqués : dans l'ensemble, tous ces critiques de rock constituent le groupe d'hommes le plus féministe que je rencontrerai. L'un d'entre eux deviendra mon mari et m'apprendra plus au sujet des conneries que les hommes projettent sur les femmes que ne le ferait n'importe quelle femme. Dans son cardigan, avec sa sacoche remplie de disques de Field Mice et d'Abba, un jeune Grec de vingt-trois ans originaire de Birmingham finit par disputer à Germaine Greer son titre d'icône féministe.

Mais tout cela, c'est dans le futur. Là, en 1993, je fume une cigarette, assise sur un bureau de la rédaction. J'observe des hommes progressistes se plier en quatre pour essayer de concilier leur ardente conviction que les femmes sont les égales des hommes avec l'évidence qu'il n'y a pas énormément de grands albums enregistrés par des femmes. Toutes les six semaines environ, en conférence de rédaction, les mecs font le panorama de la scène musicale du moment – toute au grunge ou à Blur ou que sais-je – et se désespèrent : « Bon sang, il faut qu'on inclue des femmes dans le journal ! Il nous faut absolument… des femmes ! »

Et c'est comme que ça que Sonya d'Echobelly, par exemple, se retrouve à participer à un « débat » sur le futur de Radio 1. Ou que Louise Wener de Sleeper chronique les singles. Ou, en cas d'urgence, qu'on insère tout simplement la photo de Debbie Harry quelque part. Il fallait faire un effort conscient, parce qu'à cette époque, la scène musicale ressemblait terriblement à Auschwitz. Pas un seul piaf.

Impossible de trouver une femme faisant de la musique pour l'amour ou pour l'argent. Je parle d'une époque pré-Spice Girls, pré-Lady Gaga – où l'on supposait qu'il n'existait pas de marché de masse pour les femmes qui faisaient de la pop. À supposer qu'elles puissent faire de la musique tout court. Julie Burchill[1] a parfaitement résumé les préjugés de la majorité en déclarant : « Une fille en robe avec une guitare, ça fait bizarre… comme un chien faisant du vélo. Très étrange. Difficile de passer outre. »

Ce que nous pensions tous, mais étions tous trop gênés pour le reconnaître, était que les femmes avaient simplement moins à dire que les hommes. Après tout, il y avait plus de soixante-dix ans qu'elles avaient obtenu le droit de vote, et pourtant, en ce qui concerne la scène musicale, nous ne pouvions nous enorgueillir que d'une poignée à peine de génies féminins : Joni Mitchell, Carole King, PJ Harvey, Patti Smith, Kate Bush, Madonna, Billie Holiday. Suffisamment peu pour qu'elles soient considérées comme des anomalies bizarroïdes, plutôt que comme les premiers précurseurs d'une tempête à l'approche. Toujours pas de groupe de rock féminin pour rivaliser avec Led Zeppelin ou les Guns N' Roses. Pas d'artiste hiphop féminine pour se frotter à Public Enemy ou au Wu-Tang Clan. Pas d'artiste *dance* féminine pour rivaliser avec Richie « Plastikman » Hawtin ou The Prodigy. Et quel groupe entièrement féminin auriez-vous opposé à la puissance des Beatles ? Les Runaways ? Les Go-Gos ? Les Slits ? La disparité en était ridicule. Mais jamais, au grand jamais, il ne pouvait en être question. La vérité semblait sexiste.

La créativité, nous tracassions-nous en silence, aurait dû se manifester au moment même où la loi

1. Journaliste britannique, autoproclamée « féministe militante », qui a notamment fait ses classes au *New Musical Express*. (*N.d.T.*)

avait changé. Toutes sortes d'extravagances féminines – refoulées depuis des siècles – auraient dû être libérées, soufflant les arbres sur des milliers de kilomètres à la ronde, telle une explosion pyroclastique. Si les femmes étaient réellement les égales des hommes, Emmeline et Christabel Pankhurst auraient dû écraser *All Along The Watchtower* avant que ne tombe le crépuscule du jour où le suffrage était devenu universel. Alors même qu'elles étaient sous les pieds du cheval.

Pourtant il n'en fut rien. Parce que la véritable égalité ne se résume pas à la capacité de voter. Le plafond de verre est difficile à voir précisément du fait de sa composition. Il est virtuellement invisible. Ce dont nous avons besoin, c'est que plus d'oiseaux le survolent et chient dessus, de façon à ce qu'on puisse enfin le distinguer.

En attendant, on a Echobelly en couverture.

« Ça te dirait d'aller l'interviewer ? » a demandé le rédacteur en chef. La suite tacite étant « vu que tu es une fille ».

« Non », ai-je répondu. Je savais que ce groupe était nul.

Alors, pourquoi n'avons-nous rien fait ?

Si j'en crois ma propre expérience, ces cent mille ans de supériorité masculine trouvent leurs origines dans le simple fait que les hommes ne sont pas touchés par la cystite. Pourquoi n'est-ce pas une femme qui a découvert l'Amérique en 1492 ? Mais parce qu'à l'ère pré-antibiotiques, quelle femme aurait pris le risque de traverser l'Atlantique pour passer la moitié du voyage coincée sur les toilettes, à pleurer et crier de temps à autre « Est-ce qu'on voit New York ? Donnez-moi un hotdog ! » par le hublot ?

Physiquement, nous sommes le sexe faible. Nous ne sommes pas aussi douées pour soulever des poids, tuer des mammouths ou ramer. De plus, les rapports sexuels avaient souvent cet inconvénient supplémentaire qu'ils nous mettaient enceintes, ce qui nous faisait nous sentir « trop grosses » pour mener une armée jusqu'en Inde. Ce n'est pas un hasard si les efforts pour émanciper la femme ne se sont vraiment mis en route que sous la double influence de l'industrialisation et de la contraception – lorsque les machines ont fait de nous les égales des hommes au travail et que La Pilule a fait de nous les égales des hommes dans l'expression du désir. En des temps plus primitifs – que je considérerais, personnellement, comme toute époque pré-datant la sortie de *Working Girl*, en 1986 –, les gagnants étaient systématiquement ceux qui, à la fois, se montraient suffisamment forts sur le plan physique pour assommer une antilope à coups de poing et dont la libido ne finissait pas par les mettre en cloque avant de les faire mourir en couche.

Aux puissants, donc, l'éducation, le dialogue, la conception de la « normalité ». Être un homme, faire des expériences d'homme était considéré comme « normal » : tout le reste était autre. En tant que telles – sans cités, philosophes, empires, armées, politiciennes, exploratrices, scientifiques et ingénieurs –, les femmes étaient des perdantes. Je ne pense pas que le statut d'infériorité des femmes soit un préjudice basé sur une haine masculine des femmes. Qu'on jette un œil à l'histoire et l'on s'aperçoit que c'est un préjudice basé sur de simples faits.

Bizarrement, pourtant, je n'ai pas l'impression de pouvoir discuter sexisme avec les autres femmes. C'est un point qui semble trop épineux pour l'aborder avec elles. Toutes les femmes de ma connaissance sont des féministes convaincues travaillant dans un environnement masculin – elles sont journalistes, éditrices, chargées de relations publiques, programmatrices informatiques – mais elles sont à cette époque (en 1993) trop occupées à *avancer* pour en débattre. Et puis, on est aux débuts de la Britpop, à l'aube de la Ladette[1]. Pour les jeunes femmes qui, essentiellement, s'amusent – sans enfants, pas de soucis de garde ni de ralentissement soudain de leur carrière dans la trentaine tandis que les hommes se mettent inexplicablement à les dépasser voiles au vent –, l'avenir semble encore au beau fixe. Dans cette ère des Doc Martens, de la bière et du maquillage minimum, le sexisme paraît agoniser si vite qu'il serait contre-productif d'attirer l'attention dessus. Toutes autant que nous sommes, nous présumons naïvement qu'il s'agit d'un problème d'un autre âge, que les choses s'améliorent de jour en jour. Nous ne savons pas ce qui nous attend – *Nuts* et le maillot, Moira Stuart licenciée parce qu'elle est trop vieille, une nouvelle décennie et demie d'inégalité salariale. À l'ère PJ Harvey, impossible d'imaginer l'avènement des Pussycat Dolls.

J'ai néanmoins quelques conversations au sujet du patriarcat. Avec des gays. À dix-huit ans, je découvre ce que des générations de femmes savent depuis des lustres : que le gay est l'allié naturel de la femme hétéro. Parce qu'eux aussi sont « autres » – eux aussi sont des perdants.

« Tu crois vraiment qu'on ne remarquera pas que tu es une femme ? » me demande Charlie.

Nous mangeons des spaghetti bolognaise dans un café miteux de Camden. Je vis à Londres à présent – je suis allée faire la queue chez Barclays, sur Queen

1. *Ladette* (du masculin *lad* « gars, garçon ») : jeune femme décomplexée et chahuteuse qui apprécie des activités jusque-là plutôt associées aux milieux masculins (alcool, sport...). (*N.d.T.*)

Square, à Wolverhampton le matin de mon dix-huitième anniversaire, dès l'heure où j'ai pu obtenir une autorisation de découvert et quitter le foyer familial. Dans ma maison de Camden, je suis la locataire la plus désorganisée au monde : le téléphone est si souvent coupé que les gens finissent par me laisser des messages au pub du coin, le Good Mixer, au lieu de m'appeler. Je laisse une bougie allumée sur la télévision, qui fond jusqu'à atteindre le tube cathodique. Peu importe : l'électricité aussi est coupée. Ça fait des mois que je n'ai pas regardé la télé.

Aller déjeuner dans ce café tous les jours pour y déguster des spaghetti bolognaise à 3,75 livres me semble le summum de la sophistication et de la maturité. Regardez-moi ! Je mange dehors ! Je mange *étranger* ! Avec un *homosexuel* !

« Parce qu'on le remarque toujours, tu sais, poursuit Charlie. C'est la première chose qu'on remarque, que tu es une femme. Moi aussi, je croyais qu'on ne remarquerait pas que j'étais gay. Et pourtant si.

— Mais il n'y a rien de terriblement mal à ça, dis-je en m'excusant presque. Enfin, je ne suis pas enfermée dans un Placard à Viol ou quoi que ce soit de ce genre. C'est juste… »

Je soupire.

« C'est juste… oh, tout ce que je dis semble un peu bizarre et inapproprié, dis-je. Je ne suis pas *normale*. J'ai vraiment l'air con. Oui, je me réapproprie le terme. La ferme. »

Je suis encore échaudée d'une conversation tenue plus tôt dans la journée à *Melody Maker*. La nouvelle sensation du moment est un mouvement américain appelé « Riot Grrrl » – une scène punk féministe hardcore dont les artistes évitent de parler à la presse grand public, disséminent des fanzines, interdisent l'accès de la fosse aux garçons et se gribouillent des slogans révolutionnaires sur le corps à coups de rouge à lèvres et de marqueur.

Courtney Love en est une des figures de proue – ce qui fait de Kurt Cobain et Nirvana des alliés. Comme je travaille maintenant comme critique rock pour le *Times*, j'ai dit en passant mon opinion sur le fait que les groupes Riot Grrrl devraient accorder des interviews à la presse grand public, puisque les filles qui auraient vraiment *besoin* d'un mouvement féministe hardcore – celles qui vivent en HLM, écoutent Radio 1 et fantasment sur les New Kids On The Block – ont peu de chance de tomber sur un fanzine Riot Grrrl photocopié distribué à la sortie d'un concert de Sebadoh. Toute révolution digne de ce nom se doit de faire passer son message à un maximum de gens. Ipso facto, Huggy Bear devrait m'accorder une interview.

Toute à mon laïus, je suis rembarrée par un rédacteur masculin, qui rejette d'emblée mes propos et conclut son argument d'une déclaration péremptoire : « Tu ne sais pas ce que c'est que d'être une adolescente grassouillette et de se faire harceler dans la rue par des trouducs. »

À l'époque, je suis moi-même une adolescente grassouillette qui se fait harceler dans la rue par des trouducs. Je reste baba, médusée qu'un homme blanc hétéro d'âge moyen puisse me faire la leçon sur un mouvement féministe radical juvénile.

« À croire qu'il s'imagine *tout* comprendre mieux que moi – *moi* y compris ! dis-je à Charlie, saisie d'une nouvelle poussée d'indignation. Ça me fait bouillir la pisse – une pisse pour laquelle je dois, soit dit en passant, faire la queue *deux fois* plus longtemps que lui dans les concerts.

— Oh, j'y ai le droit en permanence, rétorque Charlie d'un air guilleret. Généralement des conversations sur la difficulté d'être gay quand on est un homme – expliquée par un hétéro. Le problème, c'est que les mecs hétéros n'en savent pas tellement sur nous, pas vrai ?

— Nous sommes des mystères, j'acquiesce, la bouche débordant de spaghetti.

— Mais oui, n'est-ce pas ? dit Charlie. Enfin, réfléchis à tous ces films ou ces séries avec une femme, ou un gay, dans un scénario autrement peuplé d'hommes hétéros, écrit par un hétéro ? Ou un livre ? Fictions et films sont tellement remplis des ces gays et de ces femmes imaginaires, débitant des discours inventés par des mecs hétéros et se comportant comme ces mêmes hétéros se l'imaginent. Tous les gays que je vois ont un ex en train de mourir du sida. Foutu *Philadelphia*. J'en viens à me dire que je devrais me trouver un copain atteint du sida, rien que pour être normal.

— Ouais, et les femmes sont toujours si "bonnes" et sensées, et passent leur temps à contrôler les hommes avec leurs idées folles et leur idéalisme juvénile, dis-je d'un air plaintif. Et elles ne sont *jamais* drôles. POURQUOI JE POURRAIS PAS VOIR UNE FEMME RIGOLOTE ?

— Les femmes *juives* imaginaires peuvent se montrer drôles, fait remarquer Charlie. Mais elles se doivent aussi d'être névrosées et de ne jamais avoir de copain.

— Je devrais peut-être me convertir, dis-je d'un air lugubre. J'irais à la synagogue prendre un de ces chandeliers, là, et toi tu pourrais aller au Terrence Higgins Trust[1] pour lever un mec.

— Enfin, on est quand même mieux loti que les lesbiennes, ajoute Charlie en demandant l'addition. Il

1. Association caritative de lutte contre le VIH/sida. (*N.d.T.*)

n'y a pas une seule lesbienne dans tout le Royaume-Uni, à part Huffty[1]. »

Une idée stupide me vient à l'esprit tandis que j'enfourne mes clopes dans mon sac. Je sais ce qu'il faut que je fasse, me dis-je. Il faut que je me trouve un copain. Un copain, voilà qui arrangerait tout.

---

1. Présentatrice de télévision dans les années 1990. (*N.d.T.*)

8

Je suis amoureuse !

Un an plus tard, je suis amoureuse. C'est Le Bon. À l'évidence, je pensais la même chose du précédent, et de celui d'avant, aussi. Honnêtement, ça me plaît tellement, cette idée d'être amoureuse, que n'importe quel spécimen sur environ 3 millions pourrait être Le Bon.

Mais, non – lui, là, maintenant, c'est *assurément* Le Bon. Le Seul et Unique. J'arpente avec lui les trottoirs gris à la Monet de Hampstead au mois de mars, main dans la main, et je suis totalement amoureuse. Bon okay, je me sens très mal, et c'est un vrai trouduc, mais je suis amoureuse. Enfin. Par la seule force de l'esprit. Je me suis trouvé une personne, rien qu'à moi.

« T'as une drôle de façon de marcher, dit-il d'un air bizarrement critique. Tu marches pas comme une grosse. »

Je ne vois pas ce qu'il veut dire. Je lâche sa main. Je suis amoureuse. Bon sang, que c'est pitoyable.

Alors, oui, c'est un mec dans un groupe – le premier garçon dans un groupe sur lequel j'ai pu mettre le grappin. Incroyablement talentueux, très beau, mais aussi très paresseux, et incontestablement dérangé. Son groupe n'avance pas car il refuse de faire des « concerts merdiques » qu'il considère indignes de lui. Il écrit quatre ou cinq chansons par an, avant de parler de chacune d'elle pendant des mois, comme si elle avait été numéro un pendant des semaines et changé la face du monde. Au lieu de quoi elles traînent sur des cassettes audio de quatre-vingt-dix minutes, ni mixées ni achevées, éparpillées sur mon plancher.

Il dit détester sa mère – et quand je lui demande pourquoi, il me raconte une longue histoire qui se termine sur lui qui jette le couvercle d'une barquette de margarine Flora à sa figure à elle, pendant une dispute, et sur elle qui s'évanouit. Je ne comprends pas très bien non plus, mais je suis d'accord avec lui pour dire qu'elle a l'air horrible.

Mais pourquoi mangent-ils de la Flora ? je me demande intérieurement. Si j'étais aussi riche qu'eux, je mangerais du beurre tous les jours.

Bien qu'on sorte ensemble et qu'il ait emménagé dans mon appart, je ne pense pas qu'il m'aime. Quand j'écris, il s'assied à côté de moi sur une chaise et m'explique en long et en large combien il est plus doué que moi. Quand on est avec des amis, il fait des blagues, puis – si je ris – aboie : « Pourquoi tu ris ? Tu ne sais pas de quoi je parle. »

Ma famille le déteste : lorsque mon frère Eddie vient dormir chez nous, il renverse accidentellement sa bouteille de Yop à la fraise sur la veste en daim de mon copain, lequel pique une crise terrible contre ce gamin de treize ans. Eddie pleure. On est obligé de sortir de chez moi et de s'asseoir sur les marches, dehors, pour fumer des clopes tandis que je me confonds en excuses envers Eddie.

Caz ne prend pas de gants : « Quel con. Tu étais bien mieux à cohabiter avec les souris de ta cuisine. C'est un petit mec avec un nom de fille – problèmes garantis. »

Il s'appelle Courtney. Et il est plutôt petit, très mince – nettement plus petit que moi. J'ai l'impression d'être trop massive pour lui. Ce qui pose problème. J'ai peur de l'écrabouiller en me redressant. Je me mets à fumer de l'herbe à tour de bras, pour me faire plus petite, plus discrète.

L'amour c'est les drogues, me dis-je en me roulant un joint à 11 heures du matin. L'amour c'est les drogues. *All you need is drugs*.

Et puis, moi-même je ne suis pas un parti exceptionnel. Je ne suis qu'une ado habitant une maison à l'électricité coupée. Je me réveille à 14 heures et me couche à l'aube. Je suis plutôt secouée : ayant décroché un boulot d'enfer, où je présente une émission musicale nocturne sur Channel 4, intitulée *Naked City*, j'ai acquis une minuscule notoriété. Et découvert que celle-ci consiste, globalement, à voir des soûlards vous approcher pendant les concerts pour vous dire « T'es qu'une merde ! » avant de s'éloigner.

Tous ne disent pas « T'es qu'une merde ! » : certains disent « T'es géniale ! », mais, quelque part, c'est pire. Car quand tant d'autres vous ont dit « T'es qu'une merde ! », vous ressentez l'obligation d'informer ceux qui vous disent « T'es géniale ! » que beaucoup d'autres pensent que vous êtes une merde, et qu'ils feraient peut-être bien de garder ces statistiques à l'esprit avant d'émettre une analyse définitive. Et si vous essayez d'expliquer tout ça alors que vous êtes passablement bourrée (comme c'est presque toujours mon cas), alors les gens ont tendance à vous dévisager d'un air profondément confus, une minute ou deux, avant de vous présenter leurs excuses et de s'en aller.

Je suis donc un peu bordélique et confuse, tour à tour belliqueuse (« Je suis géniale ! On me l'a dit ! ») et geignarde (« Je suis une merde ! On me l'a dit ! »). Je dévale souvent les escaliers bourrée. Chez Pete de

Melody Maker, je me laisse aller à l'émotion et passe la nuit entière à pleurer, assise sous la table. Mais surtout, alors même que j'avais attendu toute ma vie de pouvoir quitter la maison, ma famille me manque. La nuit, allongée près de Courtney (quelqu'un avec qui faire l'amour ! un garçon intelligent !), je me surprends à penser à mon lit double dans la maison de Wolverhampton, occupé par ma sœur Prinnie, à présent toute seule.

J'avais beau me réveiller souvent trempée de son urine, je me sentais toujours en sécurité là-bas, me dis-je, étendue dans le noir. Si seulement c'était Prinnie dans mon lit, à la place de Courtney. La petite Prinnie avec ses yeux ronds comme des soucoupes, qui sent les biscuits, la terre et le chiot ; sa chaleur. Quand elle se réveillait la nuit, je lui racontais des histoires sur Judy Garland et lui caressais les cheveux jusqu'à ce qu'elle retrouve le sommeil.

Lorsque Courtney se réveille la nuit, il se plaint de son crâne qui se dégarnit, jusqu'à retrouver le sommeil – me laissant agitée, déprimée et réveillée. Jamais je n'aurais cru qu'on puisse se sentir si seul aux côtés de quelqu'un.

Et pourtant, je demeure absolument déterminée à être amoureuse. J'imagine que cela devrait sans doute… arrondir mes angles. L'amour comme leçon, comme pénitence. Je doute que Courtney me tue, aussi me rendra-t-il probablement plus forte. J'en ressortirai grandie. J'écoute beaucoup Janis Joplin. Je crois à la douleur de l'amour. Je me dis que c'est, quelque part, glorieux. Je suis stupide. Tellement stupide.

Tout comme les sous-vêtements, l'amour est un travail de femme. Les femmes sont là pour qu'on tombe amoureux d'elles. Lorsque l'on discute des grandes tragédies susceptibles de s'abattre sur une femme, une fois écartées la guerre et les blessures, c'est l'idée de ne pas être aimée, et donc de ne pas être désirée, qui nous fait le plus grincer des dents. Elizabeth Ire a eu beau poser les bases de l'Empire britannique, elle n'a jamais pu se marier – pauvre reine pâle, tartinée de mercure. Jennifer Aniston est une millionnaire accomplie et splendide qui vit à L. A. dans une maison au bord de la mer et n'aura jamais besoin de faire la queue, enrhumée, pour renvoyer une paire de chaussures au département des retours de Topshop – et pourtant, tout ce qu'on retient de sa trentaine, c'est qu'elle n'a pas réussi à garder Brad Pitt tout d'abord, John Mayer ensuite. La princesse Diana – si malchanceuse ! – Cheryl Cole – si seule ! Hilary Swank et Reese Witherspoon – oscarisées, d'accord, mais abandonnées par leurs maris !

La langue nous dit exactement ce que nous pensons des femmes sans attaches – tout est là, dans la différence entre « célibataire » et « vieille fille ». Les célibataires ont toutes les cartes en mains. Les vieilles filles, elles, doivent abattre leur jeu, et vite. La demande du marché vous dicte la valeur d'une femme : si elle est seule, c'est que personne n'en veut, et donc – si cet état de fait devait se poursuivre sur le long terme – moins désirable.

Suivant donc l'importance que l'on attache au fait que les femmes aient des attaches (et dont elles ont conscience), il ne faut pas s'étonner qu'elles se montrent obsédées par l'idée d'être amoureuses et de bâtir une relation. Nous y pensons tout le temps. Parfois, lorsque j'explique aux hommes la façon dont les femmes envisagent des relations potentielles, ils prennent un air terriblement alarmé. Abordez le même sujet avec des femmes, cependant, et elles vous adresseront un aboiement contrit de reconnaissance.

Prenez, par exemple, un bureau ou lieu de travail lambda. Avec un personnel mixte, ça va flirter ouvertement, plus au moins au vu et au su de l'observateur curieux. Nous le savons tous.

Mais si vous disposiez d'une espèce de casque de voyance, dont le port vous permettrait de lire les pensées de ces dames, tout homme qui l'essaierait serait immédiatement terrifié de découvrir toute la folie, auparavant dissimulée, que recèle l'esprit féminin.

Regardez cette femme, là, dans le coin – une chef de rayon parfaitement normale, pas hystérique, au comportement aimable et décontracté envers ses collègues. Pour autant qu'on le sache, personne dans l'équipe ne lui a vraiment tapé dans l'œil. Elle semble occupée à écrire un long email très important. Mais savez-vous réellement ce qu'elle est en train de faire ? Elle pense à ce type, cinq bureaux plus loin, à qui elle n'a parlé qu'une dizaine de fois.

« Si on prenait un mini-break ensemble, on ne pourrait pas aller à Paris – il y était avec son ex, pense-t-elle. Je le sais. Il m'en a parlé une fois. Je m'en souviens. Pas question de se balader au Louvre si c'est pour qu'il me compare, moi dans mon imper léger, à elle dans *son* imper léger. Non qu'on y aille au printemps, d'ailleurs – vu l'état actuel de notre relation, s'il faisait le premier pas AUJOURD'HUI, on ne pourrait commencer à prendre de mini-breaks ensemble qu'à partir de… (elle compte sur ses doigts)… novembre, au bas mot, et avec toute cette pluie j'aurais le cheveu tout plat. Il me faudrait un parapluie. »

« Mais, poursuit-elle en tapant rageusement, si j'avais un parapluie, on ne pourrait pas se tenir la main, parce qu'alors j'aurais la poignée dans une main et mon sac dans l'autre. Ce serait la merde. SAUF ! SAUF si j'arrive à tout mettre dans mes poches ! Alors je n'aurais pas besoin de prendre un sac à main pour aller au Louvre. Mais je n'aurais pas de collants de rechange en cas d'éclaboussure, ce qui me forcerait à y aller jambes nues, et avec ce froid j'aurais les jambes toutes violettes, et je serais toute crispée au moment de rentrer à l'hôtel pour baiser, j'essaierais de les cacher avec une serviette, et il penserait que je ne fais que l'aguicher et il se détournerait de moi. OH BORDEL DE DIEU. POURQUOI EST-CE QU'IL NOUS EMMÈNE À PARIS EN NOVEMBRE, HEIN ? JE LE DÉTESTE. »

Il ne lui plaît même pas vraiment, ce type. C'est à peine si elle lui a déjà adressé la parole. S'il l'invitait à boire un verre, elle refuserait, probablement. Elle n'a aucune envie de bâtir une relation avec lui. Et pourtant, la prochaine fois qu'il lui parlera, elle se montrera un brin sèche avec lui, et lui – même dans ses rêveries opiacées les plus délirantes – ne pourrait jamais deviner seulement la raison de son attitude. Peut-être hausserait-il les épaules en mettant ça sur le compte d'un syndrome prémenstruel, ou d'un mauvais jour.

Jamais il n'effleurerait la simple vérité : qu'ils sont partis pour un week-end imaginaire désastreux à Paris tous les deux, avant de rompre à cause d'une paire de collants.

*

Je passe tout mon temps à imaginer de possibles relations. Tout mon temps. Mon Dieu, à l'adolescence c'était particulièrement *tragique*. C'est à peine si j'existais dans le monde réel. Je vivais dans une sorte de… Narnia du sexe. Ma vie amoureuse était riche, excitante, et totalement imaginaire.

Ma première relation sérieuse fut avec un humoriste célèbre de l'époque et se déroula entièrement dans ma tête. Je ne l'avais jamais rencontré, ne lui avais jamais adressé la parole, ni même mis les pieds dans la même pièce que lui – et pourtant, durant un trajet interurbain reliant Wolverhampton à Londres Euston, j'avais vécu l'une des expériences relationnelles les plus intenses de toute ma vie – entièrement imaginée. Bien sûr, nous ferions connaissance lors d'une soirée, pensais-je. Nous échangerions des vannes, façon *La Dame du vendredi*, nous divertirions grandement mutuellement et deviendrions partenaires de plume avant, finalement, de franchir le cap pour passer amants ardents et spirituels.

Tandis que le train traversait Coventry, j'imaginais notre maison, nos dîners, notre cercle d'amis, nos animaux de compagnie. À peine arrivée à Rugby, je nous voyais dans *Wogan*[1], à parler de notre dernier projet – une comédie romantique décalée brisant tous les records d'audience.

« Mais l'écriture a connu son lot de tragédies, n'est-ce pas ? demandait Terry Wogan en se penchant en avant avec son “air sensible”.

— En effet, Terry, répondais-je, les larmes aux yeux. Je sentais la caméra un zoomer pour un gros plan. À la moitié du projet, nous… nous avons perdu notre premier enfant. J'étais effondrée. Nous l'aurions tellement aimé, tellement désiré. Faire face à ce type de perte, c'est… c'est comme si vous aviez une trappe ouverte dans le cœur. »

L'humoriste célèbre passe un bras autour de moi, mutique.

« Caitlin a été incroyable, déclare-t-il en séchant ses yeux sur sa manchette. Elle refusait de lâcher le script.

1. Talk show diffusé sur BBC1 de 1982 à 1992. (*N.d.T.*)

La journée, c'était une vraie lionne. Mais la nuit… la nuit, nous pleurions jusqu'à nous endormir. »

C'était devenu l'une des interviews les plus célèbres de la carrière de Wogan – d'autant plus que la caméra avait saisi une larme sur sa joue, à lui aussi, tandis qu'il bouclait le segment pour aller rejoindre PJ & Duncan qui s'apprêtaient à jouer leur nouveau single, *Let's Get Ready To Rhumble*.

Perdue dans mes fantasmes, j'étais devenue si folle de douleur qu'une fois arrivée à Euston, j'avais dû courir aux toilettes pour me passer la tête sous le robinet d'eau froide. Maintenant encore – dix-sept ans plus tard – le souvenir me met toujours la larme à l'œil. Quelque part, cela reste l'une des relations les plus mémorables de mon existence. En une heure et demie de train, j'avais rencontré l'amour de ma vie, remporté un Oscar, perdu un bébé, fait mon deuil, fait pleurer Terry Wogan en prime time sur BBC1 et inspiré à PJ & Duncan leur deuxième single, *Too Many Tears (For A Beautiful Lady)*.

Lorsque celui-ci était passé numéro un à Noël, le clip représentait une élégante photo en noir et blanc dans un cadre orné, où j'apparaissais, très digne, et à laquelle PJ & Duncan chantaient la sérénade dans la neige.

Je sais bien que tout cela paraît délirant. Et peut-être l'exemple choisi est-il un *tantinet* extrême. *Un tantinet.* Sans compter que cela m'a rendu la rencontre de cet humoriste lors d'une soirée particulièrement compliquée – un ami, ayant remarqué que j'avais trop bu, s'était trouvé obligé de me *traîner* hors de la pièce en disant « NE LUI DIS RIEN ! ESSAIE DE TE RAPPELER QUE TOUT ÇA S'EST PASSÉ DANS TA TÊTE ! VOUS N'AVEZ AUCUN SOUVENIR À PARTAGER ! »

Pourtant, presque toutes les femmes que je connais possèdent une histoire vaguement similaire – et même des dizaines : des histoires de fixation sur une célébrité, un collègue de travail ou une personne qu'elles connaissaient vaguement depuis des *années*, où elles vivaient dans un monde parallèle dans leur tête, échafaudant d'inépuisables intrigues et scénarios pour cette relation qui n'en était pas une.

Les jours où j'ai besoin de rationaliser toute cette folie, j'émets le postulat que ces intenses béguins sont un incontournable sous-produit de la condition de femme. Notre fenêtre de fertilité est tellement réduite – nous autorisant peut-être une poignée de relations potentiellement reproductives avant la ménopause – que ces fantasmes sérieux font office de crash test en permettant aux femmes de dérouler dans leur tête des relations entières afin de déterminer si elles pourraient ou non aboutir. Un peu comme un ordinateur répète des algorithmes.

Mais cette capacité fébrile à entretenir d'intenses relations imaginaires déborde souvent dans des relations existantes, brouillant la frontière entre fiction et réalité. Parfois, cela n'a qu'une importance bénigne. Qui n'a pas une amie vouant à son amant une adoration qui dépasse l'entendement de tous ? Avant que l'ayez rencontré, elle vous le décrira comme un croisement entre Indiana Jones, Barack Obama et Docteur Who. Et lorsque vous faites enfin sa connaissance, c'est un petit type taciturne aux allures de haricot binoclard, qui prononce « humpf » comme ça s'écrit.

« Je n'arrive pas à croire que j'ai accepté d'avance de partir en week-end avec eux, pensez-vous en vous versant laborieusement un mug de café. Elle sort avec le Roi Maigrichon de Nullepart.com. »

En d'autres occasions, bien entendu, cette capacité à vivre au sein d'une relation imaginaire devient positivement inutile pour des liaisons qui s'avèrent, pour une raison quelconque, insatisfaisantes, chancelantes, ou futiles.

À peine mes amies et moi nous mettons-nous à fréquenter quelqu'un sérieusement que nous pénétrons dans un paradoxe épuisant : une croyance selon laquelle, en amour, rien n'est conforme aux apparences. La conviction qu'il existe un état de fait commun où un homme peut être éperdument amoureux de vous, mais l'indiquer d'une variété de façons si subtiles que seules les plus douées et les plus déterminées pourront identifier ses véritables désirs. Comme si on était dans le *Da Vinci Code* et que, lorsqu'un homme vous invite à dîner, se désintéresse de vous et ne vous appelle pas pendant deux semaines, cela dissimule un *défi secret* que vous serez à même (avec suffisamment de calculs, de consultations de parchemins anciens et de gémissements téléphoniques adressés à vos amies) de décoder pour, finalement, l'épouser – autrement dit gagner.

« Écoute cet email, dira une amie. Il a mis, "Rachel, ravi de t'avoir vue ! Excellente soirée ! On devrait remettre ça un de ces quatre." C'est plutôt évasif, non ?

— Ça m'en a tout l'air, en effet, acquiescerai-je.

— D'un autre côté, poursuivra Rachel en utilisant le ton "légèrement furieuse" auquel toutes les femmes ont recours dans ce genre de conversation, il l'a envoyé à 16 heures. »

Elle marque une pause. Je laisse échapper un soupir de confusion.

« 16 heures ! répète-t-elle. Il était donc toujours au travail quand il me l'a envoyé ! Alors peut-être avait-il peur que quelqu'un jette un œil par-dessus son épaule, c'est pour ça qu'il se montre délibérément froid. Enfin, il a mis "XXX" à la fin. C'est une façon de revenir à l'intime, ça, non ?

— Rachel, dirai-je. Tu mets “XXX” à la fin de tes mails au fisc. Tout le monde fait ça.

— J’ai regardé sa page Facebook, il a changé sa liste de chansons préférées pour inclure *Here Comes The Hotstepper* d’Ini Kamoze. ET ON A PARLÉ D’INI KAMOZE PENDANT LE DÎNER !

— Rachel, je crois que s’il t’aimait bien, il… passerait beaucoup plus de temps avec toi et te dirait des trucs du genre “Je t’aime vraiment bien”, dis-je.

— Mais tu ne trouves pas que c’est… lourd de sens, quand même ? plaidera Rachel. Et je ne crois pas qu’on change sa playlist Facebook SANS RAISON. *C’est un message qui m’est adressé à moi.* »

Au bout d’une heure de ce petit manège, j’abandonne l’idée de la convaincre que rien de tout cela n’a vraiment de signification. Peine perdue. J’aurais beau hurler « LAISSE TOMBER IL N’EST PAS INTÉRESSÉ » en klaxonnant à tout va, ça ne marcherait pas. Elle est prise dans la matrice féminine – occupée à essayer d’attraper des balles invisibles tirées au ralenti que les personnes extérieures à la matrice ne peuvent voir.

On sait toujours quand une femme n’est pas avec l’homme qu’il lui faut, car elle a beaucoup à dire sur le fait qu’il ne se passe rien.

Lorsque les femmes trouvent la bonne personne, en revanche, elles… disparaissent pendant six mois, avant de refaire surface, les yeux brillants, et généralement avec trois kilos de plus.

« Alors, il est *comment* ? » demanderez-vous en vous préparant à essuyer l’habituelle déferlante de choses qu’il dit et fait et de demandes d’analyse de la signification que vous prêtez à son épisode préféré de la saga *Star Wars* (« coincé à l’adolescence, ou en phase avec l’enfant qui est en lui ? »).

Bizarrement, elle restera muette.

« C'est juste… bien, dira-t-elle. Je suis vraiment heureuse. »

Lorsque, quatre heures plus tard, elle sera vraiment pompette, vous aurez une seule et unique discussion, extraordinairement directe, sur ses talents au lit. « Honnêtement, la taille de son pénis frôle l'urgence médicale », dira-t-elle d'un ton incroyablement joyeux.

Ce qui marquera généralement la fin de la discussion. Pour toujours. On cesse de ressasser les choses une fois qu'on les a résolues. On n'est plus observateur, mais participant. On est trop occupé pour ces conneries.

Je parle de Courtney à tout le monde. Je deviens barbante. Notre relation m'apparaît comme un gigantesque puzzle – un immense quiz existentiel et émotionnel que je pourrai résoudre en m'appliquant suffisamment, obtenant ainsi le résultat « Grand Amour ». Après tout, les ingrédients pour faire de nous le couple parfait sont réunis : c'est un homme, je suis une femme, nous vivons sous le même toit. Tout le reste (compatibilité, courtoisie, tendresse, l'absence d'envie de meurtre), ce sont des petits détails que je peux affiner, si j'y réfléchis suffisamment.

Caz subit de plein fouet mes tentatives de décodage de la réponse. J'ai retrouvé récemment mes factures de téléphone de cette époque, lesquelles montrent, dans leur colonne de chiffres proprement alignés, que je l'appelais tous les soirs : de 23 heures à 1 heure, 2 heures, 3 heures du matin. Des heures à parler. C'est incroyable tout ce qu'on peut trouver à dire quand on a trop peur de prononcer ces quatre petits mots : « Ça ne marche pas. »

Le problème, c'est que c'est moi le problème. Courtney est simplement malheureux. Je le sais. Je le sens, d'instinct. Lorsque j'aurai trouvé le moyen de le rendre heureux, tout ira bien. Il est brisé, à moi de le rafistoler – et alors notre relation entrera dans sa phase positive. Ce ne sont que les prémices délicates de l'amour, où je défais tout ce qui ne va pas, pour lui permettre d'être enfin lui-même. Secrètement, en son for intérieur, il m'aime vraiment. Ma ténacité en sera la preuve. Si ça ne marche pas, c'est tout simplement parce que je n'ai pas fait tout ce qu'il fallait.

Tout est mis en évidence lorsque je tombe en son absence sur son journal. Je sais que je ne *devrais* pas le lire – mais, d'une certaine manière, c'est *pour nous* que je le fais. S'il s'agit bien d'une trahison, alors c'est une de ces « bonnes » trahisons dont on entend si souvent parler. Une trahison « aimante ». Car si je découvre ce qu'il pense « réellement », alors notre relation pourra enfin s'épanouir.

Les entrées sont sans équivoque. « Elle est tarée », écrit-il de moi. « Quand va-t-elle enfin m'emmener à des soirées huppées ? Je suis coincé chez elle, je m'ennuie. Quand est-ce que ça va faire avancer ma carrière ? »

Les entrées suivantes révèlent qu'il est toujours amoureux d'une fille de sa ville natale, qui l'a envoyé balader trois ans auparavant.

Traduisant ces mots comme l'expression des simples « doutes » de Courtney quant à notre relation, je redouble d'efforts. J'achète des sous-vêtements Ann Summers qui me donnent l'air d'une prostituée, et pas dans le bon sens. Je cuisine pour lui – cavalcade ininterrompue de consommé de poulet, miches de pain et gâteaux – pour rendre notre maison plus accueillante. Je lui caresse la tête quand il se plaint du peu de succès remporté par son groupe, étouffant dans ma tête les réflexions de la journaliste musicale disant : « En même temps, si vous daigniez seulement donner quelques putains de *concerts*, peut-être que vous arriveriez à quelque chose. »

Je nous organise une sortie, au restaurant. Regardez-moi ! Je réserve une table ! Comme une grande ! Mais une demi-heure avant le rendez-vous, il m'appelle depuis un pub.

« J'ai une réunion avec le groupe. Je risque d'être un peu en retard, annonce-t-il d'une voix traînante.

— De combien ? je demande en appliquant du mascara.

— Deux… heures ? dit-il.

— Oh, pas de problème ! » je m'exclame gaiement.

Je sais dans quel pub il est. J'y vais, m'assieds sur le seuil, l'attends en fumant des clopes.

Lorsqu'il émerge finalement, il m'explique qu'il n'a « plus faim » (« j'ai pris un petit pain au jambon ») et nous rentrons par le premier métro.

Assise sur le siège en velours à côté de lui, tandis qu'il se lance dans une tirade légèrement incohérente au sujet de la « réunion », la relation imaginaire que j'entretiens dans ma tête avec lui – celle où il est brisé et incompris, où tout ce que je fais le soigne jusqu'à le rendre heureux – se voit défiée par une nouvelle série de fantasmes. Dans ces derniers, je lui hurle « POURQUOI t'es aussi con ? Si tu m'aimes pas, T'AS QU'À LE DIRE » en jetant tout ce qui me tombe sous la main. J'étouffe ces pensées. Elles ne font pas partie de mon programme dans lequel nous passons le reste de nos vies ensemble, dans un bonheur sans mélange.

Afin de me raccrocher fermement à mon rêve, j'achète un litre de whisky sur le chemin du retour. C'est facile de s'imaginer une vie heureuse quand on est complètement bourré.

Je songe à expliquer tout cela à la police, lorsqu'elle se pointe chez nous à 2 heures du matin. On est bien amochés tous les deux. Courtney n'a cessé de me poursuivre à travers la maison, me hurlant dessus et tentant de défoncer la porte lorsque je m'enferme dans la salle de bains.

Le policier a dans les cinquante-cinq ans. Avec sa veste rigide et ses chaussures lourdes, il semble tellement plus adulte et équilibré que les personnes qu'il a en face de lui : une ado bourrée et en pleurs vêtue d'une nuisette, et un jeune homme de vingt-six ans en jeans et chemise Paisley qui s'allume une clope d'une main tremblante. Dans mon ébriété, le policier semble émettre une lumière bleue clignotante – mais ce n'est que l'effet de la voiture de patrouille, garée sur la chaussée au dehors.

« Nous avons reçu un appel pour tapage nocturne, dit-il tandis que son talkie-walkie crachote. Des cris et des hurlements à 2 heures du matin. Pas très sympa pour les voisins. Qu'est-ce qui se passe ? »

Ce policier ne ressemble pas à mes amis. Il est grand, costaud, viril, logique : je ne peux pas lui expliquer qu'il s'agit simplement d'une période difficile dans ma relation, où j'essaie de transformer Courtney, pendant que celui-ci projette ses doutes sur moi et essaie, d'une certaine manière, de venger l'évanouissement de sa mère lorsqu'il lui a jeté le couvercle de Flora à la figure.

Ce policier ne va pas écouter toutes ces histoires – pas même après un verre ou deux, que je lui ai offerts dans une tentative chancelante de faire preuve d'hospitalité et de normalité. Je suis un peu surprise de le voir refuser : lorsque je m'étais enfermée à l'extérieur de mon appartement et que les pompiers avaient dû défoncer la porte pour moi, on avait tous bu des bières sur le patio tandis que je leur racontais quelques ragots sur Oasis.

Les pompiers sont plus fêtards, c'est tout, me dis-je tout en promettant au policier que nous allons faire moins de bruit et que tout ceci n'était qu'un malentendu.

« Simple querelle », lui dis-je à son départ. Ça me semble une réponse adulte. C'est ce que les adultes disent de leurs relations dans *EastEnders*. Je me montre très adulte compte tenu de la situation.

Quelques jours plus tard, je m'échappe de la maison avec la nouvelle chienne stupide – maintenant vieille – et marche jusqu'à la lande. Je m'allonge sous un arbre (vêtue de ma nuisette, sur laquelle j'ai enfilé un manteau) et contemple le feuillage. Je me roule un joint – juste un petit. D'une taille appropriée pour l'heure : 14 heures.

Tu es entourée de miroirs, me dis-je. La chienne barbote dans le lac. Je la regarde laper l'eau.

Tu vois ton reflet dans leurs yeux. Si le miroir est fidèle et lisse, tu te verras telle que tu es. C'est comme ça que tu apprendras à te connaître. Peut-être apparaîtras-tu différemment à différentes personnes, mais c'est un retour dont tu as besoin afin de te connaître.

Alors que si le miroir est brisé, fissuré, ou tordu, je continue en tirant une nouvelle taffe, le reflet ne sera pas fidèle. Et tu te mets à croire à ce… mauvais reflet. Quand je plonge mes yeux dans ceux de Courtney, j'y vois une femme cinglée, étouffante, à la bonne fortune insupportable, qui essaye de le détruire.

Je marque une pause.

Je l'aime, mais lui me déteste. Voilà ce que je vois. Je vais devoir lui demander de partir. Je ne peux plus vivre avec lui.

Je rentre à la maison.

*

Courtney refuse de partir.

« Je ne m'en irai pas avant d'avoir trouvé un appart aussi bien, dit-il d'un ton ferme. Je refuse d'aller vivre dans un endroit merdique. Je vais pas casser avec toi pour aller vivre à… Cricklewood, bordel. Ça serait pas juste. »

Ce soir-là, il m'annonce que nous ne baiserons plus : « Je suis trop déprimé pour te baiser, dit-il. Ça ne ferait qu'empirer les choses. »

Le miroir s'assombrit. C'est à peine si j'aperçois encore mon visage.

Une escapade le temps d'un week-end ! C'est ce qu'il nous faut. L'air frais et la campagne. On a juste besoin de quitter Londres. C'est Londres, le problème : Londres, avec son Cricklewood, que Courtney redoute. C'est Londres qui nous déstabilise. Ailleurs, on ira *très bien.*

Quelques amis de Courtney enregistrent leur nouvel album au pays de Galles, et nous invitent, nous et d'autres, à passer le week-end avec eux. Pour autant qu'ils sachent, Courney et moi formons toujours le couple de rêve du coin : la star de la pop et la présentatrice télé ado, faisant la fête jusqu'au bout de la nuit. Seule Caz connaît la vérité, celle de mes coups de fils à 2 heures du mat. Elle est assise en face de moi, dans le train au départ de Paddington, direction l'Ouest. Je l'ai invitée à la dernière minute, en lui promettant que ce serait l'occasion de traîner avec un groupe célèbre et de boire tout son saoul.

« Je viendrais pas si c'était un groupe que j'aime, dit-elle lorsque je lui propose. Ça ferait bizarre. Mais vu que c'est qu'une bande de branleurs, je veux bien. Boire des quantités phénoménales de champagne aux frais d'une bande de troudcs célèbres, c'est le devoir des vrais révolutionnaires. »

Nous avons tous commandé à boire au wagon-bar – le train fait office de before. Je lis *Private Eye* en me gondolant. À mon troisième éclat de rire, Courtney aboie : « Arrête de rire. On a compris.

— Mais je fais que… rire, dis-je.

— Non, c'est pas ton rire normal, décrète Courtney, qui est plus saoul que le reste de la bande. Y a que devant les autres que tu ris comme ça. »

Silence de mort. Ça devient embarrassant.

« Si tu veux mon avis, Courtney, c'est son rire normal, dit Caz d'un ton brusque. Même si je comprends que ça puisse t'inquiéter, toi, étant donné que tu n'as sans doute pas l'habitude de l'entendre. »

Je lui donne un coup de pied sous la table pour la faire taire. Je suis gênée qu'elle doive à présent composer avec notre face sombre cachée. C'est privé. L'administration de mon âme. Je devrais pouvoir gérer tout ça. Je ne rirai plus, c'est tout.

À Rockfield, le paysage est à mourir de beauté : l'automne gallois fait ressortir la platitude et la maladresse de son homologue anglais. La montagne est pailletée de givre. Pendant que Courtney va s'adonner à une de ses interminables séances de « bichonnage » – jouant des heures durant avec ses cheveux devant la glace en faisant la moue –, Caz et moi nous empiffrons de mûres, debout dans l'allée, avant de nous courir après à travers un champ, telles deux gamines. L'air est lourd, comme de l'acier. Je ris à gorge déployée, puis me surprends à m'inquiéter.

« Est-ce que mon rire a vraiment changé ? je demande à Caz. Il te semble pas plus… londonien ?

— Ceci est, à n'en pas douter, la question la plus stupide qu'on m'ait *jamais* posée », déclare Caz.

Elle trouve une branche morte et tape sur mon derrière enrobé jusqu'à ce que je tombe au sol, riant aux larmes.

C'est le studio où Queen a enregistré *Bohemian Rhapsody* – nous ouvrons le champagne aux cris de « Que ferait Freddie ?! » et en remplissons des pintes. Je renverse aussitôt la mienne sur la table de mixage et m'exclame « On sait tous que c'est ce que Freddie aurait fait ! C'est comme si j'étais POSSÉDÉE PAR SON FANTÔME ! » tout en essayant d'éponger la flaque avec mon cardigan.

Courtney est exalté de se trouver dans un vrai studio : « Enfin chez moi ! » dit-il, avachi dans un fauteuil pivotant, en grattant une des Martin hors de prix du groupe. Il se met à leur jouer quelques-uns de leurs tubes – mais avec de nouvelles paroles « que j'ai écrites moi-même ».

Le groupe écoute, poliment, même s'ils préféreraient clairement qu'il arrête.

« Wouhou ! Un happening spontané ! J'en ferai une chronique ! dis-je dans une tentative pour mettre de l'ambiance.

— Pas avant d'avoir appris à écrire », répond Courtney en jouant un accord de sol mineur, une clope au bec. Je suis tellement gênée que je prends de l'ecstasy, histoire d'occuper mon visage.

Tandis que l'ecsta me réchauffe de l'intérieur et que le reste de la pièce se met à fondre, j'aperçois Caz qui m'observe en silence. Je ne l'avais pas revue depuis des mois – si longtemps que j'en avais presque oublié celle que je suis en sa compagnie. Son visage se transforme en miroir : j'y vois le reflet d'une adolescente aux pupilles dilatées, assise seule sur une chaise, l'air terriblement fatigué, même si je parle à toute vitesse.

C'est un miroir fidèle, me dis-je. Dans lequel je devrais me plonger plus souvent. Je m'y vois. J'y vois mes qualités et mes défauts – mais je reconnais ce visage. Il me semble ne pas l'avoir aperçu depuis très, très longtemps. Plus depuis l'enfance.

Nous nous dévisageons pendant une éternité – un bon vieux concours de regard à l'ancienne.

À la fin, Caz se contente de dresser un sourcil. Je sais ce que cela veut dire. Cela veut dire : « Quoi ? »

Je lui réponds en silence : « Je le déteste. »

Elle me répond de même : « C'est parce que c'est qu'une couille molle. Ce sont *tous* des couilles molles. »

Je vais la rejoindre par terre. Nous restons assises là une éternité, semble-t-il, observant Courtney, le groupe, et une bande de filles gloussantes surgies de nulle part.

Des schémas rythmiques et thématiques s'installent dans la pièce. Des cercles de gens courbés en avant, comme des pétales de chrysanthème, au-dessus de la cocaïne – qui explosent ensuite en se frottant le nez et en conversant violemment. De longs baisers dans les alcôves – avant des retours triomphants au cœur de la foule. Des gens face à des guitares, façon Beatles, qui commencent une chanson – puis s'arrêtent brusquement, avec des éclats de rire, avant d'en commencer une autre.

Caz et moi sommes armées de maracas. Que nous secouons comme ce qu'il convient d'appeler des « percussions sarcastiques ». De temps à autre, quelqu'un nous demande de cesser – mais nous recommençons, tout doucement, une minute plus tard. Ça nous fait plaisir.

Assise par terre dans un coin, j'ai l'impression que tout le reste n'est qu'une scène joyeuse à la télévision. On dirait une pièce. Avant de venir rejoindre Caz, moi aussi, j'en faisais partie. Mais maintenant que je suis assise à ses côtés, je me rends compte que ce n'est plus le cas. Je n'ai pas ma place dans cette histoire inventée. Je ne l'ai jamais eue. Je ne suis qu'une spectatrice, qui regarde tout à la télé, de chez elle. Comme on l'a toujours fait, Caz et moi. Je lui prends la main. Elle me laisse faire. De notre main libre, nous continuons de secouer nos maracas en direction de la télé. Je n'avais jamais tenu la main de Caz auparavant. Peut-être est-ce parce qu'on est complètement défoncées toutes les deux. Maman aurait dû nous filer de l'ecsta quand on était petites. On se serait *tellement* mieux entendues.

Je ne sais pas combien de temps nous restons comme ça avant que Courtney vienne nous toiser. Il tient toujours la Martin hors de prix, qu'il gratte comme s'il était Allan-a-Dayle, le ménestrel de Robin des bois, mais avec une veste en daim et un front dégarni.

« Bonjour mesdemoiselles », dit-il d'un air hautain. Il grince terriblement des dents.

Nous lui adressons un coup de maracas. J'ai les pupilles dilatées. Celles de Caz sont grandes comme des soucoupes.

« Bonjour, Courtney », répond Caz. Elle parvient à injecter une quantité admirable de haine dans chaque lettre de son nom, tout en gardant une allure parfaitement civile.

« On se demandait tous si vous ne pouviez pas arrêter avec vos maracas ? poursuit Courtney avec une politesse exagérée.

— Je crains bien que non, réplique Caz sur le même ton.

— Pourquoi ? » demande Courtney, d'une courtoisie glaciale.

Une pause.

« Parce que t'es qu'un gros con », explique Caz, comme si elle était la reine saluant le haut-commissaire au Zaïre lors d'une garden party. Elle ponctue sa déclaration d'un coup de maracas.

Je ne peux m'empêcher d'éclater de rire – d'un gigantesque cancan pas sexy du tout, à l'accent clairement wolverhamptonien.

« C'est vrai, je m'exclame avec allégresse, toute à ma révélation. Un gros con !

— Un gros con, confirme Caz, formellement, en secouant ses maracas.

— La vache, tu tiens vraiment pas la drogue, toi, hein ? me dit Courtney. Tu te donnes en spectacle.

— Le truc, dis-je à Caz en ignorant complètement Courtney, c'est que je peux même pas rompre avec lui, parce que je ne suis jamais vraiment sortie avec lui pour commencer. Tout ça, c'était dans ma tête.

— Un gros con imaginaire », répète Caz.

Nous secouons nos maracas à l'unisson.

« Courtney, je vais rentrer à la maison et changer les serrures », j'annonce d'un air joyeux.

Nous nous levons, Caz et moi, sans nous lâcher la main.

« On va appeler un taxi, dis-je à la cantonade. Merci de votre accueil, tous. Je suis désolée d'avoir court-circuité la table de mixage au champagne. C'était une erreur. »

Courtney hurle quelque chose mais je ne l'entends pas vraiment. Nous quittons la pièce au pas de course, aussi vite que nous le pouvons, pour attraper un taxi ; rentrer à Londres ; trouver du chewing-gum, pour mettre fin à ces grincements de dents interminables. Nous venons d'appeler un taxi à la réception lorsque je me rends compte que j'ai laissé une chose importante non résolue.

« Bouge pas, dis-je à Caz.

— Où tu vas ? hurle-t-elle.

— BOUGE PAS ! » je braille en reprenant le couloir en courant. Je fais irruption dans le studio. Tout le monde lève la tête. Courtney me regarde avec un mélange de fureur, d'auto-apitoiement et d'une large quantité de cocaïne. Mais il a l'air de bien vouloir me reprendre, si je lui présente des excuses. Si je suis vraiment sincère. Si je l'aime. Si, du fond de mon cœur, je l'aime.

« On peut garder les maracas ? » je demande.

9

Je vais voir de la danse érotique !

Je ne sais absolument pas quoi mettre pour aller au club de striptease. C'est l'une des plus grandes crises vestimentaires de mon existence.

« Qu'est-ce que tu portes, toi ? je demande à Vicky, au téléphone.

— Jupe. Cardigan, répond Vicky en allumant une clope.

— Et les chaussures ?

— Bottes. Talons plats.

— Oh, moi aussi j'allais mettre des bottes à talons plats, dis-je. On peut porter des bottes à talons plats toutes les deux. C'est bien. On sera assorties. »

Puis une affreuse pensée me tombe dessus.

« En fait, on devrait peut-être éviter d'opter toutes les deux pour des bottes à talons plats, dis-je. Si on est trop assorties, les gens risquent de nous prendre pour un duo. Tu sais. Genre un duo lesbien. Ils pourraient essayer de nous tripoter.

— Personne ne te croirait lesbienne, soupire Vicky. Tu serais nulle, comme lesbienne.

— Jamais de la vie ! » je m'écrie avec indignation. Voilà qui offense ma nature positiviste.

« Si je le voulais, je serais une lesbienne d'enfer !

— Oh, que non, rétorque Vicky. Tu es d'une hétérosexualité repoussante. Tu en pinces pour le père Noël. On aura beau reculer les limites de l'imagination, jamais on ne pourrait interpréter le père Noël comme sapphiquement androgyne. Il porte des Wellington en intérieur. »

Je n'arrive pas à croire que Vicky doute de mon potentiel à être lesbienne, si l'envie me prenait. Elle a bien vu comme je peux me montrer versatile en soirée. Une fois, alors que nous étions à Bournemouth, nous nous étions tapé l'incruste en coulisse lors d'une représentation de *Run For Your Wife*, convainquant Jeffrey Holland (le Spike de *Hi-de-Hi!*) que nous étions des prostituées rien que pour voir sa réaction. Il s'était exclamé « Ça alors ! » d'un air proprement édifiant. Mes capacités ne connaissent pas de limites. Elle ne sait pas ce qu'elle dit.

« Peut-être qu'on ferait mieux de mettre des tennis », dis-je.

Vicky m'a demandé si je voulais me joindre à elle pour une virée au Spearmint Rhino, sur Tottenham Court Road. Nous sommes en l'an 2000, et les clubs de striptease, longtemps considérés comme le repaire des derniers porcs solitaires, tristes et trempés de sueur, sont redevenus tolérables.

La Britpop et le magazine masculin *Loaded* n'ont eu dc cesse de chanter les tropismes monochromes de la classe ouvrière britannique (pubs, courses de lévriers, anoraks, football dans le parc, sandwiches au bacon, gonzesses), et les clubs de striptease rentrent dans cette catégorie. Les « ladettes » apprécient maintenant les virées dans les clubs les plus cotés de la métropole. Différentes Spice Girls ont été aperçues dans ce type d'établissement, fumant le cigare et acclamant les danseuses. Zoe Ball et Sara Cox ont participé à des enterrements de vie de jeune fille dans des strip-clubs. Les bars à miches sont vendus comme une alternative excitante et à peine plus graveleuse au Groucho[1] – bref, un endroit pour tous ceux qui aiment démarrer leur soirée à 1 heure du matin.

À moitié par soif journalistique de couvrir le phénomène, et à moitié parce que les rédacteurs en chef sont invariablement excités en imaginant leurs pigistes féminines dans un club de striptease, l'*Evening Standard* a demandé à Vicky d'aller passer la soirée « au Rhino », afin de voir de quoi il retournait.

« Ça va à l'encontre de chacun de mes principes féministes. Ce sont des lieux d'exploitation, dis-je quand elle m'appelle.

— Champagne à volonté de la part du patron, dit Vicky.

— Je te retrouve sur place à 21 heures », dis-je avec toute la dignité dont je suis capable.

Vu du trottoir, le club a une drôle d'allure. Lorsqu'on regarde par la porte, l'endroit est couvert de moulures dorées et ornementées, de murs rouges et de lumières éclatantes ; c'est du glamour cheap et surfait qui se donne des airs de Disneyland du nibard putatif. Tandis que nous hésitons de l'autre côté de la cordelette, une poignée de clients déboulent, prestement invités à entrer par les videurs.

Je n'en reviens pas de constater comme ils semblent assurés et décomplexés – pas coupables pour deux sous. Je me serais attendue à ce qu'ils s'excusent presque de visiter un club de striptease – disant bien fort aux videurs « Je collecte des fonds pour les enfants malades », ou « Municipalité. Je viens vérifier

1. Club privé du quartier de Soho, fréquenté par les vedettes. (*N.d.T.*)

l'installation électrique », ou, avec un accent mexicain, « Ça prêt-à-manger, oui ? »

Au lieu de quoi, ils entrent – le costume légèrement humide, l'œil légèrement allumé – comme s'il était parfaitement normal de quitter le bureau pour aller se détendre en payant de très jeunes femmes pour qu'elles vous montrent leur vulve. Je suis merveilleusement entourée, me dis-je, et ce n'est pas la première fois. Tous mes amis masculins seraient véritablement horrifiés d'aller dans un club de striptease. Tous portent des cardigans, collectionnent les vinyles et vouent un culte au thé en vrac. Jamais ils n'iraient payer pour voir la vulve d'une inconnue. D'ailleurs, mon copain dit encore « Merci, c'était très agréable » après avoir vu la mienne, et nous sommes ensemble depuis quatre ans.

« On dirait l'assemblée générale des Mauvais Maris Potentiels, dis-je à Vicky en entrant dans le club. Ils traînent tous dans leur sillage un parfum d'épouses et de petites amies éplorées. »

Mais bon, le champagne est offert, et nous avons une table, juste au premier rang, tout près de l'estrade – ou de « l'enfilade », comme la rebaptise Vicky. Durant la première heure, nous faisons comme si nous étions au pub, occasionnellement distraites par le passage d'une paire de nichons au-dessus de nos têtes. Une conversation particulièrement sympathique tournant autour de l'achat imminent d'un nouveau manteau d'hiver est interrompue par l'arrivée dans notre ligne de mire d'une paire de fesses, mais, pour être honnête, j'ai déjà fait ce genre d'expériences à Wetherspoon[1]. Au bout de deux heures, certaines des « filles » viennent taper la discute, et comme toujours lorsque des femmes se rassemblent, nous nous mettons

1. Wetherspoons : Chaîne de pubs. (*N.d.T.*)

à échanger des potins : Vicky dans son cardi, moi dans ma veste, et les filles dans leurs soutifs en strass et leurs strings inconfortables.

À 1 heure du matin, passablement pompettes, nous avons eu droit à une danse privée qui nous a laissées fort décontenancées – cette nana a un cul proprement divin – ainsi qu'à une anecdote extraordinaire au sujet d'un célèbre présentateur télé, habitué du club, qui se termine ainsi : « Et sa femme a découvert qu'il avait de l'herpès… le jour de Noël ! »

Nous roulons par terre de rire dans notre box, en pensant « C'est comme le Groucho, mais avec de *vrais* cons, pas au figuré. C'est pas mal en fait ».

La chargée de relations publiques s'avance vers nous.

« Je rentre chez moi, annonce-t-elle en enfilant son manteau. Vous pouvez rester, si vous le voulez. »

Je jette un œil à la bouteille de champagne. On doit bien pouvoir en tirer deux verres.

« On reste ! je m'exclame d'un air guilleret. Ne jamais abandonner une bouteille pleine, c'est ma devise. »

La chargée de relations publiques nous laisse à notre soirée déchaperonnée. Remplissant joyeusement nos verres, je m'apprête à me lancer dans une longue anecdote sur la fois où j'ai proposé de faire un striptease pour un de mes amants – ruinant malencontreusement l'ambiance en marchant accidentellement dans un bol de porridge que j'avais laissé traîner près du lit – lorsque deux videurs s'approchent de notre table.

« Bonsoir, m'sieurs les agents, je lance gaiement.

— Il est temps pour vous de partir, mesdames, disent-ils d'un air très sérieux et inflexible.

— Je vous assure, on n'a bu que quelques bières légères, dis-je en louchant légèrement. Je suis parfaitement en état de rester.

— Faut y aller », répète le videur en écartant ma chaise de la table.

Son partenaire en fait de même avec Vicky. On nous met à la porte en moins d'une minute, dans une déferlante d'attrapage de manteau et d'indignation.

De retour sur le trottoir, nous laissons éclater notre indignation.

« Pourquoi ? Pourquoi on nous jette dehors ? hurlons-nous. On faisait qu'examiner le striptease d'un regard acerbe et décalé ! On est des JOURNALISTES ! On a les QUALIFICATIONS pour ça ! On est AUTHENTIQUES ! On est PASSÉES SUR RADIO 4 !

— On sait à quoi vous jouez, répondent-ils. Vous êtes des prostituées. »

Comme nous l'apprenons dans les cinq minutes d'investigation de plus en plus stridente qui s'ensuivent, il semblerait que des prostituées russes « d'allure rustique » fréquentent souvent le club pour y repêcher des clients préférant les femmes tristement « normales » à la plastique des stripteaseuses. Le videur est persuadé que c'est notre cas. Il sait que nous ne sommes pas des stripteaseuses – nous sommes donc forcément des prostituées, CQFD. Vicky dans son cardigan, et moi avec mes tennis.

Dans ce monde, le type féminin fonctionne sur un système binaire : stripteaseuse, pute. Il n'existe aucune autre catégorie de femme. Et certainement pas des journalistes vingtenaires espérant tirer 1 200 mots de cette expérience tout en faisant une razzia sur le bar à volonté.

Une fois de plus, je n'ai pas tardé à réfléchir à cette relique fondamentalement mal élevée et inappropriée que constitue le club de striptease.

« JE T'AVAIS BIEN DIT que c'était des lieux d'exploitation, dis-je à Vicky tandis que nous fumons une clope, assises sous un porche.

— Mais on va pouvoir en tirer un papier toutes les deux », répond-elle, éminemment raisonnable.

Nous n'avons donc rien perdu du tout, pour le coup.

Mais, bien sûr, de façon plus générale, nous étions perdantes. Car – si l'on considère le contexte historique dans son ensemble jusqu'à hier, environ – le concept même d'un club où des femmes se dévêtent devant des hommes est incroyablement... malpoli.

Après tout, l'histoire, c'est plus ou moins « 99 % de femmes assujetties, privées de leurs droits, et traitées comme des objets sexuels ». Les femmes – n'y allons pas par quatre chemins – ont vraiment été entubées du simple fait qu'elles plaisent aux hommes. On voit bien que le désir des hommes pour les femmes a, à travers l'histoire, donné naissance à une barbarie innommable. Il a engendré des choses absolument terribles, parce que les hommes constituaient la force dominante, sans qu'on leur impose de règles ni de bornes. On peut, sans exagération, parler de « tyrannie sexuelle » et de « ramassis de conneries ». Aussi loin qu'on remonte, dans ce pays, les hommes pouvaient violer leurs épouses, les femmes n'étant pas considérées comme une entité sexuelle distincte dotée d'un droit de refus. L'Allemagne a attendu 1997 pour criminaliser cette pratique ; et Haïti, 2006. Elle est toujours légale, entre autres pays, au Pakistan, au Kenya et aux Bahamas. Même dans les pays où elle a été criminalisée, on note un manque de bonne volonté dans les poursuites judiciaires : le Japon et la Pologne ont été particulièrement critiqués par les organisations humanitaires pour leur faible taux de condamnation. Dans de vastes régions du globe, les femmes sont à peine mieux considérées – avec la sanction implicite, voire explicite, de l'État – que des sex-toys améliorés.

Dans un tel contexte, il semble évident qu'un club de danse érotique devrait paraître aussi incongru à la société moderne que *Minstrel Show*[1] ! ou de la réclame pour des « Triques à Juif – 1£ ! »

Bien sûr, la grande différence ici est que si un homme blanc suggérait qu'on lance une agence de nettoyage employant uniquement du personnel noir habillé à la façon des esclaves dans les plantations et excessivement intimidés et déférents vis-à-vis de leurs patrons, le monde entier monterait au créneau.

« Mais à quoi est-ce que vous jouez ? s'écrierait-on. On ne va pas revenir à la version "divertissante" de l'esclavage ! Pas même pour un docu-réalité sur une "expérience sociale" pour Channel 4 ! »

Pourtant, que sont les clubs de striptease ou de danse érotique, si ce n'est des variantes « divertissantes » de l'histoire de la misogynie ?

Tout argument en leur faveur est fallacieux. Récemment, il est revenu aux magazines à la mode d'imprimer des interviews avec des jeunes femmes qui nous expliquent que leur carrière de stripteaseuse leur sert à payer l'université. C'est censé faire taire toute objection ou presque contre les clubs de striptease, en se basant sur l'idée que, regardez ! des filles *intelligentes* s'y mettent – afin de devenir des travailleuses de classe moyenne bardées de diplômes ! Ipso facto Girl Power !

Pour ma part, je n'arrive pas à croire que l'on considère ces filles disant « En fait, je fais du striptease pour payer mes frais de scolarité » comme une espèce d'argument irréfutable, positiviste et bien-pensant démontrant la moralité irréprochable de pareils endroits. Si les femmes doivent se désaper pour faire

1. Spectacle musical et comique américain mettant en scène des Noirs dans des situations supposément cocasses, à l'origine interprété par des Blancs usant du *blackface*. (*N.d.T.*)

des études (alors que les adolescents masculins, eux, n'en ont clairement pas besoin), alors il s'agit d'un gigantesque problème politique, et non d'une bonne raison de continuer à faire tourner ces clubs.

Sommes-nous vraiment en train de dire que les clubs de striptease sont de merveilleux organes caritatifs permettant aux femmes (enfin, aux jolies filles minces, en tout cas ; on peut supposer que les plus grosses et les plus banales doivent se contenter de faire ce que font les étudiants masculins) d'obtenir des diplômes ? Je n'arrive pas à croire que des femmes censées faire leurs études supérieures soient aussi stupides.

On n'a pas envie de se montrer brutal en disant « Les filles, dégagez de ce putain de podium – vous nous trahissez toutes », mais : les filles, dégagez de ce putain de podium – vous nous trahissez toutes.

Mais vous savez quoi ? Ce n'est pas seulement une question de filles trahissant d'autres filles. Les clubs de striptease trahissent tout le monde. Hommes et femmes entrent en contact avec leur part la plus sombre dans ces endroits. On ne trouve ni expression personnelle ni joie dans ces bouges – pas de tremplin pour la découverte de soi, ou l'aventure, comme dans n'importe quelle virée *décente* impliquant des hommes, des femmes, de l'alcool et de l'effeuillage. Pourquoi tant de gens ont-ils une réaction si viscérale contre les clubs de striptease ? Parce qu'en son for intérieur, personne ne s'y amuse.

À la place, on y exprime des besoins (celui de gagner de l'argent, de voir une femme nue) de la façon la plus déprimante possible. Prenez place dans un de ces établissements, sobre (comme nous l'avons fait initialement, Vicky et moi ; il a fallu près de SEPT MINUTES à la première bouteille de champagne offerte pour atteindre notre table) et vous verrez ce qu'il s'y passe. Les femmes haïssent les hommes. Le monologue intérieur de la stripteaseuse tandis qu'elle effeuille son string pour la douzième fois de la journée ferait passer le *Piss Factory* de Patti Smith pour *Kiss Me* de Sixpence None The Richer.

Quant aux hommes – oh, êtes-vous plus classe ou plus heureux ? Vous ne pouvez placer la main sur votre cœur et dire, tandis que la musique commence et qu'elle s'avance vers vous, que vous éprouvez des sentiments différents pour ces femmes. Aucun homme ayant jamais aimé ou tenté d'impressionner une femme ne l'a poussée à se dresser devant lui et ôter sa culotte afin de gagner les sous pour le taxi. Cet argent, vous le dépensez pour du vent : l'addiction au porno et aux clubs de striptease constitue le troisième motif d'endettement chez les hommes. Entre 60 et 80 % des stripteaseuses ont été abusées sexuellement avant d'arriver là. Cet endroit est un foutoir, un effroyable foutoir. Chaque danse, chaque box privé, n'est qu'un petit malheur, une affreuse impolitesse, rejeton illégitime de la misogynie et du commerce.

Sur la grand-rue, un club de striptease fait l'effet d'une dent arrachée d'un coup de poing.

En 2010, l'Islande – avec une lesbienne pour Premier ministre, et un Parlement constitué à 50 % de femmes – est devenue le premier pays au monde à interdire les clubs de striptease pour motifs féministes, et non religieux.

« Je suppose que les Islandais devront se faire à l'idée que les femmes ne sont pas à vendre », déclara Gudrun Jonsdottir, qui avait œuvré pour l'adoption de cette loi.

À mon avis, c'est une idée qui ne pourra faire que du bien aux hommes, à leur compte en banque ou aux femmes qu'ils rencontrent. Les hommes ne sont pas OBLIGÉS de voir des nibards et des chattes. Ils ne vont pas MOURIR s'ils n'ont pas accès à un club de striptease. Les nibards, ce n'est pas comme la vitamine D ou que sais-je encore. Alors décrochons nos femmes de leurs poteaux.

En revanche, les cours de pole-dancing, eux, n'ont rien à se reprocher. Je sais ! Qui l'eût cru ! Absence totale de logique, semble-t-il ! Je sais que nombre de féministes les considèrent comme un signe de la fin des temps – la preuve que le monde est à présent gouverné par des Illuminati de la misogynie, dont le seul but est d'affaiblir nos jeunes filles avec des cours de gym érotique au gymnase du coin dès 11 h 30 – mais ce n'est clairement pas le cas.

Enfin, d'un point de vue *pratique*, ils ne servent strictement à rien : vous ne trouverez pas de poteaux dans les night-clubs, les filles. Vous allez dépenser des centaines de livres sterling à apprendre tous ces mouvements « sexy » sans jamais trouver d'endroit où crâner avec en public, si ce n'est dans le bus. Si vous pensez qu'il s'agit là d'un échange équitable pour votre temps et votre argent, alors bonne chance.

Mais considérations pratiques mises à part, il n'y a aucune infraction aux règles du féminisme enragé dans le fait que salles de gym et cours de danse offrent une formation au pole-dancing ou que les femmes y participent. Dans un monde aux possibilités infinies, pourquoi ne pas apprendre à se pendre à un poteau par le plancher pelvien ? Cela vous sera probablement plus utile que d'apprendre le latin. Déjà, je parie que ça sera drôlement utile en cas de recoin difficile sur un palier lorsque vous faites vos peintures. Et puis, qui vous dit qu'en cas d'apocalypse la capacité à ôter sa culotte en syncope sur *Womanizer* de Britney Spears ne fera pas la différence entre les vivants et les morts ?

De même que la pornographie en elle-même n'a rien de répréhensible (ce n'est rien que de la baise), le pole-dancing, la danse érotique ou le strip-tease n'ont, en eux-mêmes, rien de mauvais : ça reste de la danse. Tant que les femmes le font pour le fun – parce qu'elles en ont envie, qu'elles se trouvent dans un lieu où elles ne risquent pas d'être mal comprises, et parce que ça leur semble ridicule, amusant, et que ça pourrait bien finir avec l'une d'entre vous adossée contre un mur, riant aux larmes pendant que vos amies tentent de réparer la déchirure indécente de votre collant avec une épingle à nourrice – alors pas la peine d'épiloguer : continuez, les filles. Le féminisme est derrière vous.

Il en va de même concernant toute « danse sexy » dans un night-club – qu'il s'agisse de se frotter, d'aguicher, de tous ces mouvements de danse jamaïcaine où les femmes (n'y allons pas par quatre chemins) baisent le parquet comme si elles avaient besoin de se faire engrosser par une latte avant minuit. Tout acte auquel une femme s'adonne dans un esprit joyeux, et dans un environnement sûr et tout aussi joyeux, demeure sous la protection du féminisme. Une fille a le droit de danser comme il lui plaît lorsque passe son disque favori.

Et, franchement, du point de vue du spectateur, c'est toujours mieux que de regarder des gens danser en ligne ou faire le stonk[1].

*

Précisément pour la même raison, nous ne devrions pas avoir de dent contre le burlesque – la grande sœur

1. Danse issue d'une chanson fantaisiste inventée par le groupe Hale and Peace. (*N.d.É.*)

ténébreuse et intello de la danse érotique. Oui, je sais : il s'agit de s'effeuiller devant des hommes, pour de l'argent. Étant donné le patriarcat et tout le toutim, je comprends qu'on puisse objecter : « Mais c'est comme fuir Daffy Duck pour adorer George Costanza dans *Seinfeld*. Alors que c'est plus ou moins *le même personnage*. »

Sauf que, bien sûr, ce n'est pas le cas. La différence entre une artiste de burlesque donnant une prestation unique, devant des centaines de spectateurs, et une stripteaseuse assurant huit heures de tête à tête est immense : c'est ce qui sépare l'expérience du ménestrel royal, jouant toute chanson qu'exige son monarque blasé, de celle de U2 remplissant le stade de Wembley.

Avec le burlesque, non seulement le pouvoir se trouve du côté de la personne ôtant ses vêtements (comme cela devrait toujours être le cas entre gens de bonne société), mais il prend racine dans une expression de soi insolite, libertine et nocturne : on y retrouve un aspect théâtral, de travestissement, de fétichisme. Ce n'est pas, pour employer un terme technique, « une branlette facile ».

De plus, en dépit de son intense stylisation de la sexualité, le burlesque n'est pas affublé de cette aura étrangement agressive et dénuée d'humour qui affecte le club de striptease : les artistes de burlesque chantent, parlent et rient. Elles racontent des blagues – totalement impensables dans l'atmosphère inexplicablement guindée d'un club de danse érotique, qui traite les interactions homme/femme avec autant de sérieux que les réunions entre la Russie et les États-Unis au temps de la guerre froide, plutôt que comme une occasion de faire la bringue. Conséquence peut-être directe, les artistes de burlesque traitent leur sexualité comme quelque chose de fabuleux et d'agréable – plutôt que comme quelque chose qui s'apparenterait à une arme qu'il faudrait agiter, le visage fermé, à la figure de ce crétin de client trempé de sueur.

Car, et c'est le plus important, les clubs de burlesque ressemblent à des endroits conçus pour les filles. Les clubs de striptease, en dépit de la présence occasionnelle d'une Spice Girl, il y a dix ans de ça, non. Lorsqu'on regarde du burlesque de qualité, on y aperçoit la sexualité féminine, dans une prestation construite sur un système de valeurs féminin : de beaux éclairages, des cheveux soyeux, des accessoires absurdes (des verres à cocktail géants, d'immenses éventails de plume), des corsets de velours, des chaussures élégantes, de l'eyeliner façon Ava Gardner, des teints pâles, des manucures classieuses, de l'humour, et un tonnerre d'applaudissements à la fin – en lieu et place d'une érection inconfortable à moitié dissimulée, et suivie d'un silence.

Les artistes de burlesque ont des noms – Dita Von Teese, Gypsy Rose Lee, Immodesty Blaize, Tempest Storm, Miss Dirty Martini – qui font d'elles des superhéroïnes sexuelles. Elles explorent la sexualité depuis une position de force, avec des idées, de la protection, et une culture qui leur permet de faire, créativement parlant, comme bon leur semble. Ce sont des dames, des pépées et des femmes, plutôt que ces filles légèrement glaciales qu'on aperçoit dans les clubs de striptease. Leurs personnages couvrent le spectre tout entier de la sexualité – amusante, spirituelle, chaleureuse, inventive, innocente, puissante, sombre – plutôt que les gesticulations exsangues visibles sur le podium.

Savez-vous quelle est la règle empirique ultime concernant les clubs de striptease ? Les gays préféreraient mourir que de pointer leur nez au Spearmint Rhino – alors que vous ne pourrez pas les décoller d'un club de burlesque. En règle générale, vous saurez qu'un endroit est culturellement sain pour les femmes à partir du moment où les gays s'en seront emparés. Ils sont branchés paillettes, salace et fun – plutôt qu'appât à branlette élevé en batterie arrosé (je peux le dire maintenant) de champagne de marque très acide.

10

Je me marie !

Alors, qu'a fabriqué ma sœur Caz, pendant tout ce temps ? Plein de choses. Elle a coupé ses cheveux court, écrit trois pièces sur un seigneur du mal incompétent appelé Venger, eu un béguin monstre pour George Orwell, rassemblé une impressionnante collection d'albums de drum'n'bass, et fait partie de l'équipe de barmen inspirés ayant inventé, un soir de Noël désespéré, le Sherry Cappuccino : un concept audacieux, quoique raté. Le sherry fait cailler le lait. C'est un fait maintenant connu. Nous savons également qu'on aura beau touiller, même la maïzena ne peut le ré-émulsionner.

Mais ce qu'elle fait surtout, c'est aller à plein de mariages. Ce qui est malheureux, puisque Caz a horreur des mariages.

« Oh, putain de bordel, dit-elle en se jetant sur une chaise de la cuisine. Putain de bordel. »

Elle porte une robe chiffon couleur crème et des souliers de satin assortis, le tout maculé de boue. Les jambes couvertes de traces de piqûre, elle pue l'alcool et boit son médicament anticystite à même le flacon, tel un cowboy éclusant son whisky. Ses yeux possèdent la folie cramoisie de celle qui vient non seulement de traverser l'enfer, mais a dû en plus payer un droit de passage élevé pour en sortir. Dans un véhicule au buffet déglingué. Pendant la maintenance des voies. Un jour férié.

Elle balance un énorme sac à dos dans un coin. Même d'ici, j'aperçois dedans une tente cassée.

« Qui irait inviter 200 personnes pour un mariage chez des éleveurs de porcs, dans une vallée privée de réseau ? dit-elle, la mâchoire serrée. Qui ? "Camping possible dans un champ adjacent", qu'ils disaient. "En cercle avec la famille de la mariée. On appelle ça Le cercle des fées ! Ça sera *intime et chaleureux*. On *poussera la chansonnette* le soir !" »

Elle frémit. Vous vous en souvenez peut-être, une des caractéristiques de Caz est qu'elle n'aime pas vraiment la proximité des autres. Si elle pouvait se trimballer une petite enceinte de citadelle portative (surmontée d'archers), elle le ferait.

« Qu'est-ce qui s'est passé avec la tente ? » je demande en désignant le sac. Lequel est très, très humide.

« Un connard défoncé dans la tente voisine a essayé de réparer les montants avec trois crayons et du scotch, explique-t-elle. En dépit de mes protestations que ça ne donnerait rien, parce que les montants modernes sont *flexibles*. Puis on a dû marcher jusqu'au mariage, qui n'était pas adjacent du tout mais sept champs plus loin. Sept champs que mes chaussures n'ont pas appréciés. Pas le moins du monde. Pas plus que mes jambes, après avoir rencontré les orties. Sur un chemin, un tracteur nous est passé tout près, et on a dû se pousser contre une haie. Mon corps tout entier a détesté ce moment. En plus le tracteur m'a fait peur, alors j'ai transpiré dans ma robe. »

Elle lève les bras pour montrer les auréoles.

« Mais, coup de chance ! Il s'est mis à pleuvoir assez dru sur moi, ce qui a fait de mes cheveux frisottants, plutôt que de mes aisselles humides, l'attraction visuelle principale de la congrégation tout entière à notre arrivée. Avec cinq minutes de retard. »

Caz verse à présent son médicament dans un mug, augmenté de trois shots de vodka. Son histoire ne va pas en s'arrangeant. Apparemment, tout le monde était tellement bourré qu'à 15 heures, même les tantes quinquagénaires s'appuyaient contre le buffet en disant « Faut que je dessaoule ». Comme il s'agissait d'une famille campagnarde très « soudée », Caz se voyait sans cesse interrogée par les invités désireux de savoir qui elle « connaissait » – « Comme pour sous-entendre que j'avais débarqué en plein trou du cul du monde sous la pluie dans le seul but de voler une portion d'une salade au jambon fort médiocre. » Passé 16 heures, Caz s'ennuyait avec une fureur et un désespoir tels qu'elle était allée s'asseoir sur les toilettes pendant une heure.

« Des toilettes de chantier très snob. Le même modèle qu'à Glyndebourne, apparemment, précise-t-elle. On y passait de la musique. J'ai écouté cinq fois *Under Pressure* de Queen. Puis j'ai fait ce qu'aurait fait Freddie – j'ai remonté une colline sous l'averse jusqu'à trouver du réseau, appelé un minicab et réservé une chambre au Marriott d'Exeter. Ne me demande pas si je fais une cystite. Je fais une cystite. »

Elle enfourne trois comprimés de Nurofen Plus et éclate en sanglots.

« Cinq mariages en quatre ans, beugle-t-elle en ôtant ses chaussures boueuses qu'elle jette dans l'évier. J'espère sincèrement que personne d'autre parmi mes connaissances ne tombera plus jamais, au grand jamais, amoureux. Les gens qui découvrent le grand amour, ça n'augure jamais rien de bon pour moi. »

Bien sûr, les gens qui découvrent le grand amour, ça n'augure jamais rien de bon pour personne, en réalité. Enfin, ça finit toujours par s'arranger – une fois que tout le monde s'est posé et arrête d'en faire toute une histoire. Mais vers le début, il y a toujours cet énorme test collectif de patience et d'amour : le mariage.

Car, même s'il existe quantité de choses horribles qu'on peut reprocher aux hommes – les guerres, viols, armes nucléaires, crises boursières, *Top Gear*, et cette manie de fourrer la main dans son pantalon de jogging pour remettre en place ses bijoux de famille pleins de sueur dans le bus, avant d'agripper une rampe que je vais, moi aussi, devoir toucher, alors qu'elle est recouverte de votre buée de couilles suintantes – pour les mariages, les dames sont incontestablement les premières à blâmer.

Les mariages sont de notre faute, mesdames. Nous étions de garde quand toute cette horreur est venue se déverser. Et vous savez quoi ? Non seulement nous avons trahi l'humanité, mais nous nous sommes trahies nous-mêmes, aussi.

Les mariages ne font pas le moindre bien aux femmes. Ce sont des nids de vipères remplis de gâchis et de désespoir. Et le moindre de leurs aspects renvoit de mauvaises ondes à l'encontre de celles qui les aiment le plus : nous. Notre amour du mariage est néfaste. Il ne nous procure aucun bien. Il finira mal, nous laissera abusées, abandonnées.

Dès que je pense aux mariages, l'envie me prend de courir à l'église – façon Dustin Hoffman dans *Le Lauréat* – pour hurler « STOP ! STOP AUX MARIAGES ! »

Et lorsque l'orgue se sera arrêté et que tout le monde se retournera, médusé, pour me dévisager, et que le prêtre aura cessé de bégayer un « Enfin, *vraiment !* » désapprobateur, je déboulerai au pupitre, décrochant au passage mon petit chapeau à la con, allumerai une clope, prendrai mes aises et donnerai le sermon suivant :

1) LE COÛT. Mesdames ! Être une femme est déjà fort coûteux. Tampons, coiffeur, garde d'enfant, produits de beauté, chaussures (trois fois plus chères que les modèles masculins) : la somme combinée des choses dont nous avons besoin (les serviettes hygiéniques) et des choses sans lesquelles nous nous sentons nues (une coupe de cheveux digne de ce nom) est déjà considérable. Et ce, sans même compter à la fois le fait que les femmes gagnent 30 % de moins que les hommes *et* qu'elles sont généralement les premières à devoir regarder leur carrière suivre la trajectoire du Titanic lorsque pointe la question cruciale « Qui va s'occuper des enfants ? »

Dans l'ancien temps, c'était souvent la question de la dot qui allait, entre autres facteurs, déterminer la vie d'une femme : la somme que ses parents pouvaient mettre dans un mariage dictait qui elle pouvait ou non épouser.

De nos jours, bien sûr, une femme est libre d'épouser qui lui chante. Pourtant, le mariage implique toujours des sommes exorbitantes (au Royaume-Uni, le coût moyen d'un mariage est de 21 000 livres), lesquelles sont généralement payées par le couple lui-même, comme une forme bizarre, volontaire, et dans le fond inutile de dot auto-imposée. Dépenser 21 000 livres à un stade de sa vie où on est, d'ordinaire, encore relativement pauvre et occupé à essayer d'acheter des choses comme « une maison » et « de quoi manger » semble particulièrement ahurissant, de quelque côté qu'on se place – surtout quand un mariage sur quatre se termine par un divorce.

Si l'on devait tout inventer en partant de rien, on déciderait sûrement que cette gigantesque célébration de l'amour à 21 000 livres tomberait à la *fin* de tout ce cirque – lorsque, arrivés à la soixantaine ou plus et une fois l'emprunt remboursé, nous serions alors capables de voir si ce fameux « je t'aime pour toujours » a réellement fonctionné ou non.

21 000 livres ! Oh, il y a de quoi pleurer. Personnellement, je refuse de dépenser pareil montant sur quoi que ce soit qui ne dispose pas de a) portes et fenêtres ou b) la possibilité d'exaucer trois vœux. 21 000 livres, c'est une somme absurde à dilapider. Un montant littéralement délirant.

La question de l'argent est ici d'importance – à cause de la nature même de ce pour quoi on le dépense. En dehors des arrhes nécessaires à l'achat d'une maison, le couple moyen ne dépensera sans doute plus jamais autant d'argent d'un coup de toute sa vie. Et qu'est-ce que ces 21 000 livres vous achètent ? Rien de très durable. Il y a les photographies hors de prix dans l'album qui coûte les yeux de la tête, ainsi que tous les cadeaux, bien sûr – mais dépenser 21 000 livres pour recevoir 2 000 livres de vaisselle John Lewis, ce n'est pas un très bon calcul, de quelque côté qu'on se place. Vous ne reporterez jamais cette robe et vous aurez beau vous en convaincre, jamais vous ne « teindrez les chaussures en rouge pour les mettre en soirée ! » ; quant aux alliances – je ne suis certainement pas la seule femme à porter sa cinquième alliance, après avoir perdu les précédentes à la piscine, dans des interstices de plan de travail, voire, une fois, dans une miche de pain (c'est une longue histoire).

Ce que ces 21 000 livres vous achètent, c'est le deuxième aspect qui rend les mariages nocifs pour les femmes :

2) LE PLUS BEAU JOUR DE VOTRE VIE. « C'est le plus beau jour de votre vie. » Eh bien. Le hic de cette affirmation est évident. Bien sûr que non, ce n'est pas le plus beau jour de votre vie. Un jour qui serait *vraiment* le plus beau de votre vie ne mettrait pas en scène l'oncle Faux, la tante Goutteaunez, et des collègues de travail que vous étiez obligée d'inviter, de peur de passer les six années suivantes à les voir bouder chaque fois que vous les croisez dans l'escalier.

En clair – avec ces paramètres imposés –, votre mariage devient en réalité un croisement monstrueux entre une journée de séminaire et une séance de thérapie familiale, et devrait, en tant que tel, être considéré avec le même mélange de stoïcisme silencieux, sinistre détermination et beuverie excessive.

Et n'oubliez pas ceci, mesdames – la tournure : « le plus beau jour de votre vie ». Oui, le plus beau jour de *votre* vie, à vous, la mariée. Et de personne d'autre. Ne nous voilons pas la face : depuis des temps immémoriaux, le marié, lui, n'en a rien à foutre de l'événement, du début jusqu'à la fin. Si vous voulez plonger un homme adulte dans un mélange de profonde détresse et de panique à peine retenue, parlez-lui simplement pendant une minute ou plus de plans de tables, boutonnières, chaussures de petite demoiselle d'honneur, chapiteau, location de château, de ce que Madonna a fait, elle, pour son mariage, et de savoir si oui ou non vous devriez faire un lavement la semaine précédente, afin de paraître « fraîche ».

Pour l'essentiel, les mariées n'invitent leur fiancé qu'après coup – un coup qui vient après avoir résolu quel trio de gâteaux au chocolat servir, qui plus est. Car enfin les femmes commencent à organiser leur mariage dès l'âge de cinq ans, pardi. Sans même savoir qui elles épousent et en se contentant de visualiser un corps d'Action Man au visage commodément pixellisé.

S'il fallait faire une comparaison, au même âge, tout ce que les garçons planifient, c'est comment marquer le but gagnant de la Coupe du monde tout en jouant simultanément le solo de guitare dans *November Rain* des Guns N' Roses.

Ce n'est pas, à l'évidence, le plus beau jour de la vie du marié. Pas plus que celui de chacun des hôtes, d'ailleurs. Parce que les mariages, ce n'est pas drôle pour les invités. Ce dont on est terriblement conscient quand on est invitée – à 500 kilomètres de chez soi, enveloppée dans un châle, à discuter à bâtons rompus avec un ivrogne vaseux autour de la table clairement considérée comme celle de « La lie de la société » sur le plan – mais qu'on oublie dès l'instant où l'on se met à planifier son propre mariage.

« Je n'arrive pas à croire que Carrie nous ait traînés sur cette foutue île de Skye pour son mariage, maugréons-nous en contemplant notre découvert. Trois jours à la con dans un hôtel quatre étoiles. Elle n'a pas intérêt à divorcer. Franchement, je serais tentée de les coudre ensemble, pour les empêcher de papillonner – comme dans *The Human Centipede.*

— Où est-ce que tu veux te marier, alors ? vous demandera-t-on peut-être.

— À Singapour ! répondez-vous avec enthousiasme. On invite tout le monde, pour une semaine ! Le troisième jour, on prend le bateau jusqu'à une île déserte : 75 livres de supplément par personne seulement ! Ça va être ÉNORME ! »

*

C'est ce que j'ai fait, moi aussi. Jusqu'à mon mariage à proprement parler, j'avais tout géré avec brio. Je n'étais absolument pas saoulante quand j'étais amoureuse. Je n'en faisais pas des tonnes, je ne cherchais pas l'attention. Je m'étais remise de ma rupture avec Courtney par le seul fait de me fabriquer un badge humoristique annonçant « Je suis sortie avec Satan – et j'ai survécu ! » que je portais en toutes occasions et répondais à toute question concernant le statut de notre relation en le pointant simplement du doigt.

Je n'ai pas broyé du noir, je n'ai pas boudé – au contraire, j'ai rattrapé mon année de fidélité si mal récompensée en regagnant joyeusement la société pour voir s'il y restait encore un peu d'amusement pour moi. Le hasard voulait qu'il en reste plein. Chaque soirée se muait en bal de Cendrillon, où je parcourais Londres, des étoiles dans les yeux dès que je rencontrais quelqu'un de drôle, tout en surveillant l'heure pour ne pas rater le dernier bus. Une de ces nuits passées avec une pop star s'est terminée avec l'intervention de son manager, forcé de le tirer, nu, de ma chambre d'hôtel à 3 heures du matin.

Une semaine plus tard, un adolescent se pointa littéralement à ma porte – qui eût cru que les livraisons existaient encore de nos jours ? – et se montra si étonnamment tendre et joyeux qu'il parvint à défaire la moitié du mal que m'avait causé Courtney, en une après-midi d'hiver ensoleillée suivie d'une nuit d'extase sonore.

Dans les deux cas, je fus satisfaite de constater qu'un retour « sur le marché des célibataires » ne nécessitait, contrairement à tout ce que j'avais cru comprendre à ce sujet, absolument aucun effort ni doute. Pas de « relooking post-rupture » pour moi. J'avais pris 6 kilos et massacré ma frange ; j'étais pourtant tellement heureuse que personne ne semblait le remarquer. À la pop star bientôt comateuse, je m'étais contentée de demander « On couche ? » Quant à l'adolescent, je lui avais mis le grappin dessus dans une tenue ô combien peu aguicheuse : un peignoir de bain BHS bordeaux à 19,99 livres.

Un mois durant, je voguai à travers Londres sur un galion de baise décomplexée, telle une dame pirate – me rappelant à nouveau combien chaque conversation avec un membre du sexe opposé porte en elle cette minuscule possibilité atomiquement lumineuse : « Salut. Est-ce que ça pourrait être toi ? »

Et chaque jeudi, j'invitais Pete de *Melody Maker*, à qui je servais de la soupe et racontais mes aventures (« Et là j'appelle le room service pour demander un sandwich à la viande et un caleçon d'homme ») tandis que nous passions des disques et riions aux larmes.

Puis, mi-février, brusque changement d'humeur.

Je me réveillai un lundi matin pour me rendre compte qu'une étrange tristesse était descendue sur moi tel un albatros. Ce n'était ni de la dépression ni de la détresse – mais un sentiment à la fois plus inquiet et plus optimiste. Je me sentais suspendue : un mélange d'attente et de manque, même si je n'en avais jamais connu l'objet.

Car, non seulement je ne l'avais jamais connu, mais je n'avais pas la moindre idée de ce dont il s'agissait. La source de mon blues m'échappait totalement. Je passai une semaine à errer dans mon appartement, démotivée – sans comprendre de quoi il retournait. J'attrapais un objet (mon téléphone, un disque, une clope) avant de le reposer en me disant tristement « non, ce n'est pas ça ».

À deux reprises je sortis faire les courses avant de penser, à mi-chemin du supermarché, « J'aurai peut-être le déclic une fois rentrée ! » Je revenais en hâte, pleine d'énergie et d'espoir, et faisais irruption dans mon appartement... pour le retrouver dans l'état même où je l'avais laissé. Le déclic, quel qu'il fût, n'était toujours pas venu.

Cruelle désillusion.

Le dimanche soir, après une semaine de ce manège, mon inconscient, comme exaspéré par ma stupidité, finit par me faire un dessin. Je me couchai ivre et rêvai que je prenais l'escalier mécanique pour sortir de la station de métro de Baker Street. L'ascension semblait incroyablement longue. Je ne voyais même pas le sommet de l'escalier. J'allais mettre un siècle avant d'atteindre les tourniquets.

« Ça va me prendre un siècle pour arriver là-haut ! m'exclamais-je.

— Ça ne fait rien », répondait une voix. Je me retournais et me trouvais nez à nez avec Pete, debout derrière moi. « Je suis là », ajoutait-il simplement.

« Oh ! » dis-je en me réveillant.

« Oh ! »

« Je suis amoureuse ! Amoureuse de Pete. »

Je balayai l'appartement du regard.

« C'est lui qui manque. »

Six ans et une bague de fiançailles à 19,99 livres plus tard, et nous voilà à notre mariage. Lequel devait – initialement – se tenir au bureau de l'état civil, à Londres, et être suivi d'une réception dans un pub. À la mi-octobre, vide et barbante. Tout le monde pouvait rentrer en bus. Cela nous aurait coûté moins de 200 livres. On aurait réglé tout ça en cinq heures, top chrono. Oh, si seulement on s'y était tenus.

Après avoir inhalé 600 magazines matrimoniaux et pris en compte quelques requêtes des beaux-parents, cependant, la cérémonie eut lieu dans un ancien monastère de Coventry, deux jours après Noël. Date qui, au passage, coïncidait avec l'anniversaire de Caz. Elle a toujours été la première victime de l'amour des autres.

Je ne voudrais pas en rajouter, mais Dieu que ce mariage était horrible.

Me voilà, à vingt-quatre ans, attendant de rejoindre l'autel dans ma robe de velours rouge, du lierre dans les cheveux. On dirait un Bacchus féminin, exception faite de mes pieds. La malédiction qui m'empêche de trouver des chaussures confortables me poursuit jusqu'ici, en mon jour le plus faste : sous le velours bordé de satin, je porte des sandales Doc Martens dégoûtantes.

Mon père arbore un costume volé chez Ciro Citterio et des chaussures chapardées chez Burtons – mais il semble calme, sage, et pas ému le moins du monde à l'idée de donner son aînée en mariage.

« Oh, ma délicieuse fille, dit-il avec une haleine parfumée au whisky. Ma petite chatte. » Ses yeux sont vaguement miroitants de larmes. Tandis que la musique s'élève de la pièce voisine – la lente fanfare du *Spin A Cavalu* de The Lilac Time, il me prend le bras et se penche pour me murmurer quelque chose à l'oreille. C'est le moment qu'il va choisir pour me parler de ce que lui et maman sont restés ensemble vingt-quatre ans et ont eu huit enfants, me dis-je. Ça va être un grand moment d'intimité. Oh Seigneur, pourvu qu'il ne me fasse pas pleurer. J'ai mis tellement d'eyeliner.

« Ma petite fille, dit-il tandis que les portes s'ouvrent et que je vois toutes les têtes rassemblées se tourner pour me regarder faire mon entrée. Ma chérie. N'oublie pas que tu es une Womble[1]. »

1. The Wombles : petites créatures velues mises en scène par Elizabeth Beresford dans une série de livres pour enfants à la fin des années 1960, puis dans une série d'animation sur la BBC dans les années 1970. Leur devise est : « Faire bon usage des mauvais déchets. » (*N.d.T.*)

Je remonte l'allée si vite que je me rends compte à mi-parcours que j'arriverai à destination bien avant que la musique ne se termine. Je remarque également que je souris d'un air plutôt suffisant – et m'inquiète de ce qu'en pensera l'officier d'état civil.

Il va croire que je prends tout ça à la rigolade ! me dis-je, en proie à la panique. Il va REFUSER de me marier, simplement parce que je me montre DÉDAIGNEUSE !

Je ralentis aussitôt le pas pour revenir à une allure mortuaire et affiche un air lourdement préoccupé. Plus tard, mes sœurs me diront que, persuadées que je venais de ressentir les premiers élancements d'une cystite, elles avaient par réflexe porté la main à leur sac pour en tirer un flacon de citrate de potassium comme nous en avons toujours sur nous.

Et pourtant, je ne m'en tire pas mal, comparée à mon futur mari. Lui est tellement nerveux qu'il a viré vert pâle et tremble comme une chaussette sur une corde à linge.

« Je n'avais jamais vu de marié aussi anxieux, confiera plus tard l'officier d'état civil. J'ai dû lui faire boire deux shots de whisky. »

Je ne garde aucun souvenir de la cérémonie. Que j'ai passée à me répéter mentalement « RAPPELLE-TOI que tu es une WOMBLE ?! », indignée.

Une heure plus tard, nous sommes tous au bar. Nombre de nos invités n'ont pas pu venir, parce qu'on est deux jours après Noël, qu'ils passent avec leurs familles en Écosse, dans le Devon ou en Irlande. Mes proches profitent des boissons gratuites – la plupart ne tiennent plus debout, et parmi ceux qui peuvent encore marcher, deux ont trouvé un monument à la mémoire d'un chevalier mort, à qui ils dédient une démonstration de danse « coquine ».

Mon père, de son côté, a réussi à renverser de la cire sur sa chemise, qu'il a (suite aux conseils des autres) ôtée pour la placer en cuisine dans un freezer, afin de faire durcir la substance. Il boit à présent une Guinness, assis à une table en gilet et veste, l'air indécis. Ma sœur Col a disparu – nous apprendrons plus tard que c'est parce que papa lui a dit avoir songé à la placer en foyer la fois où elle avait volé tous ses DVD de Disney et ses outils pour les revendre contre de la drogue.

« Simple plaisanterie ! s'exclame-t-il en roulant les yeux. À moins que… ? »

Mon frère Eddie tente de voler une voiture de golf afin de se balader alentour pour la « retrouver ». Deux autres de mes frères et sœurs sont contraints de se dresser devant lui avec un « NON ! »

Lorsque la réception commence enfin, une douce aura d'échec se propage autour de nous. En raison de la date, les invités qui ont fait le voyage de Coventry au beau milieu de leurs vacances de Noël se sentent trop enrobés et léthargiques pour danser, et l'entêtement de mon mari à jouer les DJ nous pousse à partager notre première danse sur *Ask* des Smiths – choix incongru s'il en est. Nous essayons, sans succès, d'esquisser un slow sur la piste déserte, tandis que tout le monde observe notre « choré indé » romantique. Lorsque arrive le morceau suivant (*Always On My Mind* des Pet Shop Boys) deux personnes nous ont rejoints sur la piste : mon nouveau beau-père et notre ami Dave, qui plane à l'ecstasy depuis environ trois heures.

Dave ondule en direction de mon beau-père à la manière de Bez chassant le papillon.

« Prenez donc une de mes perles, lui propose-t-il en ouvrant une main pour révéler 300 livres sterling de comprimés.

— Mon père n'aime pas les Tic-Tac, merci », rétorque Pete en l'escortant d'une main ferme hors de la pièce.

À 22 heures, la plupart des convives sont partis se coucher – dans une tentative pour profiter un minimum du déplacement dans un hôtel hors de prix au milieu de leurs vacances. Je me plais à les imaginer en train de manger des friands à la saucisse piqués lors du buffet devant *Cheers*. Je suis contente pour eux. Je les envie. Je suis en train de parler à une Grecque tristounette, membre de la belle-famille, en noir de la tête aux pieds, qui pleure encore un décès remontant à 1952. Je souris faiblement.

Je note que, à l'instar de tous mes beaux-parents grecs, elle semble s'être volontairement rendue aveugle au fait que ma demoiselle d'honneur était un gay de 1 m 88 prénommé Charlie et vêtu d'un pantalon argent et d'une cape rose. Tous ne parlent que de l'autre demoiselle d'honneur : Polly. Dont le soutien-gorge est visible au-dessus de sa robe bustier et qui arbore un tatouage – un dauphin qui dit « Fuck ».

À 22 h 23, l'alarme incendie se déclenche. Tandis que tout le monde évacue les lieux en frissonnant, je remarque que mes frères et sœurs manquent à l'appel. Retournant à l'intérieur pour les chercher – tel le héros de *The Amazing Mr. Blunden*[1] –, je frappe à la chambre de ma sœur. Où je trouve ma fratrie au complet – debout sur le lit, occupée à agiter des menus sous le détecteur de fumée.

« Pourquoi vous n'évacuez pas ? » je demande depuis la porte dans ma robe de mariée.

Ils se tournent tous vers moi. Tous portent des couronnes de ballon confectionnées par l'animateur que

1. Film de Lionel Jeffries (1972). (*N.d.T*)

nous avons engagé pour distraire les enfants. Eddie brandit une épée en ballon.

« Elle a détecté notre chaleur corporelle ! explique Weena, défoncée et en proie à la panique. On est censé n'être que deux dans la pièce, mais on s'est tous serrés et du coup ça surchauffe ! On essaie de faire baisser la température ! »

Ils continuent d'agiter leurs menus sous le plafond. L'alarme s'arrête. Il est 22 h 32. Je suis mariée. Je vais me coucher.

Dans les onze années qui ont suivi, pas un des invités n'a évoqué notre mariage. Tous semblent être tacitement convenus que cela vaut mieux.

Mais au moins la mariée que j'étais s'est montrée clémente sur un point : il n'y a pas eu d'enterrement de vie de jeune fille. J'ai passé la soirée de la veille à manger des chips avec mes frères et sœurs en regardant *SOS Fantômes* pour la cinquantième fois. De ce côté-là, du moins, j'ai fait preuve de bon sens. Parce que le problème numéro trois du mariage moderne, c'est l'enterrement de vie de jeune fille.

3) LES ENTERREMENTS DE VIE DE JEUNE FILLE. Ce qui, il y a vingt ans encore, n'était qu'une simple virée au pub avec supplément de tapage – coût total : 30 livres sterling de Baileys – réclame à présent un fort investissement monétaire et temporel de la part des amies suffisamment loyales et malchanceuses pour finir demoiselles d'honneur.

Caz a essuyé les plâtres des enterrements de vie de jeune fille du XXIe siècle. Car, bien qu'étant l'hôte la plus récalcitrante au monde, elle a été désignée par les dieux capricieux et autoritaires Demoiselle d'honneur en chef pas moins de quatre fois. À l'une de ces occasions, elle s'enivra tellement qu'elle fit irruption à l'enterrement de vie de garçon du marié pour lui dire qu'elle l'avait toujours cru gay. Une autre fois, l'insistance de la mariée à faire porter des blousons satinés assortis portant l'inscription « Team Ciara » à toutes les participantes provoqua chez une demoiselle d'honneur de taille 44 atteinte de dysmorphie une telle crise d'angoisse en plein roller disco, qu'elle dut fuir dans un taxi la ramenant de Londres à Stevenage, en proie à une violente hyperventilation. Il y eut aussi l'enterrement de vie de jeune fille où Caz se trouva contrainte, lors d'une promenade « intime » dans les Yorkshire Dales, de dévaler un éboulement de 15 mètres pour récupérer un buggy conduit par une personne un tout petit peu trop pompette pour se montrer responsable ; mais nous nous sommes tous accordés pour dire plus tard que cela aurait pu arriver à n'importe qui.

4) « TOUS CEUX QUE J'AIME SONT LÀ. » Tenez-vous vraiment à rassembler « tous ceux que vous aimez » dans une même pièce ? Il est rare que ça se termine bien. Moi, par exemple, je suis terriblement maladroite avec les familles des autres. Lors d'un mariage dont j'étais témoin, ayant appris que la mère de la mariée était une fan transie de Richard Madeley, je la régalai, passablement éméchée, de mon anecdote favorite : que son juron préféré était « putain de bordel à queue ».

Dix minutes plus tard, on m'expliqua que, en tant que fervente chrétienne, c'était littéralement la première fois que cette dame entendait le mot « putain ».

Je me montrai également décevante lors du mariage de Cathy et John, lorsque le père de la mariée me fit visiter leur magnifique maison toute blanche et que je le suivis à la traîne, un verre de vin rouge à la main.

« Et voici ma vue préférée, annonça-t-il lorsque nous atteignîmes la chambre de maître avant de se diriger vers la fenêtre. Par beau temps, on aperçoit la vallée tout entière. »

C'est le moment que choisit une chauve-souris pour s'introduire par la fenêtre et me voleter à la figure.

Je ne sais pas si vous avez déjà entendu une chauve-souris vous voleter à la figure, mais quand cela arrive vous ne disposez pas de beaucoup de temps pour décider quelle réaction adopter. Vous... vous en remettez à l'instinct, je suppose. Le mien me dicta de hurler « C'EST QUOI CE BORDEL ?! » en balançant mon verre de rouge à travers la chambre la plus immaculée au monde.

« Oh flûte, dit le père de Cathy avec la réserve et la politesse typiques de ses semblables. Je vais vous chercher des mouchoirs.

— MERDE ! m'écriai-je en me précipitant dans le couloir. MERDE ! Je gère. MERDE ! »

Après un saut à la cuisine, je revins armée d'une bouteille de blanc, que je m'empressai de renverser partout.

« Le vin blanc enlève les taches de vin rouge ! hurlai-je. J'ai vu ça à la télé ! »

Je versai frénétiquement le liquide sur le tapis à présent écarlate que je frottai avec un torchon à vaisselle.

Le père de Cathy reparut dans la pièce – un peu plus vite que je ne l'en aurais cru capable vu son âge – et m'ôta délicatement la bouteille – maintenant vide – des mains. Il la contempla un instant.

« Ah, dit-il avec regret. Le grand cru d'Alsace 1993. »

Longue pause.

« Enfin, ajouta-t-il avec une grâce infinie en effleurant la bouteille du bout des doigts. Il était *un peu* trop chaud pour le boire. »

Il fallut une heure et demie au mini-cab pour arriver de Tiverton. Je passai tout ce temps derrière une grange, à manger du fromage pour désaouler.

5) VOUS. Mais, en fin de compte, qui se soucie réellement de savoir combien de personnes vous rendez malheureuses en les faisant évacuer sur une pelouse gelée de Coventry deux jours après Noël, en les forçant à pousser la chansonnette avec les fées, ou en les poussant au suicide à coups de blouson moche ? C'est votre grand jour, après tout ! À vous, la mariée ! Vous *méritez* une journée qui tourne entièrement autour de VOUS ! C'EST VOTRE JOUR ! LE PLUS BEAU JOUR DE VOTRE VIE !

À deux soucis près. Le premier est qu'il faut toujours se méfier des jours programmés pour être légendaires, comme nous le démontre une triste litanie de réveillons du jour de l'An ou de Noël, d'escapades romantiques, de premières fois et de naissances tous plus décevants les uns que les autres. À part saouler ma mère au White Russian, le moyen le plus rapide et le plus sûr de gâcher l'ambiance est de se mettre la pression en en espérant trop. Franchement, une femme ferait bien de fuir comme la peste toute journée annoncée comme étant « la plus belle de sa vie ». Car il est rare que ça finisse bien. N'oubliez pas que l'autre « plus beau jour de votre vie » est censé être celui où vous donnez naissance à un enfant. Ai-je seulement besoin de vous rappeler que celui-ci se termine le plus souvent avec vous priant un ciel sans dieu pour qu'on vous administre un maximum de morphine sans provoquer un arrêt cardiaque ?

Deuxièmement, je ne crois pas que ce désir galopant de mariage fasse le moindre bien à notre image. Il porte à croire que nous manquons singulièrement de références en matière d'amusement. Je me fais un peu l'effet de Del Boy[1] trébuchant dans un bar en disant cela, mais – « Du calme, les filles, jouez-la cool ». Lorsque j'entends des femmes se dire combien leur mariage sera ou était le plus beau jour de leur vie, je ne puis m'empêcher de penser « Tu n'as pas assez pris de MDMA dans un champ à 3 heures du mat', ma belle. »

Tout mariage semble se résumer à une imitation de Michael Jackson au sommet de sa folie, où l'on ferait semblant d'être célèbre le temps d'une journée au tarif exorbitant. Or nous savons tous pourquoi les célébrités possèdent des singes apprivoisés, des chaussures ridicules, le squelette d'Elephant Man, des fêtes foraines et des piscines en forme de guitare. C'EST PARCE QU'AU FOND D'ELLES-MÊMES ELLES AGONISENT. ELLES CONTEMPLENT L'ABÎME. Elles ont aperçu, l'espace d'une seconde, leur propre inconséquence au final sub-atomique dans un univers infini, et leur réaction a été d'engager quelqu'un pour plier la paille dans leur soda. Nous avons communément pitié pour ces idiots amochés par la vie.

Et pourtant, nous autres femmes considérons à présent comme notre « récompense » de passer une journée au tarif exorbitant à nous comporter comme ces connards avant de serrer les dents et de fonder un foyer en renonçant à jamais connaître une autre journée « inoubliable ». Bien sûr, ce sacrifice peut être largement imputé au fait que vous venez de dilapider 21 000 livres sur 16 000 vol-au-vent et un groupe de « light jazz » – mais le symbolisme de la chose n'en est pas moins d'une puissance insupportable.

Sur ce genre de sujet, il convient de se tourner vers les hommes. Ont-ils, eux, une journée unique où ils

1. Héros populaire de la sitcom britannique *Only Fools and Horses*, interprété par David Jason. (*N.d.T.*)

se prennent pour les rois du monde, avant de retourner à leur vie discrètement routinière ? Non. Ils s'éclatent comme bon leur semble. Comme le faisait remarquer Germaine Greer dans *La Femme entière*, ils remplissent leur temps libre d'activités plaisamment non productives : pêcher, jouer au golf, écouter des disques, jouer à la Xbox ou incarner des goblins dans *World of Warcraft*. Ils ne nourrissent pas ce besoin délirant, refoulé, de passer une journée à jouer les princesses Diana (à sa grande époque, bien évidemment. Pas celle où elle se jetait au bas de l'escalier. Ni celle où Camilla a déboulé pour tout foutre en l'air).

Les femmes, en revanche, emploient leur temps libre à s'attaquer à une liste sans fin d'améliorations personnelles ou de tâches domestiques : ménage, devoirs, conseils aux âmes troublées, vermifugation du chat, gymnastique du plancher pelvien, tentatives d'accommoder le chou de façon créative, exfoliation des poils incarnés – inexplicablement apaisées par la perspective d'avoir un « plus beau jour de leur vie ».

Je suis sûre, mesdames, que nous serions ravies d'échanger notre unique journée « inoubliable » contre une vie remplie de plaisirs plus modestes ?

À moins que nous ne devions tout simplement mettre à la poubelle le concept du mariage dans son ensemble. J'ai tendance à être contre tout ce qui vous oblige à changer de nom. Quels sont les autres moments où l'on vous rebaptise ? Quand vous prenez le voile ou que vous démarrez une carrière dans le porno. Pas exactement de bonne compagnie pour une célébration ostensiblement joyeuse de l'amour.

11

Je m'intéresse à la mode !

« J'ai acheté une robe aujourd'hui ! je m'exclame tandis que mon mari franchit la porte. UNE ROBE NEUVE ! ROBE NEUVE ROBE NEUVE ROBE NEUVE ! »

C'est une robe rustique de mousseline marron (« 12 LIVRES, Pete, 12 LIVRES ! ») que j'ai achetée au marché (« ELLE VIENT DU MARCHÉ, MON AMOUR ! ») sur Seven Sisters Road un peu plus tôt dans la journée. Une acquisition qui me comble de joie : c'est le premier habit neuf que j'achète en presque deux ans.

À vingt-quatre ans, je n'ai toujours pas vraiment l'habitude de m'acheter des vêtements. Non seulement les articles que je convoite à l'époque – crinolines, pèlerines, charlottes, jupons de flanelle rouge, bottines à boutons noires vernies, robes de bal damassées, gants en galuchat, manchons de renard et chemises de nuit en calicot – sont difficiles à trouver sur Holloway Road, mais en plus je suis fauchée comme les blés depuis un moment.

En dépit de mes revenus convenables de journaliste, il se trouve que j'ai fait une des plus grandes erreurs de calcul de ma vie : croire que l'impôt sur le revenu, comme la menstruation, est optionnel. Je n'ai pas versé le moindre penny durant mes quatre premières années de travail.

« Je croyais qu'ils appelaient pour réclamer ! je gémis auprès du comptable que je viens d'engager. Ou qu'ils envoyaient une lettre disant "Devinez quelle heure ? Celle des impôts !", quelque chose dans ce goût-là. Mais ils ne m'ont jamais *rien* dit. Le fisc n'est vraiment pas causant. »

Mon comptable entreprend de m'expliquer comment le fardeau de la déclaration incombe à l'individu, plutôt qu'au fisc, et que je devrai fournir tous mes relevés bancaires, fiches de paie et notes de frais depuis 1994 – mais je ne l'écoute pas vraiment.

D'une part parce que je sais que quantité de mes relevés bancaires, fiches de paie et notes de frais ont fini dans une benne à ordures de Camden en 1996, en même temps qu'un fauteuil que je regrette, après coup, d'avoir jeté, mais aussi parce que je suis en train de calculer combien je serai pauvre dans l'immédiat.

Même avec mes calculs douteux, j'ai pu estimer que je vais devoir consacrer chaque penny gagné à rembourser mes impôts impayés pendant deux ans au bas mot, et que je devrai supplier Peter de me soutenir financièrement en échange de mon corps, de mes blagues et de mon pain perdu.

« Ouipasdeproblème, dit Pete en m'installant chez lui et en me tendant son double de la porte d'entrée. Çamesembleparfaitementhonnête. »

Je passe les vingt-quatre mois suivants dans une pauvreté crasse, mais j'y gagne de nombreuses occasions de parfaire mon talent comique.

Deux ans plus tard, je pérore toujours au sujet de ma robe. Que je fais tournoyer façon Scarlett O'Hara avec sa robe de bal.

« Elle ne m'a coûté que 12 livres ! dis-je d'un air coupable. 12 livres ! Même si c'était agréable d'acheter quelque chose de neuf, je n'aurai pas besoin de nouvelle robe pour des *années* ! Je peux la porter en toutes occasions en variant les accessoires ! Je vais vraiment la rentabiliser. C'est le point d'orgue de ma fièvre acheteuse.

— Tu sais, répond Pete en finissant son neuf cent quatre-vingt-treizième pain perdu, toutes les autres femmes achètent beaucoup plus de vêtements que toi. Beaucoup. Tous les jours au déjeuner, les femmes de mon bureau reviennent avec un nouvel achat. Maintenant que tu as remboursé tes impôts, je pense que tu peux t'autoriser à acheter de nouveaux habits, pour être honnête. Si tu veux. Enfin, moi, ça m'est égal, ce que tu portes. Tu peux ne rien porter du tout si ça te chante. Je peux avoir plus de pain perdu, s'il te plaît ? »

Le lendemain, pendant que Pete est au bureau, je repense à ses propos. Toutes les autres femmes achètent beaucoup plus de vêtements, me dis-je. Elles ont beaucoup plus d'habits que moi. Elles font les choses différemment. Je ne fais pas comme les femmes.

Je monte dans ma chambre et jette un œil dans mon armoire. Voici l'étendue de mes possessions vestimentaires, à vingt-quatre ans : une robe de velours noir gothique qui tombe jusqu'au sol, achetée quand j'avais dix-sept ans et aux coudes maintenant usés jusqu'à la corde ; deux pantalons, l'un noir, l'autre bleu marine ; un t-shirt promotionnel gratuit du groupe Salad, avec l'inscription « Salad », que j'aime porter lorsque je mange ou cuisine des saucisses ; un cardigan en chenille vert de chez Marks & Spencer, qui est tellement agréable que j'ai dû le reprendre *deux fois* à ma sœur Col quand elle m'a rendu visite ; une nuisette de style victorien, que je porte souvent pour sortir ; et mon maillot de bain.

Je ne suis pas une femme digne de ce nom, me dis-je en contemplant ma garde-robe. Toutes les autres se « constituent des tenues » et « travaillent leur look ». Je me contente d'« assembler ce que j'ai de plus propre ». Maintenant que j'ai à nouveau de l'argent, je devrais régler ça.

Être une femme demande, semble-t-il, beaucoup de temps et d'argent. Je suis à ce sujet d'une innocence totale, quoique absurde pour mon âge. Je viens du grunge et de la Britpop – des styles où l'on chante les tenues bon marché (« Trois livres ! Dans un vide-greniers ! » « Ooooh, chérot : j'ai trouvé cette veste dans une *benne*. Sur un *macchabée*. Sous une *carcasse de renard*. ») et la fierté de ce que « se préparer à sortir » se résume à se laver la figure, enfiler ses Doc ou ses tennis, et se badigeonner les ongles de vernis noir Barry M à une livre dans le bus pour le centre-ville.

Mais maintenant que vouz avez, semble-t-il, trouvé « la robe » – celle-ci doit être agrémentée de « la ceinture », et il faut lui trouver un sac assorti, qui aille non seulement avec les bons collants mais aussi avec quelque chose qu'on puisse « jeter sur ses épaules » en cas de coup de froid. On se croirait dans un putain de *Dragon's Quest*, avec une liste sans fin d'objets à collecter un peu partout, probablement dans une grotte ou sous un plant de sauge. Au fait, l'article que vous « jetez sur vos épaules » ne peut être un anorak, ni une couverture de pique-nique récupérée sous l'escalier, mais plutôt un cardigan déconstruit, une veste sport, un châle à 200 livres, ou un « boléro », lequel article inhabituel ressemble, pour mes yeux non avertis, à un cardigan rétréci tricoté par un imbécile. Voilà qui a l'air épuisant. Et va sérieusement entamer mon planning de confection de pain perdu.

Tout ceci culmine dans les chaussures – plus précisément les talons. J'ai passé ma vie entière avec des tennis ou des boots aux pieds, mais il paraît évident que si je veux vraiment tirer le meilleur parti de ma vingtaine, je vais devoir me résoudre à acheter des talons. Les magazines féminins que je lis se montrent tous sans équivoque à ce sujet : il s'agit d'une clause non négociable de la condition féminine, à l'instar de la capacité à allaiter et du chromosome XX. Les femmes sont censées aduler les talons plus encore qu'elles n'adulent leur corps ou leurs pensées. Elles sont également censées posséder un nombre de paires de chaussures inversement proportionnel à leur poids ou à leurs idées. Contrairement à votre postérieur ou à vos pensées révolutionnaires, votre collection de chaussures ne sera jamais assez imposante !!!!!!!!!!

« Personne n'osera défier une femme en talons, conclut un article dans *Elle.* Ceux-ci constituent votre meilleure arme dans la guerre du style. » Merde, ça rigole pas.

Le lendemain, je sors, déterminée à essayer de me comporter en femme adulte, pour me procurer ma première paire de talons hauts. Je n'ai pas encore tout bien saisi : les talons que j'achète enfin d'un air triomphant pour 9,99 livres chez Barratts sont épais et rattachés à des sandales en plastique bleu ciel. Dans lesquelles mes pieds transpirent tellement que chacun de mes pas couine légèrement – comme si j'utilisais des souris en guise de semelles, que j'écrase lentement jusqu'à ce que mort s'ensuive. Les sandales sont par ailleurs assez douloureuses aussi bien au niveau des orteils que du talon – mais peu importe ! Je porte des talons ! Je suis une femme !

Cette nuit-là, tentant de négocier un escalier lors d'un concert, je trébuche et atterris pile sur Graham

Coxon de Blur, lui renversant au passage mon whisky-coca sur la jambe.

« AHHH ! s'exclame Graham.

— C'est ma meilleure arme dans la guerre du style, dis-je avec tristesse. Personne n'ose défier une femme en talons. Je suis une femme.

— AHHH ! répète Graham en contemplant sa jambe inondée. Idiote de mes deux. »

Pourtant, je ne m'avoue pas facilement vaincue. Treize ans plus tard, je possède à la fois un grand nombre de talons hauts et, il faut bien le dire, un grand nombre d'anecdotes sur les conséquences désastreuses que leur port a entraînées pour moi. En fait, j'ai une boîte entière de ces chaussures sous mon lit. Chaque paire a été achetée comme un acompte sur une nouvelle vie vue dans un magazine, que j'ai par conséquent cru pouvoir démarrer une fois équipée des souliers adéquats. Les voilà. Les voilà, toutes ces chaussures que je ne porte jamais :

1) Sandales argent à talons compensés signées Kurt Geiger. Portées : une fois, lors d'une remise de prix. J'ai été complimentée trois fois (YES !) mais me suis également rendu compte qu'elles rendraient ma démarche légèrement moins féminine et assurée que celle de Dame Edna Everage, quatre-vingt-deux ans, également présente à cette soirée.
2) Escarpins de velours rouge, Topshop. Portés : une fois, pour un dîner d'anniversaire à Soho. En dépit du fait que j'ai passé la soirée assise, les chaussures me serraient tellement et me faisaient si mal que j'ai dû les retirer. Par la suite, les choses ont pris un tour « intéressant », et lorsque je me suis réveillée le lendemain matin, je n'en portais plus qu'une. L'autre, je me rappelle vaguement l'avoir déposée sur un réservoir de toilettes « par souci de

sécurité », dans un bar espagnol ouvert toute la nuit derrière le mégastore HMV d'Oxford Street.

3) Escarpins de velours gris, strictement identiques à la paire rouge hormis le coloris. « C'est bien d'avoir ce modèle polyvalent dans une couleur neutre, aussi ! » m'étais-je dit. Mazette, ce que je suis douée pour m'acheter des chaussures !

4) Talons de sept centimètres et demi bleu canard avec des volants sur le dessus. Lors de la soirée où je les ai portés, je me suis retrouvée à discuter avec Noddy Holder de Slade – quelqu'un que, en tant que membre de l'aristocratie wolverhamptionienne, j'ai attendu toute ma vie de rencontrer. Las, j'ai eu beau tenter avec enthousiasme de m'immerger en Noddyland, le fait demeure qu'arrivée à ce point, mes pieds souffraient tellement que je faisais alternativement le pied de grue sur l'un puis l'autre, les larmes aux yeux. Avant de finalement devoir m'excuser de la conversation avec mon idole pour aller m'asseoir dans un coin et me masser la plante des pieds avec une grimace.

5) Même modèle, mais en blanc. « C'est bien d'avoir ce modèle polyvalent dans une couleur neutre, aussi ! » m'étais-je dit. Mazette, ce que je suis douée pour m'acheter des chaussures !

6) Une paire de babouches en tire-bouchon gris argent et rouge cerise. Comme pour 90 % des articles improbables et importables qu'achètent les femmes, dans ma tête, je m'étais dit tout en sortant une carte de crédit que c'est le genre de choses que porterait Kate Moss pour aller s'acheter des clopes. Et, comme 90 % des femmes ayant fait ce type d'achat, j'ai dû par la suite me rendre à l'évidence que ce qui aurait un petit côté bobo reptilien sur Kate Moss ressemble plutôt sur moi à un élément de ce jeu où il faut enfiler un bonnet, des gants et une écharpe avant de manger une barre chocolatée

avec un couteau et une fourchette. Mais dans le mauvais sens.

Viennent encore six autres paires : des sandales de gladiateur dorées tenant par un garrot à l'orteil ; des bottines marron qui, en une nuit, passent de « grungy » à « quelque chose que porterait une snobinarde nommée Barbara » ; ces sandales Doc Martens si lourdes que j'ai vraiment cru développer un syndrome de fatigue chronique la première (et, par conséquent, dernière) fois que je les ai portées.

Pourtant, j'ai cru comprendre que ma collection de Chaussures Que Je Ne Porte Jamais, soigneusement alignées dans une boîte sous mon lit telle une réplique taille 38 de l'armée de Qin, demeure relativement modeste, sur l'échelle des Collections de Chaussures Féminines Jamais Portées. Une de mes amies possède ainsi 27 paires de talons dont elle refuse de se séparer – et qu'elle n'a pourtant portée qu'une ou deux fois, voire pas du tout. *Toutes* les femmes gardent une cache à chaussures de ce type, dissimulée quelque part dans la maison.

Pourquoi toutes ces chaussures demeurent-elles inutilisées ? Mesdames, je vais vous dire, moi, pourquoi. Je vais vous dire ce dont j'ai progressivement pris conscience en treize ans, et que nous savions toutes quand même secrètement la première fois que nous avons enfilé des talons : qu'il n'existe au monde en réalité que dix personnes, maximum, aptes à porter des talons. Et six d'entre elles sont des drag-queens. Toutes les autres feraient mieux… d'abandonner. De se rendre. D'accepter enfin ce que nous dicte la nature : nous ne pouvons marcher avec. NOUS NE POUVONS PAS MARCHER AVEC CES FOUTUS MACHINS. Autant sortir avec des chaussures antigravité, ou des patins à roulettes.

L'impraticabilité des talons hauts nous entoure de tous les côtés – culminant dans la fête de mariage lambda, où le talon haut semble de rigueur. Dans nos têtes, nous la voyons comme un rassemblement serein et élégant de femmes au sommet de leur gloire. L'une de ces grandes occasions de se prendre pour une vedette aux Oscars, en talons aiguilles. Alors qu'en réalité, bien sûr, on se croirait à l'assemblée annuelle du syndicat des sosies de Tina Turner, avec son tableau de femmes titubant comme sur des échasses malcommodes, de chair se répandant par-dessus le satin trop serré et peu flatteur, et d'orteils engourdis pour les jours à venir.

Les rares spécimens capables de marcher élégamment en talons ont fière allure, évidemment – c'est un talent aussi impressionnant que celui de marcher sur une corde ou de faire des ronds de fumée. Je les admire. Je ne leur souhaite que du bien. J'aimerais être à leur place. Mais il s'agit là d'une infime minorité. Nous autres – la vaste majorité – nous avérons d'une élégance inversement proportionnelle à l'image que nous nous en faisions au moment de l'achat. Nous nous dandinons, nous tordons les chevilles, n'arrivons pas à danser et grimaçons sans cesse en sifflant « Ces FOUTUES chaussures. J'ai mal aux pieds ».

Une fois la réception bien entamée, 80 % des femmes sont pieds nus ou en collants – le pourtour du chapiteau orné d'une frise de talons aiguilles, compensés ou bobines abandonnés. Les femmes passent plus de temps à faire les magasins pour acheter des chaussures *en vue* d'un mariage qu'à les porter *lors dudit* mariage.

Pourtant, aussi incroyable que cela puisse paraître, nous acceptons sans problème l'inutilité des talons. Mollement, dans un haussement d'épaules. Nous sommes indifférentes aux milliers de livres que nous dépensons au cours d'une vie pour des chaussures que nous ne porterons qu'une fois, au prix d'une grande douleur. Pire encore, nous en concevons une étrange *fierté*. Les femmes achètent des chaussures en gloussant « Bien sûr, c'est la torture… je vais devoir passer la soirée vissée sur un tabouret et me faire aider par des amies ou des passants pour aller aux toilettes », alors même que cela semble tout aussi COMPLÈTEMENT DÉLIRANT que d'affirmer « Je viens d'acheter une maison – sans toit, bien sûr, alors je vais me contenter de m'asseoir dans le salon avec un parapluie ».

Pourquoi alors croyons-nous que le port du talon fait partie intrinsèque de notre condition de femme, alors même que nous *savons* que cela ne marche pas ? Pourquoi ce fétichisme pour un objet qui, de façon quasi universelle, nous pousse à marcher comme des canards enragés ? Germaine Greer avait-elle raison ? Le talon ne servirait-il qu'à taper dans l'œil des hommes et à coucher ?

Bien entendu, la réponse est non. Les femmes portent des talons parce qu'elles pensent que cela leur affine les jambes, et puis c'est tout. Elles pensent qu'en marchant littéralement sur la pointe des pieds, elles font passer leurs jambes du 42 au 38. Ce qui est faux, bien sûr. Il existe un précédent dans le domaine des jarrets ayant fondu comme neige au soleil – le jarret en question appartenait à un porc.

Quant aux hommes, la plupart se méfient des talons, voire les détestent. Ils les considèrent souvent comme l'Ennemi. Pour les raisons suivantes :

a) Une meuf en talons, ça rapetisse son homme. Un sentiment qui, pour un homme, équivaut à la sensation d'être grosse pour une femme. Ils n'aiment pas ça du tout.

b) Une femme en talons a statistiquement de grandes chances de finir la soirée pieds nus, les chaussures dans le sac, et de réclamer qu'on la porte sur le dos jusqu'à la station de taxis afin de « préserver ses collants ». Or le dos en question appartient systematiquement à un homme. Pour cette seule raison, les hommes craignent les femmes qui titubent vers eux en début de soirée, le regard déjà aiguisé par une crampe aux orteils, et s'assoient à table avec un soupir de vieille dame.

À trente-cinq ans, j'ai rendu mon tablier. J'ai enfin abandonné les talons – à l'exception d'une paire de chaussures de claquettes jaunes que je trouve inexplicablement confortables, ainsi qu'une paire en velours vert réchappée des années 1930 dans laquelle j'arrive à danser. D'ailleurs, j'ai plus ou moins laissé tomber les chaussures de femme dans leur ensemble. Même les modèles plats me semblent inconsistants et faits à la va-vite, comparés à leur pendant masculin. Je possède des bottes d'équitation masculines, des bottes de motard, des richelieus, des Doc – toutes magnifiquement confectionnées, confortables, moins chères que leurs petites sœurs féminines, et du plus bel effet de surprise au bout d'une jambe que l'on s'attend à voir se terminer en une pointe douloureusement effilée.

J'ai décidé de me mettre tout simplement en grève de la chaussure féminine. Je vais rester en marge de cet univers du footwear girly jusqu'à ce que les créateurs mettent au point un modèle dans lequel on puisse marcher, plus d'une heure, avec l'aisance d'un Gene Kelly prêt à esquisser un pas de danse, et sans passer le lendemain en proie aux courbatures. J'ai bien conscience que mes exigences cordonnières sont d'un intérêt plus que limité à l'heure actuelle – qui sait combien de temps encore les séquelles d'une décennie de *Sex and the City* avec son onanisme blahnikien continueront de se faire sentir dans notre société –, mais j'ai des idées bien arrêtées à ce sujet. Après tout, j'ai vu les photos des pieds nus et perclus d'oignons de Victoria Beckham. Je ne veux pas de friands à la thalidomide en guise d'orteils. Si je dois débourser 500 livres pour une paire de chaussures de créateur, ce sera un modèle dans lequel je pourrai a) danser sur *Bad Romance* et b) fuir un meurtrier en courant, si jamais il lui venait l'idée de me poursuivre. C'est tout ce que je demande de mes grolles. Pouvoir danser dedans et ne pas me faire tuer à cause d'elles.

Les sacs à main

Bien sûr, l'autre article de mode dont les femmes sont censées être folles, c'est le sac à main. Nous savons depuis longtemps pourquoi : exception faite des chaussures, le sac à main est le seul article pour lequel on n'est jamais trop grosse. Personne n'a jamais fondu en larmes dans une cabine, en proie à une crise de dysmorphie, en essayant un fourre-tout.

À trente-cinq ans, j'ai eu deux enfants, remboursé la moitié de mon emprunt, roulé sous la table avec Lady Gaga, fait mon propre guacamole, je peux reproduire les trente secondes les plus faciles de la choré de *Single Ladies*, je possède deux opinions contradictoires concernant la globalisation, je connais la manœuvre de Heimlich et j'ai déjà fait un score de 420 au Scrabble.

Mais je baigne encore dans les magazines féminins, lesquels me font culpabiliser sur mes grandes réussites. Parce que je n'ai pas encore de « sac-investissement ».

Ma position sur les « sacs-investissements » est depuis toujours que si j'avais 600 livres à investir, ce serait sans doute dans des bons de la Poste – et non dans un objet qui, globalement, passe le plus clair de son temps par terre au pub, ou que j'utilise parfois pour ramener cinq livres de pommes de terre à la maison. Mais j'ai conscience de faire partie d'une minorité. Les femmes normales, selon *Grazia*, n'achètent pas un sac à main à 45 livres sterling chez Topshop tous les cinq ans – ce qui correspond à mes habitudes maroquinières. Les femmes normales, elles, possèdent des dizaines de sacs à main : des petits, des sans pommes de terre, des investissements à 600 livres comme ce fourre-tout Mulberry.

C'est avec une inquiétude croissante que j'ai appris que posséder un sac à main à 600 livres équivalait à être amoureuse du Joker dans *Batman*. C'est une OBLIGATION. Cela fait partie intégrante de la condition de femme.

Le point d'orgue fut atteint dans feu le magazine *Observer Woman*. Lorraine Candy, rédactrice en chef d'*Elle*, a essayé de passer une semaine en n'utilisant que des articles de prêt-à-porter. Voici ce qu'elle écrit le mercredi : « J'ai échoué. Aujourd'hui, je sais que je ne peux affronter le premier rang avec ses sacs cool et ses bottines sexy sans l'objet essentiel au succès de ma tenue : mon nouveau sac Chloé. J'ai honte. »

J'ai senti mes joues s'empourprer d'horreur en lisant ces lignes ; personne n'avait jamais osé critiquer ouvertement mon sac à main bas de gamme. Mais les habitants de ce pays sont bien élevés. Qui sait les réactions qu'attirerait mon sac à 45 livres en terre plus décomplexée – disons le Portugal, ou le Texas. Peut-être les gens bondiraient-ils de leur chaise avec un « ÔMONDIEU ! » en essayant de chasser mon sac à coups de balai comme une bestiole dégoûtante.

Ce soir-là, j'ai pris une décision. La femme moderne éclairée sait qu'on trouve sur eBay des sacs créateurs de contrefaçon qu'il est impossible de distinguer de l'original. Mais j'ai eu beau taper « super contrefaçons à 100 livres de sacs à 600 livres » dans le champ de recherche, j'ai fait chou blanc.

Sincèrement intriguée, j'ai cherché des sacs à 600 livres. Vuitton, Prada, Chloé : 300 livres, 476 livres, 582 livres.

Mon Dieu, quelle horreur. Un Guernica de cuir de cheval. J'ai essayé d'en trouver un à mon goût. Vraiment. Tannés, avec des glands, étrangement informes, certains ressemblaient aux roubignoles de Tom Jones munies de poignées. D'autres étaient couverts de lanières, de boucles et de laiton, comme un cheval sado-maso.

Il y avait un rayon entier de pochettes de cuir avec d'énormes attaches dorées qui faisaient penser qu'on aurait fait fondre la Grace Jones de 1988, ne laissant plus que son blouson de cuir et ses gigantesques boucles d'oreille.

En quatorzième page des résultats, j'en ai enfin trouvé un qui me plaisait. Un Marc Jacobs. D'un jaune clair façon *acid house*, avec un portrait de Debbie Harry dessus. Ma joie d'avoir trouvé un sac à 600 livres potable s'estompa cependant quand je me rendis compte, en y regardant de plus près, qu'il s'agissait en fait d'un fourre-tout en toile à 17 livres ; en gros, le seul article de créateur qui m'attirait était un cabas Marc Jacobs.

Je ne suis pas complètement à côté de la plaque en matière de mode. J'ai appris des choses dans ce domaine au fil des ans. Une chaussure jaune vif peut s'avérer étonnamment polyvalente ; les collants à imprimés, ce n'est jamais une bonne idée. Et si, par l'entremise du chaos, du destin et de la panne de lessive, vous vous retrouvez à porter une tenue horriblement dépareillée (chaussettes, Crocs, veste de smoking et tricorne), il suffit de regarder les gens dans les yeux et de déclarer avec assurance : « Je n'aime pas être trop… uniforme. »

Mais si j'ai du mal avec les petits détails de la vie, et si le seul article qui me parle sur un plan émotionnel s'avère être un cabas prétentieux, c'est bien la preuve que je fais définitivement partie du prolétariat.

Pour être honnête, mon sac à main de prédilection serait sans doute une énorme patate évidée avec des poignées dessus. Une King Edward géante surmontée d'une bandoulière. Comme ça, en période de crise, je pourrais cuisiner et manger mon sac, et survivre à l'hiver. C'est comme ça, dans mon monde.

Pourtant, en dépit de tout ça, je me raccrochais à mon déni de la psychologie du sac à main. Certes, ces sacs à 600 livres sont sans doute laids, me disais-je. Mais peut-être que si tu pouvais ne serait-ce qu'en *toucher* un, leur magie à 600 livres en vaudrait le coup.

« Ils doivent tous être faits de cuir doux comme du beurre, me disais-je, sans vraiment savoir ce que cela signifiait. De près, on voit toujours la différence. Il faut que j'aille toucher cette qualité du doigt. »

Je suis allée me balader dans les rayons de ce temple du chic et du bon goût qu'est le grand magasin chic londonien Liberty, touchant les sacs, attendant que le sortilège s'empare de moi. Ils ressemblaient tous à des sacs. J'ai cependant trouvé un petit sac argenté qui me plaisait. À 225 livres.

En fait, j'ai la classe ! me suis-je dit en me précipitant à la caisse, déclenchant immédiatement une amende de 40 livres pour dépassement de découvert ainsi qu'un schisme dans mon mariage. « Peut-être qu'il y a un comte parmi mes oncles ! Bon sang ne saurait mentir ! Je ressens enfin le besoin de posséder des articles de créateur hors de prix ! Je suis normale ! Merci, *Grazia* ! »

Cinq jours plus tard, on me volait mon sac argenté sur Gower Street. Apparemment, les pickpockets lisent *Grazia*, eux aussi. Ils sont capables de repérer les accessoires coûteux à 500 mètres.

Il se trouve également que les maris ne lisent pas *Grazia*, eux, et tout aussi formidables et aimants qu'ils soient, ils ne peuvent s'empêcher d'éructer sporadiquement « 225 livres ! Pour un sac ! LA VACHE » comme si vous veniez de les poignarder violemment dans les couilles avec une fourchette que vous auriez laissée plantée pour y accrocher votre manteau le temps d'aller prendre un bon bain.

J'ai acheté mon sac actuel 25 livres dans une boutique de Crouch End. Je doute de procéder à une « mise à jour » dans l'immédiat.

En fait, soyons honnêtes : le sac à main en lui-même n'a aucune espèce d'importance – c'est ce que vous transportez dedans qui compte vraiment. J'ai établi – après des années de recherches approfondies dans ce domaine – une liste exhaustive de ce dont vous avez RÉELLEMENT besoin dans votre sac :

1) quelque chose qui absorbe de grandes quantités de liquide ;
2) de l'eyeliner ;
3) une épingle à nourrice ;
4) des biscuits.

Avec ça, vous êtes couvertes. Vous n'aurez besoin de rien d'autre.

Les vêtements

Voilà donc pour chausser mes pieds et pour transporter mes clopes. Mais quid de ma tenue ? En tant que féministe enragée, comment est-ce que je m'habille ?

Les femmes savent combien les vêtements sont importants. Pas seulement parce que nos cerveaux sont remplis de rubans, de froufrous et de robes cocktail – même si je m'attends à ce qu'un scanner finisse par nous en donner la preuve à l'avenir. C'est parce que lorsqu'une femme pénètre dans une pièce, sa tenue constitue la première de ses déclarations, avant même qu'elle ouvre la bouche. Les femmes sont jugées pour leur tenue, d'une manière que les hommes trouveraient incompréhensible : eux n'ont jamais connu ce moment délicat où quelqu'un évalue votre accoutrement avant de vous prendre de haut, ou de vous harceler comme un pervers, ou de décréter que vous ne pourrez « comprendre » la conversation (qu'elle porte sur le travail, l'éducation des enfants ou la culture) simplement à cause de ce que vous portez ce jour-là.

« Minute ! aurez-vous souvent envie de dire. Si je portais mon blazer en velours côtelé à la place de cette robe confortable, vous me laisseriez participer à votre conversation sur Jung ! Si vous pouviez voir mes chaussures "politiquement engagées", jamais vous ne me parleriez de Tony Benn[1] sur ce ton ! Regardez ! Je vais vous montrer une photo, sur mon iPhone ! J'AI UNE TENUE ADÉQUATE POUR CETTE OCCASION – ELLE EST AILLEURS ! »

Bien sûr, ce type d'incident est vexant, tout au plus, à classer avec les tenues « inadéquates » qui vous démoralisent dès l'instant où vous apercevez votre reflet dans une vitrine et vous poussent à prendre de mauvaises décisions en vous disant « je suis grosse » et acheter, par exemple, un sarouel ou un sandwich « minceur » décevant, sous le coup de la panique.

---

1. Politicien, membre du Parti travailliste et membre du Parlement britannique de 1950 à 2001. (*N.d.T.*)

Dans le pire des cas, cependant, une tenue inadéquate pourra vous pourrir la vie. Elle pourrait pousser un juge à rejeter votre plainte pour viol, comme on a pu le constater dans l'affaire du « jean slim » de 2008 (où il a été décrété qu'une femme portant un jean slim ne pouvait avoir été violée, car aucun homme n'aurait pu lui ôter ledit jean slim sans se faire aider), ou comme l'a encore prouvé un sondage d'Amnesty International, dans lequel 25 % des personnes interrogées pensent qu'une femme demeure responsable de son viol si elle s'habille « de façon provocante ».

Les femmes savent qu'une femme portant une tenue décontractée, confortable ou même négligée sur son lieu de travail aura moins de chance d'être prise au sérieux qu'un collègue masculin vêtu de la sorte. Les nanas en jean-baskets ne reçoivent jamais de promotion. Les mecs en jean-baskets, si. L'apparence des femmes est généralement considérée comme le miroir de sa personnalité – et, partant de là, dicte souvent son destin.

Aussi, quand nous les femmes paniquons le matin devant notre garde-robe, ce n'est pas parce que nous tenons à devenir des icônes internationales de la mode. Nous n'essayons pas de nous la jouer Victoria Beckham – surtout pas quand une pile de toast gargantuesque nous attend au rez-de-chaussée et que notre dernier sourire remonte à moins de quinze jours.

Non – ce que nous essayons d'accomplir, c'est de déterminer si tout le monde, dans le courant de la journée, va réussir à « comprendre » ce que nous portons ; si nous envoyons les bons signaux dans ce qui est une conversation pointue. Car la mode n'est jamais qu'un dialogue à peine suggéré – un peu comme les discours de témoin qu'on peut télécharger sur Internet. Les femmes sont censées mettre au point leur propre version personnalisée de ce discours. Nous sommes censées parler avec notre cœur par le biais de nos vêtements. Nous devons trouver une garde-robe-capsule, avec des articles qui « nous ressemblent », des articles que nous puissions porter « en toutes circonstances », des « classiques » et des « vestes... avec un petit truc en plus ». Cela fait partie des talents de la femme, – au même titre que notre « suprématie » dans le domaine de la lessive, notre tendance naturelle à rester à la maison toute la journée avec un bébé et à ne pas nous vexer de ce que les hommes soient considérés comme plus drôles.

Les femmes sont simplement censées êtres douées pour les vêtements et pour dénigrer celles qui ne le sont pas – celles qui ratent ne serait-ce même qu'une seule tenue, comme le démontrent ces doubles pages « Le cercle de la honte »/« Qu'est-ce que c'est que cette tenue ? » dans tout magazine et tabloïd en kiosque chaque semaine. Les politiciennes d'envergure sont étrillées pour une paire de chaussures « inadéquates ». Vous n'avez pas le droit de dire que cela vous rend maussade, énervée ou déprimée – que vous vous en foutez personnellement de savoir ce que porte Angelina Jolie pour descendre d'un avion, ou que Susan Sarandon aborde sa soixantaine torride avec un béret. Au mieux – et j'adore les belles robes –, la mode est un jeu. Mais pour les femmes, il s'agit d'un jeu obligatoire, comme le netball[1]. Dont on ne peut réchapper en feignant d'avoir ses règles. Je le sais. J'ai essayé.

Et donc, pour une femme, chaque tenue est un sortilège optimiste, lancé pour influencer le cours de sa journée. Une tentative de prédire son destin, comme en lisant un horoscope. Pas étonnant qu'on dénombre autant de magazines de mode. Ou que l'industrie de la mode pèse, selon les estimations, 900 millions de

1. Sport proche du baseball. (*N.d.T.*)

dollars. Pas étonnant non plus que la première pensée de chaque femme, pour presque chaque événement de sa vie – qu'il s'agisse du travail, de la neige ou de l'accouchement – s'exprime à travers ce cri à moitié désespéré : « Mais qu'est-ce que je peux mettre ? »

Lorsqu'une femme s'exclame « Je n'ai *rien* à me mettre ! », ce qu'elle veut vraiment dire, c'est « Il n'y a rien, ici, pour celle que je suis censée être aujourd'hui. »

Parce que ce n'est pas facile de trouver des vêtements satisfaisants. « Il n'y a rien là-dedans pour moi ! », voilà le cri du prêt-à-porter, au bout de trois heures de shopping durant lesquelles vous n'avez acheté qu'une paire de gants, une planche à découper pliable et des gilets pour les enfants. « Tout est cinq centimètres trop court, deux teintes trop clair, et il n'y a PAS DE MANCHES. POURQUOI Y A PAS DE MANCHES ? SI CHAQUE FEMME DANS CE PAYS POUVAIT SEULEMENT SE COUVRIR LES BRAS, COMME L'A PRÉVU DIEU, ON RÉDUIRAIT LES PRESCRIPTIONS DE XANAX PAR DEUX EN DEUX SEMAINES. POURQUOI EST-CE QU'IL N'Y A RIEN POUR MOI DANS CE GIGANTESQUE MAGASIN SURÉCLAIRÉ ? »

Mais, bien sûr, il n'y a effectivement rien là-dedans pour vous – du moins, pas pour vous spécifiquement. Avant le prêt-à-porter, les femmes confectionnaient leurs propres vêtements ou allaient voir une modiste, si bien que tout ce que nous portions était l'honnête expression de ce que nous étions, de ce avec quoi nous nous sentions à l'aise – dans les limites des contraintes de la mode de l'époque, en tout cas.

Avec l'avènement de la mode de masse, cependant, plus un seul article vestimentaire vendu n'est conçu « pour » celle qui l'achète. Tout ce que nous voyons chez Topshop et Zara et Mango et Urban Outfitters et Next et Peacocks et New Look est fait pour une femme entièrement imaginaire, une idée formée dans l'esprit du créateur, et nous l'achetons s'il nous plaît à, disons, 70 %. Dans le meilleur des cas. Rarement, pour ne pas dire jamais, nous ne trouvons des habits qui nous correspondent à 100 % et que nous désirons réellement, même si nous nous gardons bien de l'admettre. La plupart des femmes se baladent dans des tenues qu'elles pensent être un tout petit peu mieux. Plus longues de trois centimètres ici. Sans ce tressage-là. D'un bleu légèrement plus foncé. C'est la première chose que nous nous disons entre nous : « Si seulement ils avaient le même sans le col ! »

Parce si vous *savez* que je n'aime pas le col, alors vous saurez qui j'essaie *réellement* d'être.

Et, bien sûr, comme tout est fabriqué avec une femme imaginaire en tête, souvent, rien de tout cela ne colle sur une vraie femme. On se rappelle toutes des saisons où des gammes entières complètement folles – couleurs néons ou pêche, les robes moulantes, les froufrous – pendaient tristement, ignorées, sur des cintres de mai à septembre, attendant que les femmes imaginaires pour lesquelles elles avaient été conçues viennent les acheter.

Souvent, une femme a le don pour scruter le contenu de la nouvelle vague imminente (robes sans manches, combinaisons-pantalons, motifs floraux en chintz, culottes fétichistes « de jour » avec boutons pression sur le cul) et s'exclamer « Mais pourquoi est-ce que les créateurs ne commencent pas par se demander ce qui rendrait les femmes belles ? Je n'ai pas envie de devoir “vendre” ma tenue ! C'est à elle de me vendre ! Pour 79,99 livres, c'est à elle de me faire une faveur ! JE VOUDRAIS QUE LES VÊTEMENTS SOIENT DE MON CÔTÉ ! »

Je ne m'étais jamais vraiment rendu compte à quel point la mode n'est pas « de mon côté » avant de faire un shoot pour le *Times*. L'idée était de faire porter à une « femme normale » les tendances de la saison à venir : couleurs pastel, saharienne, imprimés pop art, corsets comme vêtements d'extérieur et leggings bariolés.

« Nous allons vous rendre *magnifique*, avait promis le rédacteur en chef. Nous disposons d'un styliste et d'un photographe *extraordinaires*. Nous allons vous bichonner. »

S'ensuivirent les huit pires heures de ma vie à n'avoir pas fini en épisiotomie. Avant cette expérience, j'avais toujours cru que tout ce qui me séparait d'une Kate Winslet sur le tapis rouge, c'était 10 000 livres de vêtements, coiffure, maquillage, styliste et bon photographe. Et en effet, sur les photos prises ce jour-là, j'étais franchement pas mal. Ils ont pris quelques clichés où je suis plutôt sexy en corset, pantalon cargo de soie et talons de dix centimètres. Pour être honnête, si j'avais vu cette photo de moi dans cette tenue dans un magazine, je me serais dit, je vais l'essayer ! Ça rend *bien* sur elle ! Et son cul ressemble drôlement au mien, même s'il est un peu plus gros, hahaha !

Tout était dans le cadrage, cependant : l'unique position dans laquelle ça marchait. Il nous a fallu vingt minutes, une demi-heure, une heure pour trouver *la* position dans laquelle chaque tenue rendait bien. Le reste du temps, il fallait composer avec le mille-feuille ici, la graisse du bras là ou les poignées d'amour là. Les vêtements étaient étirés, épinglés, attachés avec du fil, l'éclairage modifié, la coiffure arrangée ; on apportait des chapeaux, en urgence, pour équilibrer des épaules cruellement proportionnées. Je me faisais l'effet d'un cochon. Un cochon maladroit et boursouflé, dépassé par les événements. J'étais censée vendre ces tenues en trouvant le « meilleur » angle, en les endossant, en les faisant bouger – mais mes seins n'avaient pas la bonne forme, j'avais le cul trop gras, et mes bras, lourds et exposés, étaient impuissants. J'ai quitté le studio, huit heures plus tard, en nage et en larmes. Jamais je ne m'étais sentie aussi laide. Sans même pouvoir me consoler d'un sourire (« Prenez l'air mystérieux, et sexy. Un peu… vague »), j'étais *entièrement* réduite à ce que j'avais sur le dos, et sur l'allure qu'avait mon corps dedans. Et avec des styles pareils, plutôt qu'avec ceux que j'avais soigneusement assemblés comme pouvant « m'aider », j'étais une ratée complète.

Je ne suis pas stupide : j'ai toujours su que ce qui différencie les mannequins des femmes normales est que ces dernières achètent des vêtements pour être belles ; alors que l'industrie de la mode achète *les mannequins* pour rendre les *vêtements* beaux. La plupart des habits ne ressemblent à rien sans mannequin. En tout cas, ils ne ressemblaient vraiment à rien sur moi. Qu'est-ce que vous vouliez que je fasse de cette came ? Je n'arrivais même pas à tenir sur les talons.

« Je suis vraiment désolée… je parie que les mannequins pourraient faire ça pendant des heures, dis-je d'un air lugubre en me remettant sur pied après m'être cassé la binette sur le côté avec la stabilité d'un cheval debout sur ses pattes arrière.

— Oh non, rétorque joyeusement le styliste. Elles se cassent la figure tout le temps elles aussi. On ne peut pas marcher avec des talons pareils. Personne n'en est capable. Hahaha ! »

J'ai repensé à toutes mes années de désespoir devant mon incapacité à marcher en talons, en dépit du fait que « tout le monde » en portait. Une grande partie de « tout ce monde », me rendais-je à présent compte, apparaissait dans des photos de mode ou sur des tapis rouges. Autrement dit, elles ne les portaient pas vraiment comme des « chaussures », pour marcher dedans toute la journée. Elles ne les enfilaient que pour les photos. Elles *savent* que ce n'est que pour les photos. Nous – les consommatrices – sommes les seules à acheter ces machins pour essayer de marcher dedans toute la journée, bouger dedans, vivre dedans.

La plupart de ces produits ne sont conçus que pour des tableaux – et non pour la vraie vie, avais-je enfin compris. Nous avons beau nous appuyer dessus pour nos recherches vestimentaires, la mode, en fin de compte, ne nous aide pas à nous habiller le matin. Pas si nous voulons porter une tenue dans laquelle marcher sans que la bordure remonte ou que la couture vous rentre dans la moule. La mode est conçue pour être photographiée, immobile, figée. Les *vêtements*, en revanche, existent pour la vie réelle. Or la vie est le seul endroit où l'on puisse apprendre les leçons les plus importantes sur la façon de s'habiller et d'en tirer satisfaction.

Voilà, donc, ce que j'ai appris des vêtements – en ignorant magazines et campagnes de pub pour amasser mon savoir là où il importe, à savoir a) en pleurant dans une cabine d'essayage de Topshop, coincée dans une paire de leggings en PVC, b) en dévalant la rue derrière quelqu'un qui avait un look d'enfer pour lui demander « Où est-ce que vous l'avez trouvé(e)[1] ? », ou c) en voyant ma sœur Weena entrer dans la chambre, regarder ma tenue, faire « non » et repartir aussitôt :

1. Hélas, la réponse à cette question est presque toujours, « Dans une incroyable boutique vintage à Rotterdam, il y a quatre ans, mais le magasin a brûlé depuis malheureusement, et puis de toute façon on ne vous aurait pas laissée entrer », mais je ne perds pas l'espoir de voir un jour mon interlocutrice désigner un Marks & Spencer en disant : « Là-bas. Il y a dix minutes. » (*N.d.A.*)

1) L'imprimé léopard, c'est neutre.
2) Tout ou presque passe du moment que vous le portez avec des collants noirs opaques et des bottes.
3) Contrairement à l'opinion populaire, la ceinture n'est souvent pas l'amie de la femme. Pire encore, dans bien des circonstances, elle sert surtout de guide visuel pour aider l'observateur à trouver une réponse à la question suivante : « Quelle moitié est la plus grosse – le haut ou le bas ? »
4) Le rouge vif, c'est neutre.
5) Le scotch n'est PAS assez solide pour raccommoder un trou à l'entrejambe d'une paire de collants.
6) Vous ne devriez PAS acheter une tenue si vous avez besoin de prendre une pause sexy dans la cabine d'essayage afin que ça rende bien. En revanche, si vous vous mettez à danser dès la minute où vous l'avez enfilée, achetez-la, quel que soit son prix ; à moins que celui-ci ne soit prohibitif, auquel cas, vous n'en avez pas les moyens, donc non. Les magazines de mode ne vous diront *jamais* « En fait, ne l'achetez pas si vous ne pouvez vous le permettre ». Vos amies non plus. Je suis probablement la seule personne qui osera JAMAIS vous le dire. Je vous en prie.
7) Vous ne devriez jamais décrire votre look comme étant « un mélange de prêt-à-porter et de vintage ». Rappelez-vous combien cela vous énerve quand Fearne Cotton[1] emploie cette expression. Ne laissez pas la victime se transformer en bourreau.
8) Vous avez très, très peu de chance d'être moche dans une robe style années 1950 au-dessus du genou, cintrée avec des manches, et un cardigan. Vous avez déjà vu ce que donne Christina Hendricks (la plantureuse Joan Holloway de *Mad Men*,

1. Présentatrice de radio et de télévision britannique, connue notamment pour avoir présenté *Top of the Pops* et commenté l'*Eurovision*. (*N.d.T.*)

cette même femme que *Vanity Fair* a récemment surnommé « The Body ») avec un pantalon cargo et un top modernes ? Une horreur. À nous autres d'en tirer les leçons.

9) Les pantalons les plus flatteurs que vous rencontrerez jamais sont des pantalons de running noir à forte teneur en Lycra. Là-dedans, vos cuisses et votre cul paraîtront minuscules. Vous mettez deux ans à essayer de trouver le courage de les porter avec une paire de bottes hautes et une veste, avant de vous dégonfler systématiquement au dernier moment. Et de le regretter éternellement.

10) Le lamé argent, c'est neutre.

11) Idem du sequin doré.

12) Au lieu d'acheter quelque chose marqué « nettoyage à sec uniquement », contentez-vous de mettre 50 livres dans la poche du vêtement et de sortir du magasin en laissant article et billet sur le cintre. Sur le long terme, vous aurez économisé du temps, de l'argent, ainsi que le spectacle sans intérêt de votre personne se badigeonnant les aisselles de déodorant antitranspirant dans le train qui vous emmène à une réunion.

13) Tous les articles de la collection Per Una chez Marks & Spencer vous donnent l'air un peu cinglé. Je ne sais pas pourquoi, mais c'est comme ça.

Voilà tout ce que j'ai appris sur la mode.

12

Pourquoi on devrait faire des enfants

Une mauvaise naissance

Je ne fus pas surprise de découvrir que je n'étais absolument pas douée pour donner naissance. Pas surprise pour un sou. Tout ce que je sais de l'accouchement, je l'ai appris de l'exemple de ma mère – de retour après avoir enfanté chacun de mes sept frères et sœurs, pâle comme la mort ; boitillant dans la maison à chaque reprise avec une histoire épouvantable : un accouchement par le siège, une césarienne en urgence, un nerf coincé, un cordon emmêlé. Pour la cinquième (Corinne), le placenta ne s'était pas détaché, et une sage-femme inexpérimentée avait simplement saisi le cordon ombilical et tiré dessus, comme une laisse attachée à un beagle récalcitrant. Ma mère avait fait une hémorragie telle qu'ils avaient dû lui transfuser plus de deux litres de sang, et lorsqu'ils l'avaient renvoyée chez elle, nous avions cru la voir revenir du front, en état de choc.

J'avais onze ans et je trimballais le nourrisson comme un croisement entre une poupée et un bébé singe. Nous vivions tous dans la peur que maman s'effondre de nouveau. Elle s'évanouissait au supermarché ou en montant les escaliers. On aurait dit que le bébé, indispensable à sa survie, aurait dû rester à l'intérieur. Sans lui, elle semblait brisée.

Le rejeton suivant (Cheryl, deux ans plus tard) fut pire encore. Maman revint avec un nerf coincé à l'épaule, incapable de bouger ; elle a passé un long été étouffant allongée dans le salon, les rideaux tirés, à pleurer, tandis que la maison se délitait en une soupe aux moisissures, fourmis et enfants tétanisés. J'avais treize ans et nourrissais la famille de hot dogs en boîte bon marché et de crackers à la confiture ; le nouveau bébé singe parqué à mes pieds dans un carton, en compagnie de l'ancien. Ce fut horrible jusqu'à la fin septembre, quand la canicule est retombée et que maman a enfin pu se remettre à marcher, lentement, tuant les fourmis à l'eau chaude et à la javel.

Alors, quand je tombe enceinte à vingt-quatre ans, je sais m'occuper d'un bébé – il suffit de les déposer dans un carton et de manger des hot dogs en conserve –, mais je redoute aussi de le voir sortir. Franchement, je ne m'en sens pas capable. Je ne sais même pas comment on s'y prend. Je suis incroyablement mais volontairement ignorante. Lors de ma visite des six mois, je commente une étrange sculpture moderne qui surplombe le lit. Toute de plastique blanc, elle semble montrer dix yeux sans pupille s'écarquillant chaque fois un peu plus, comme en signe d'alarme.

« Qu'est-ce que c'est ? je demande d'un air guilleret. Une copie d'un Jeff Koons ?

— Ce sont les étapes de la dilatation cervicale, répond la sage-femme, perplexe. De zéro à dix centimètres.

— Le… cervix ? dis-je. Pourquoi est-ce que le col de l'utérus se dilate ?

— Pour laisser passer l'enfant, dit la sage-femme, qui semble maintenant discuter avec une folle. C'est à ça que sert le travail : le col de l'utérus se dilate graduellement, pour laisser sortir le bébé.

— Le col de l'utérus ? je répète, en proie à la panique. Un bébé ne peut pas passer par là ! Ce n'est pas un trou ! Je l'ai tâté ! C'est tout dur !

— Oui, c'est pour ça que tout cela est un peu... laborieux », répond la sage-femme sur son ton le plus diplomatique.

À cet instant, je sais que je ne peux pas avoir d'enfant. Je n'ai pas la configuration requise. Je ne peux pas ouvrir mon col de l'utérus. Je ne saurais même pas par où commencer.

Tout au long de ma grossesse, au contact des docteurs enjoués et des sages-femmes toujours prêtes, je prends pitié pour le personnel chaque fois qu'ils évoquent mon accouchement à venir. Ça n'arrivera jamais, me dis-je. J'ai l'impression qu'on leur a dit à tous – les infirmières, les obstétriciens, mon mari – qu'au bout de neuf mois, j'allais donner un spectacle de magie et voler miraculeusement à travers la pièce comme Peter Pan, ou, presque littéralement, expulser des singes de mon postérieur. Les chaises sont alignées, le public attend patiemment.

Alors que je sais, bien entendu, que je n'ai rien de magique. Je sais que je n'ai pas le moindre atome d'enchantement dans mon organisme tout entier. J'ai fait tout mon possible pour encourager la magie à se manifester : la piscine d'accouchement est installée dans le salon, entourée de bougies attendant d'être allumées. J'ai préparé des aromates, de la musique, des choses à brûler. Je suis prête à lancer le sortilège – mais alors que je dépasse ma date prévue d'une, puis de deux semaines, je me fais l'effet d'un chaman raté pointant son bâton vers le ciel en hurlant « VOYEZ ! DE LA PLUIE ! » tandis que les cultures continuent de se dessécher dans les champs et que les femmes gémissent.

Lorsque commencent enfin les contractions, elles sont douloureusement inutiles. Le bébé se trouve dans la malheureuse position postérieure (le crâne pressant contre ma colonne vertébrale) et les sages-femmes m'informent avec tristesse que bien que le sortilège ait commencé à opérer, j'ai, dans mon ignorance, invoqué accidentellement de la magie noire : les accouchements postérieurs sont longs, ardus et peu satisfaisants. Après vingt-quatre heures sans sommeil, on me suggère l'hôpital. Je pleure. Elles insistent.

Et dans la clarté du service hospitalier, confrontée aux merveilles modernes, lisses, bipantes de la technologie, la magie se dissout complètement. Le chaman est démasqué. Ce n'est qu'un vieillard avec un bâton, qui repart en traînant des pieds pour disparaître à tout jamais : les contractions cessent entièrement.

Une sage-femme suédoise d'abord peu amène m'évalue tandis que je pleure, assise sur le lit.

« Voilà ce qui arrive souvent avec les mamans qui insistent pour accoucher à domicile », dit-elle avec une certaine satisfaction tout en écartant mes jambes et en plaçant un crochet (pour surveiller le rythme cardiaque) dans la tête de mon bébé. Pauvre bébé ! Pauvre bébé ! Je suis désolée ! Ce n'est pas ainsi que j'imaginais ton premier contact ! « Elles finissent par échouer ici pour se faire ouvrir le ventre. »

Enfin, je rencontre une personne qui prend conscience de ce que je savais depuis le début. Cette garce me voit telle que je suis : une incapable.

Du samedi soir au lundi matin, la Santé publique parcourt lentement et scrupuleusement sa liste d'actions à accomplir pour les femmes ratées. Je n'ai pas perdu les eaux : on me les fait perdre d'un coup de crochet. Mes contractions ont cessé : on les relance à l'aide d'un pessaire. Mon col de l'utérus refuse de lâcher : douloureusement, on me le décolle au moment où une contraction repart. La sensation se rapproche de celle d'une coupure interne au début d'une lente agonie.

On m'aide par obligation, bien sûr : ce sont là autant de choses que le corps féminin est censé accomplir, de façon automatique, sans chichi – comme les précipitations ou un changement de saison. La perte des eaux, le début des contractions : autant de choses que mon corps aurait dû accomplir de lui-même, en cachant la mécanique, comme une boîte à musique.

Mais en raison de mon incompétence, on doit maintenant ôter le couvercle afin qu'une assemblée de médecins tous plus inquiets les uns que les autres jouent chaque note manuellement, en frappant du plat chaque dent du mécanisme. Mon travail n'a aucun rythme. Chaque pulsation semble forcée.

Bien sûr, après deux jours de cette horrible danse, le bébé s'est mis, avec force excuses et hésitations, à mourir. Sur le moniteur, son cœur bat comme un minuscule tambour-jouet. À mesure que chaque contraction l'étouffe, on entend le tambour s'éteindre progressivement – comme si la fanfare Bébé À Naître défilait dans une rue lointaine ou quittait carrément la ville.

Je sais ce qui vient ensuite : l'intraveineuse d'ocytocine. La Goutte. J'ai entendu parler de La Goutte. Tous les ouvrages consacrés à l'accouchement vous apprennent à vous en méfier. Lorsque vous contractez naturellement, le corps le fait généralement à un rythme et une intensité supportables pour vous. La Goutte, en revanche, ne s'embarrasse pas de ce genre de scrupules. Elle ne connaît qu'une vitesse : rapide. C'est une machine brutale – le métronome de l'arythmique. Une horloge atomique irrésistible qui vous fait sauter chaque minute, sans faute, dans une contraction. C'est le pacemaker du giron ; comme les chaussons rouges dans *Les Chaussons rouges*. Elle vous fera danser jusqu'à la mort.

La douleur s'avéra transformatrice – c'était comme passer de l'agnosticisme à l'évangélisme en une heure top chrono. Le ciel paraissait soudain empli de Dieu, Lequel n'avait qu'une peine biblique à m'offrir. Les pauses entre les contractions revenaient à lécher un robinet gouttant dans une maison en proie aux flammes – une seconde de répit, mais lorsqu'on se retournait, il faisait si chaud que l'humidité s'évaporait sur les lèvres ; les murs s'élevaient plus haut. Quant aux portes et fenêtres, elles n'avaient jamais existé. Le seul moyen de sortir serait de se retourner, comme une pieuvre, pour fuir par la porte magique de son squelette.

Mais je n'étais que chair et douleur, clouée à mon lit par les câbles des moniteurs, alors que ma mère ne m'avait jamais appris à me retourner comme une pieuvre.

Et à la fin – parce que j'avais rien de magique, que je ne pouvais expulser des singes de mon postérieur, et que j'avais passé trois jours et trois nuits dans cet endroit d'échec – les médecins durent m'attacher pour m'ouvrir le ventre. Au lieu de glisser hors de moi dans une douce giclée de magie et de Milky Way, Lizzie dut être extirpée de là par le Dr Jonathan de Rosa qui poussa mes reins sur le côté avant de la brandir par les pieds, la tête en bas, comme un lapin couvert de merde sur un croc de boucher.

Bien sûr, je ne vous en ai pas raconté la moitié. Je ne vous ai pas parlé des larmes de Pete, ni de la merde, des litres de vomi, ou de ces « bouche ! » que je haletais pour réclamer de l'air et de l'oxygène, ayant oublié tout autre mot. Ni le nerf que Lizzie avait endommagé avec son visage et comment, dix ans plus tard, ma jambe en demeure encore froide et engourdie. Ni les quatre péridurales infructueuses, qui m'ont laissé une vertèbre démolie et endolorie, le fluide passant entre elles comme du vinaigre chaud et pourrissant. Ni le plus important : le choc que la naissance de Lizzie puisse m'être si douloureuse ; qu'elle fasse de moi un animal à la patte coincée dans le piège de ses propres os et me réduise à implorer les médecins de prendre un couteau pour me délivrer.

Dans l'année qui suivit, tous les lundis à 7 h 48, je regardais l'horloge et me rappelais l'accouchement, exprimant avec un frisson ma gratitude que tout soit fini et mon émerveillement que nous ayons toutes les deux survécu.

Lizzie est née à 8 h 32 – mais c'est à 7 h 48 que j'ai reçu l'anesthésie et que la douleur, enfin, a cessé.

Nous sommes maintenant lundi matin. Je gis sur mon étroit lit d'hôpital, dans le calme et le silence, une perfusion saline dans le bras, une autre de morphine dans la jambe, mon mari sur une chaise et ma fille dans un couffin de verre, sans même un bouquet de fleurs sur la table de nuit, tellement il est tôt et l'événement tout neuf. J'ai les yeux écarquillés sous l'effet de la drogue. Lorsque je regarde les photos plus tard, je me trouve magnifique. Comme Stevie Nicks, bourrée, sur Mulholland Drive, mais à côté d'un bébé, aussi incongru que cela puisse paraître.

Pete ne ressemble à rien. Je ne m'en suis pas rendu compte sur le moment, parce qu'en l'absence de douleur, tout, même les vieilles taches de sang brunies et les néons impitoyables, me semblait magnifique ; mais la photo que Caz et Weena prennent de lui à leur arrivée, dix minutes plus tard, montre un homme aux yeux rougis par les larmes et au teint vert pâle dû à l'épuisement, la peur et l'engloutissement de ma réserve de Lucozade.

Ses yeux sont emplis de larmes, il ne peut s'empêcher de me contempler comme si j'allais mourir et que j'allais lui manquer plus qu'il ne pourrait jamais l'exprimer.

« Pete », dis-je en lui tendant une main. Dont le dos est orné d'une perfusion. Pete semble trop effrayé pour la toucher.

« Ils n'ont fait que te torturer », dit-il avant de se mettre à pleurer. Ses pleurs sont atroces ; sa bouche se liquéfie, des filets de salive relient ses lèvres. « Je n'ai rien pu faire. Chaque fois que je croyais à une amélioration, ils faisaient empirer ton état. Lorsqu'ils t'ont enfoncé ce truc dans le dos (la première des trois péridurales ratées), ils ont dit que la douleur allait cesser...) mais c'est parti de travers et tu as hurlé et fait sous toi. Ils ont couru dans le couloir avec le brancard. Tu faisais un bruit horrible. »

Je jette un regard au berceau de verre, donne un petit coup d'index sur la paroi, comme on le fait avec les aquariums. Lizzie ouvre un instant les yeux pour me dévisager, ses sourcils de singe froncés. Son visage rouge contraste avec le blanc du drap. Elle ressemble encore à un organe interne. Elle n'a pas de blanc dans les yeux – que du noir. Rien que d'énormes pupilles : deux grands trous dans sa tête de singe, menant directement à son cerveau de singe. Elle me dévisage. Je lui rends la pareille.

Pete et moi échangeons un regard. Nous aimerions sourire, nous le savons tous les deux ; mais nous en sommes incapables.

Nous nous tournons vers le bébé.

La douleur est transformatrice. Nous sommes tous programmés de façon à ce qu'elle nous donne les leçons les plus efficaces. J'apprends deux choses de ce premier enfant :

1) Que me laisser complètement aller sur le plan physique, ne suivre que deux séances des cours proposés par la NCT[1] et croire sincèrement que j'allais sans doute mourir n'était *pas* une bonne façon de me préparer à l'accouchement, tout compte fait.
2) Qu'une fois que vous avez fait l'expérience d'une telle douleur, le reste de votre vie vous semble relativement facile. Aucune expérience n'est jamais vraiment perdue, toute horrible qu'elle soit.

Parce que vous savez ce que vous en retirez, en plus de ces 27 points de suture au ventre ou de ces déchirures du deuxième au septième degré dans votre périnée ? Du recul. Un sacré paquet de recul. Je ne parle pas de « branlette intello », pour employer un terme technique. Mais dans bien des cas, une dose furieuse de vingt-quatre heures d'une douleur follement intolérable résout bon nombre des aspects les plus stressants et les plus pénibles de la vie moderne.

Comparez-le à un feu de broussailles mental. Vous vous débarrassez d'un tas de bois mort émotionnel. Vous êtes contrariée par un mauvais service clients, par des sandwiches mal préparés ou par l'allure de vos jambes ? Ce ne sera plus le cas lorsque vous aurez été traînée à reculons de l'autre côté des portes incandescentes de l'enfer pendant quarante-huit heures d'accouchement !

De ce côté-là, l'accouchement est bien supérieur à la Sertraline ou à la thérapie. Assez tôt, vers le début de l'événement, vous aurez une révélation d'une simplicité éblouissante comme aucune autre dans votre

1. National Childbirth Trust : organisme de charité britannique proposant de l'aide et des informations pour la grossesse, l'accouchement et la maternité. (*N.d.T.*)

vie : la seule chose qui compte *réellement*, dans ce foutu monde sans queue ni tête, c'est de savoir si oui ou non vous avez un machin de la taille d'un chat coincé dans le cervix, et que chaque jour que vous passerez *sans* chat coincé dans votre cervix sera, par définition, un jour absolument parfait à tout point de vue.

Lorsque le moment sera plus ou moins venu pour un homme aux mains de géant de s'approcher de vous armé d'un forceps gros comme une pince à barbecue, vous vous direz, recul. Oui, oui, j'ai un peu de recul à présent. Je doute d'être en colère si jamais Norwich Union change de nom pour redevenir Aviva.

Pour être honnête, l'accouchement donne aux femmes une paire de couilles gigantesque. Vous vous mettez à planer lorsque vous vous rendez compte que tout est terminé et que vous n'êtes finalement pas morte, et c'est une sensation qui peut durer pour le restant de vos jours. Défoncées à l'euphorie, électrifiées par leur propre courage, les jeunes mères envoient enfin paître la belle-famille, se teignent les cheveux en rouge, prennent des cours de conduite, montent leur entreprise, apprennent à se servir d'une perceuse, expérimentent avec des condiments thaï, plaisantent joyeusement sur l'incontinence et cessent d'avoir peur du noir.

En résumé, une dose de douleur si intense transforme la petite fille en femme. Il existe d'autres moyens de parvenir à ce résultat, que je détaille dans le chapitre 15, mais tout bien considéré, c'est l'un des plus efficaces. Si je devais comparer celle que je suis aujourd'hui à celle que j'étais avant de donner naissance à mon premier enfant, la métamorphose est presque complète. Ouvrir mon cervix m'a ouvert des « portes de perception » que les drogues n'avaient jamais atteintes : pour être honnête, tout ce que j'ai appris de l'ecstasy, c'est que, suffisamment défoncé, vous pouvez danser sur un podium au rythme d'une annonce enregistrée répétant sans relâche « Mesdames et messieurs, l'établissement va fermer ses portes ».

L'enfantement, en revanche, m'a appris énormément. Avant mon premier accouchement, j'avais toute une liste de choses dont j'avais peur : le noir. Les démons. Une invasion extraterrestre. L'avènement soudain d'un nouvel âge de glace. Le phénomène, souvent rapporté, de l'incubus, où un dormeur se réveille paralysé, une vieille sorcière assise sur sa poitrine. Les films d'horreur. La douleur. Les hôpitaux. L'anesthésie générale. La folie. La mort. Grimper très haut sur une échelle et en redescendre. Les araignées. Parler en public. Discuter avec des gens aux accents régionaux ou étrangers très prononcés. Apprendre à conduire, en particulier à passer les vitesses. Les toiles d'araignée. La calvitie. Allumer des feux d'artifice. Demander de l'aide, les déferlantes d'une rapidité inhabituelle et la perspective d'être envoyée, en ma capacité de journaliste, interviewer Lou Reed – connu pour être effroyablement maussade.

Après la naissance du bébé, voici ce dont j'avais peur : de me réveiller pour découvrir que mon enfant, ayant trouvé le moyen de revenir en moi, devait être une nouvelle fois extirpé de son refuge. Et c'était tout. Même si je ne recommande à personne l'accouchement postérieur de trois jours bouclé en urgence par une césarienne, tant qu'à en passer par là, c'est toujours bon de savoir que l'expérience ne sera pas totalement inutile. Vous ressortez plus ou moins de l'opération dans le même état que la Tina Turner de *Mad Max III*, la lactation en plus.

Élever un enfant

Dans les premières années de maternité, toutes les comparaisons qui me venaient à l'esprit tournaient autour du pugilat, de la bataille et du courage. Les personnes sans enfant sont les premières à imaginer la parentalité comme une sorte d'idylle séduisante à base de lait chaud, de soufflage de bulles et de câlins.

Pour ceux qui sont engagés dedans, cependant, le langage est souvent militaire, rivalisant parfois avec celui du colonel Kurtz au Vietnam. Beaucoup considèrent la prestation de Marlon Brando dans *Apocalypse Now* comme l'un des morceaux de bravoure du cinéma hollywoodien. Personnellement, je le soupçonne de s'être inspiré d'une expérience récente de baby-sitting où il se serait occupé pendant trois semaines d'une paire de jumeaux âgés de trois mois atteints de coliques.

Les parallèles avec la guerre sont multiples : on porte les mêmes vêtements jour et nuit ; on ne cesse de répéter avec optimisme « Tout sera fini avant Noël » ; tout n'est que plages d'ennui ponctuées de moments de pure terreur ; on subit les assauts permanents de la vermine ; personne ne semble savoir ce qui se passe réellement ; il n'y a qu'avec d'autres vétérans que vous pourrez évoquer la réalité crue de votre expérience ; et vous vous retrouvez souvent étendue au milieu d'un champ au cœur de la France, à 4 heures du matin, à appeler votre maman – même si cela tient plus souvent de ce que vous avez contracté une mammite pendant vos vacances au camping, et que vous vous êtes aperçue que vous n'aviez emporté qu'une seule sandale pour la petite de six ans, que de ce que vous apercevez votre propre jambe pulvérisée et encore vêtue, à 20 mètres de vous, et savez que Wilfred Owen a déjà commencé à écrire un poème à votre sujet.

Mais s'il est facile de sombrer dix jours durant dans une litanie d'apitoiement sur soi marquée aux LEGO et imbibée de gin, je préfère regarder toute cette histoire de maternité sous un angle plus positif.

Premièrement, et évidemment, il y a le plaisir purement émotionnel, intellectuel, physique et chimique d'avoir des enfants. La vérité vraie est que le monde n'offre pas de plus belle récompense que celle de se prélasser au lit avec ses enfants en les écrasant légèrement, une jambe en travers d'eux, et de leur dire d'un air grave « Tu es un caca ».

Bouteilles de champagne millésimé à 15 000 livres ; voyages en montgolfière pour suivre la migration des gnous, chaussures en peau de requin à semelle incrustée de diamants, Paris, autant de lots de consolation, finalement, pour ceux qui n'ont pas accès à un petit enfant, de préférence un peu sale, avec lequel s'amuser en le taquinant du doigt et en l'étouffant doucement, en proie à un pic d'amour ridicule.

C'est la stupidité – la prodigalité et la stupidité – qui s'avère si étourdissante : un gamin de sept ans dévale l'escalier, vous embrasse fort et regagne aussitôt l'étage, le tout en moins de trente secondes. Tâche aussi urgente sur leur calendrier que manger ou chanter. On se croirait agressé par Cupidon.

Vous, de votre côté, vous observez à distance, tout simplement sidérée par l'abondance d'amour que vous confectionnez. C'est sans fin. Votre adoration aura beau fatiguer, jamais elle ne cessera : elle devient carburant pour votre tête, votre corps, votre cœur. Vous alimente durant les averses pour aller livrer les imperméables oubliés pendant la récréation du déjeuner ; fait des heures supplémentaires afin de payer chaussures et marionnettes ; vous tient éveillée toute la nuit pour apaiser toux, fièvre et douleur – un peu comme le faisait le désir, mais avec une puissance tout autre.

La simplicité même de ce processus force l'admiration. Tout ce qui vous intéresse – la seule question qui vous préoccupe – est de savoir : les enfants vont-ils bien ? Sont-ils heureux ? Sont-ils en sécurité ? Et tant que la réponse est « oui », rien, absolument rien d'autre n'a d'importance. Vous rencontrez cette citation des *Raisins de la colère* et frissonnez devant son exactitude : « Comment effrayer un homme dont la faim ne réside pas seulement dans son propre estomac contracté, mais dans les ventres infortunés de ses enfants ? C'est impossible – car il a connu une peur qui dépasse toutes les autres. »

J'ai dans l'entrée une photo en noir et blanc nous représentant, Nancy, Lizzie et moi, dans le bain, alors que Nancy a huit mois et Lizzie deux ans et demi. Je mordille doucement Lizzie. Nancy, quant à elle, me mâchouille la figure. Tous les yeux sont rivés sur le photographe – Pete, qui riait, comme le prouve le léger tremblement de l'appareil. Nous voilà : une pile d'ADN partagé, tout entremêlé, sous le regard protecteur de celui qui nous aime le mieux. Si je devais expliquer à quelqu'un ce qu'est le « bonheur », je lui montrerais cette photo.

« C'est mordiller des enfants dans le bain pendant que leur père crie "Croque le visage de maman ! C'est son point faible !" », expliquerais-je.

Attention, nous connaissons bien l'aube dégoulinante d'amour de la parentalité nouvelle. Le monde étoilé et bisounoursien de la maternité a été largement documenté. Mais, s'il ne faut pas sous-estimer les joies les plus indescriptibles de l'amour désintéressé, il est bon néanmoins pour une femme de peser le pour et le contre de la maternité en l'observant aussi sous un angle alternatif : « Qu'est-ce que j'y gagne ? Quels sont les avantages ? Qu'est-ce que je peux en retirer ? » Comme si vous vous traîniez devant la boutique du sperme, vos ovaires à la main, en vous demandant s'il faut entrer.

Pour l'instant, avec dix années d'expérience sous la ceinture, je peux vous dire ce que j'en ai retiré jusqu'à présent. L'affaire est étonnamment avantageuse.

UN : Une compréhension superlative de la durée d'une heure. Avant d'avoir des enfants, je pouvais passer une heure entière à ne rien faire. *Rien.* Vraiment, une heure, c'était peanuts. Je pouvais passer des *journées* entières sans rien accomplir du tout. Demandez-moi comment s'était passée ma semaine, et je gonflais les joues avec un « Pfff ! Sur les chapeaux de roue ! Pas de répit pour les braves ! Tout s'enchaîne ! Je brûle la chandelle par les deux bouts, mon ami » – alors que j'avais peut-être pondu un seul et unique article, puis commencé vaguement à ranger les tiroirs de la cuisine en attendant la diffusion de *Big Brother*, abandonnant le fouet sur le sol, où Pete marchait dessus.

Trois jours après la naissance de Lizzie, cependant, j'ai soudain pris conscience des richesses que j'avais dilapidées. Assise sur un fauteuil à bascule, mon nourrisson fermement assoupi dans les bras, la télécommande de la télé me narguant hors de portée, je n'avais d'autre choix que de regarder l'énorme horloge de gare égrener les secondes sur le mur ; des secondes par milliers, durant lesquelles je ne pouvais rien faire. Alors, bien sûr, je ne pouvais m'empêcher de penser à l'activité qui serait la mienne, si je pouvais retrouver mon ancienne vie pendant que quelqu'un d'autre gardait le bébé.

Oh la vache, je pourrais être en train d'apprendre le français, si je n'avais pas eu cet enfant, me dirais-je tristement. En une heure, je pourrais apprendre à commander un café, un taxi et un pancake. En une heure ! Si ma mère ne s'était pas montrée aussi *foutrement égoïste* et avait simplement renoncé à sa vie pour venir garder la petite, je pourrais être en train d'apprendre les nœuds marins ! Dévorer un Munro ! Admirer l'exposition de cartes anciennes au British Museum ! Acheter enfin un rideau pour la chambre au lieu de me dire que ce serait « rigolo » à faire « après la naissance du bébé ». POURQUOI ai-je perdu tout ce temps avant ? OH POURQUOI POURQUOI POURQUOI ? Maintenant je n'en aurai plus le loisir avant *des années*. J'aurai passé la cinquantaine quand j'apprendrai le français. Quelle idiote.

Cette révélation soudaine, brutale, concernant la fugacité du temps s'accompagne souvent de…

DEUX : Un soudain et brutal accès d'ambition. Eh, le travail c'est pour les pingres et les moutons, me disais-je avant d'avoir des enfants. Jamais je ne vendrai mon âme au diable ! Non – je me satisfais du minimum vital et consacre tout mon temps libre à des loisirs aussi fascinants que fumer de la marijuana, confectionner des cartes de vœux, écumer neuf heures par jour des forums de discussion sur Internet, prendre de longs petits déjeuners avec des amis, et regarder *Cheers*. Poursuis ta route, Satan – et emporte toutes tes illusions de succès avec toi !

Dans les trois semaines qui suivent la naissance de Lizzie, mon opinion à ce sujet a effectué un virage à 360 degrés. Lorsqu'on demande à mes enfants « Qu'est-ce qu'elle fait, ta maman ? », je ne voudrais pas qu'ils répondent, l'air embarrassé, « Elle connaît le nom de la mère de Cliff Clavin », me dis-je tristement en contemplant le visage bientôt embarrassé de Lizzie. Je voudrais qu'elle réponde : « Elle est PDG d'une compagnie d'imagerie internationale qui a apporté la paix au Moyen-Orient. *Et* elle connaît le nom de la mère de Cliff Clavin, aussi. » Oh, Lizzie, comme je t'ai trahie. Tu veux que je te dise, petit bout ? Tu n'as qu'à faire une sieste de trois ans, là, tout de suite, et j'arrange *tout*. J'ai compris. C'est à moi de *me bouger*. Je vais tous les *dépasser*.

Ainsi, dans les minuscules fenêtres temporelles où votre enfant s'endort ou quelqu'un d'autre s'en occupe, vous vous surprenez à être d'une productivité quasi surhumaine.

Donnez à une jeune mère une heure de sommeil pour son enfant et elle accomplira dix fois plus qu'une personne sans enfant. Le terme de « polyvalence » ne suffirait même pas à décrire la productivité monstrueuse d'une personne passant une commande de produits alimentaires en ligne, rédigeant un rapport, préparant le thé, conseillant une amie en pleurs par téléphone, réparant un aspirateur cassé – le tout dans la limite temporelle d'une sieste.

L'aphorisme « Il n'y a pas plus efficace qu'une femme occupée » est la reconnaissance directe du stage de productivité auquel vous soumet la maternité. Les parents de jumeaux pourront même donner de la voix dans la pièce adjacente, sans pour autant interrompre leur conversation avec l'aîné. C'est tout simplement magique.

Si vous employez un parent sur votre lieu de travail, certes, il vous faudra parfois lui accorder une journée pour soigner la dengue du petit dernier. Mais bon sang, je parie que ce sera la seule personne capable de réparer la photocopieuse d'un coup de pied en cas de panne et de vous concocter six mois de stratégie dans le temps qu'il faut à l'ascenseur pour descendre du vingt-quatrième au hall d'entrée.

TROIS : Plus rien n'est impossible. Une chose est sûre : arrivée au deuxième anniversaire de votre enfant, vous repenserez à votre vie avant sa naissance et considérerez votre précédente incarnation comme une dilettante faible, dégonflée, dandifiée, pourrie-gâtée, inefficace et superficielle qui perd son temps – en gros,

Hugh Laurie dans la série humoristique *Blackadder* faisant irruption dans une pièce en hurlant « Mène mène ton bateau le long d'la rivière / À bas les pantalons la vie n'est qu'une fête WOUF ! »

Chaque parent a son moment particulier où il s'est rendu compte que, ayant eu un enfant, plus rien ne pouvait le perturber. Dans mon cas, c'était le jour où l'apprentissage par Lizzie de la propreté a échoué, et où j'ai dû, d'un coup de pied, envoyer valser une crotte à travers l'espace de démonstration de fauconnerie dans un chapiteau du zoo de Regent's Park. J'ai montré que j'avais le pied gauche de Beckham, la composition glacée d'Audrey Hepburn sur le podium, et la rapidité de jugement de l'illustre inconnu qui a, le premier, songé à enterrer le matériel radioactif dans du béton.

Je peux vous assurer que, comparé à cela, le jour où je ne disposais que de vingt-sept minutes pour rallier le 10 Downing Street depuis mon domicile dans le nord de Londres afin d'interviewer le Premier ministre – avant de recevoir un appel m'informant que le taxi avait été arbitrairement annulé –, ce n'était *rien.*

Et, bien sûr, je suis arrivée à l'heure pour l'entrevue. Et vous savez pourquoi ? Parce que JE SUIS UNE MAMAN. Ce qui fait que je surclasse d'office Barack Obama dans neuf catégories au moins.

Une bonne naissance

Deux ans et demi plus tard, rebelote : je me suis fourré un marmot dans le ventre, ai laissé sa tête enfler jusqu'à une circonférence déraisonnable, et je dois une fois de plus embêter le col de mon utérus avec cette histoire de dilatation.

Cette fois-ci, pourtant, je m'y prends différemment. Pour commencer, je n'ai pas passé les deux derniers mois de ma grossesse à me dire, Noël toute l'année ! Chaque journée peut commencer avec deux sheperd's pies, de la crème, six bonbons Cadbury's et des Pringles ! C'est Noël ! Vive moi !

Résultat, je n'ai pas pris 20 kilos, et je suis capable de faire des choses comme « marcher », me « tenir debout » et « me lever du canapé sans pousser un Ouuuuf ! » J'ai assisté à toutes mes classes pré-natales, y compris le cours de visualisation de l'accouchement, dans laquelle une femme à la voix hypnotique me rappelle sans cesse que mon cervix est vraiment une trappe et que la bloquer mentalement avec une chaise en disant « Genre, comme si j'allais laisser faire *ça* » n'arrangera personne – surtout pas moi. Il m'a fallu attendre mes vingt-sept ans, mais me voilà à présent convaincue que le col de l'utérus est, effectivement, un orifice.

Et enfin, cette fois-ci, je me suis rendue à l'évidence que je refusais systématiquement jusque-là : je ne vais pas en mourir.

En mon for intérieur, c'est ce que je pensais réellement lors de ma première grossesse. C'était le Kraken entre les mâchoires duquel mon accouchement avait sombré. À mes yeux, travail et accouchement dépassaient l'entendement et – telle une paysanne médiévale, niant tout au-delà de la conception – j'en déduisais que je serais donc contrainte, purement et tristement, de mourir le moment venu. J'étais contente, quoique incrédule, de constater que les autres mères parvenaient à s'en sortir vivantes ; je ne m'en étais pas moins noblement résignée à voir apparaître au cimetière ma propre stèle avec son inscription poignante : « Morte en couches, 2001. Comme miss Melly dans *Autant en emporte le vent.* »

Fini la vierge effarouchée, cependant ; fini les neuf mois larmoyants passés à rêver de cercueils, de pères veufs et de bébés hurlants. Je n'écris pas ma propre oraison funèbre – « C'était une personne raisonnablement agréable à l'œil, qui savait toujours accorder ses gants à sa tenue » – en sanglotant.

Maintenant que je sais comme fonctionne l'accouchement, maintenant que cette femme à la voix douce m'a expliqué le travail, j'ai l'impression de connaître enfin mon rôle. C'est simple – tellement simple que je suis épatée de ne pas l'avoir su plus tôt. Un matin je vais me réveiller et, avant de me rendormir, je devrai cocher une longue liste de contractions, l'une après l'autre. Arrivée à la dernière, j'aurai ma fille. Chacune de ces contractions sera en elle-même une tâche, une expérience d'une minute qui affolerait quiconque en serait soudainement affecté sans avoir été prévenu, mais je dispose de l'information qui facilite tout : cela n'augure rien de mauvais. Tout est en ordre. Contrairement aux autres douleurs de cette Terre, celles-ci ne sont pas le signe d'un problème mais d'une solution.

Voilà ce dont je n'avais pas conscience la première fois, lorsque je priais éperdument pour que les douleurs cessent. Je ne savais pas alors que ces douleurs étaient en réalité la réponse, et que toute alternative serait bien pire. Maintenant que je sais de quoi il s'agit, et à quoi elles servent, j'accueille chacune d'entre elles avec une joie sereine : soixante secondes pour respirer, aussi mollement qu'un enfant endormi, de façon à ce que le flot de sensations ne connaisse aucun heurt, à ce qu'aucune tension musculaire ne vienne s'y accrocher. Je suis un verre d'eau limpide ; de la fumée poussée par le vent ; un espace vide, prêt à laisser dériver la lune.

Arrivée à l'hôpital, mes contractions sont si violentes que j'en tombe spectaculairement à genoux dans l'entrée et me raccroche au premier objet qui me tombe sous la main : une statue grandeur nature de la Vierge Marie. Quatre infirmières doivent se précipiter pour l'empêcher de tomber à la renverse en m'écrasant au passage.

Pour cet accouchement, je ne gis pas, impuissante, sur le lit, attendant que mon bébé soit livré par le room service. On m'a dit de marcher, ce que je fais : je parcours des kilomètres, comme sur la route de Bethléem. Les couloirs de l'hôpital servent de piste à la course la plus lente et la plus pesante du monde. Je marche quatre heures durant, sans interruption. Oh Nancy ! Je marche de Saint-Paul à Hammersmith pour toi, pieds nus, soupirant à voix basse, de l'Ange à l'Ovale, du Palace au Heath. Ta tête pèse comme une pierre contre mes os – une pression à laquelle je ne peux mettre encore fin, et toi non plus. La gravité : voilà la magie que je n'avais pu trouver, deux ans plus tôt, attachée à mon lit. La gravité, voilà le sortilège que j'aurais dû invoquer. J'avais consulté les mauvais grimoires.

Après quatre heures de promenade, tout change, et je sais que j'ai suffisamment usé mes semelles. Je grimpe dans le bassin et expluse Nancy en cinq, six courtes poussées. Alors que son visage apparaît – un bébé shar-pei orné d'une afro lissée au saindoux –, même moi, je me rends compte qu'il est trop tard pour tout rater.

« C'était facile ! » je m'écrie, mes premières paroles, avant même qu'elle soit sortie de l'eau, tandis que les sages-femmes se tiennent prêtes à l'envelopper, serviette en main. « C'était facile ! Pourquoi est-ce que personne ne vous dit combien c'est facile ! »

13

POURQUOI ON NE DEVRAIT PAS FAIRE DES ENFANTS

Bien entendu, si avoir des enfants constitue un travail à temps plein – avec engagement sur dix-huit ans au bas mot, suivis de quarante années supplémentaires de temps partiel à se faire du souci, leur prêter de l'argent et leur taper sur le système en continuant de couper leurs toasts en forme de soldats alors même que ce sont maintenant des neurochirurgiens de trente-huit ans –, par bien des aspects, c'est le choix de la facilité pour une femme. Pourquoi ?

Parce que, si vous avez des enfants, au moins les gens cesseront de vous demander quand vous allez en avoir.

On demande toujours aux femmes quand elles auront des enfants. Plus souvent encore qu'on ne leur propose « Puis-je vous aider, madame ? » alors qu'elles viennent d'entrer dans un magasin pour téléphoner au calme, ou que leur grand-mère ne leur suggère pas « Tu ne veux pas attacher ta frange ? Tu as un *si joli* visage… »

Pour une raison quelconque, le monde veut systématiquement savoir quand les femmes auront des enfants. Il aime qu'elles prévoient ce genre de chose *tôt.* Il veut qu'elles soient franches et directes à ce sujet : « Oh, je vais prendre un verre de merlot, les palourdes, le steak… et un enfant à trente-deux ans, s'il vous plaît. »

Le monde panique étrangement devant les femmes qui font preuve d'une attitude un peu détendue et « osef » à ce sujet : « Mais, et *l'horloge biologique* ! s'écrit-il alors. Vous devriez planifier *au moins* cinq ans à l'avance ! Si vous faites un enfant à trente-quatre ans, il vous faudra être fiancée à vingt-neuf *au plus tard*. Allez, ouste ! Allez me trouver un mari ! Regardez sur Amazon ! Si vous ne voulez pas finir *stérile et solitaire comme cette pauvre Jennifer Aniston.* »

Qu'une femme suggère ne pas vouloir d'enfant du tout, et le monde aura tôt fait de poursuivre son obsession :

« Oooooh, ne parlez pas si vite », dira-t-il, comme si déterminer si vous êtes ou non le genre de personne à désirer créer *un nouvel être humain tout entier à l'intérieur de vos tripes, à base de sexe et de nourriture*, avant d'organiser le reste de votre vie autour de son bien-être, était une décision prise à la légère. Comme choisir d'organiser un pique-nique un jour de beau temps inespéré ou modifier le fond d'écran de votre ordinateur.

« Vous changerez d'avis en rencontrant l'homme de votre vie, ma chère », ajoutera le monde avec une suffisance étrangement agressive.

Ma sœur Caz (qui, depuis l'âge de neuf ans, s'est fermement tenue à son choix de ne pas avoir d'enfant) a traversé une période durant laquelle elle répondait à cette affirmation : « Myra Hindley a rencontré l'homme de sa vie. C'était Ian Brady[1]. »

Mais elle a cessé depuis.

---

1. Ian Brady : psychopathe ayant violé et tué plusieurs enfants dans les années 1960, avec la complicité de sa compagne Myra Hindley. (*N.d.T.*)

Les femmes, suppose-t-on, finiront toujours par faire des enfants. Elles peuvent connaître des phases adolescentes, écervelées, durant lesquelles elles prétendent n'avoir pas le moindre intérêt pour cette activité – mais lorsque tout est fait et dit, la féminité est un cul-de-sac abritant la Maternité, un point c'est tout. Toutes les femmes adorent les bébés – de même que toutes les femmes adorent les chaussures Manolo Blahnik, ou George Clooney. Même celles qui ne portent que des tennis, sont lesbiennes, ou détestent vraiment les chaussures ou George Clooney.

C'est pourquoi vous les *aidez*, en fait, en leur demandant quand elles vont enfin se décider à s'y mettre, à ce bébé. Vous leur rappelez d'ouvrir les yeux, au cas où elles apercevraient du sperme au cours de leur vadrouille. Elles pourraient en avoir besoin plus tard.

À dix-huit ans, j'ai présenté pendant un an une émission musicale nocturne sur Channel 4, intitulée *Naked City*. Si je devais la résumer en une phrase, je la décrirais ainsi : « Un genre de *The Word*[1] mais sans les tarés. »

Si cela voulait dire qu'il ne m'arrivait pas souvent de voir débarquer des spectateurs mangeant un bol de vomi ou tirant un coup avec une vieille dame, cela signifiait aussi que nous n'avions pas les mêmes chiffres d'audience, si bien que l'émission fut déprogrammée au bout de deux saisons.

Quoi qu'il en soit, lors de son lancement, elle avait bénéficié d'un peu de publicité, ce qui m'a permis de

1. Émission diffusée sur Channel 4 de 1990 à 1995, proposant interviews, prestations musicales, etc. La diffusion en direct et à une heure tardive donnait au programme un côté parfois incontrôlable et provocateur, renforcé par la présence d'un segment intitulé « The Hopefuls », dans lequel des inconnus relevaient les défis les moins ragoûtants afin de passer à l'antenne. (*N.d.T.*)

passer quelques week-ends à donner des interviews à la presse de Sa Majesté et à me faire tirer le portrait, moment que je choisissais systématiquement pour faire ma « tête de Muppet bouche ouverte », à la constante et insondable consternation de toutes les parties impliquées.

Si les différents segments de la presse avaient chacun un angle spécifique pour les interviews – le *Sun* me parlait de mes « boobs », le *Mirror* tentait de me monter contre Dani Behr, le *Mail* voulait savoir à quelle génération, au juste, la famille Moran avait émigré dans le pays, et, par conséquent, à quel point j'étais étrangère –, une question cependant revenait systématiquement, quel que soit l'interlocuteur :

« Et sinon… vous voulez des enfants ? »

La première fois qu'on me l'a posée, j'ai ri aux larmes pendant trois minutes.

L'interview avait lieu à Camden, dans ma maison bordélique, alors que l'électricité était encore coupée et que Saffron la chienne stupide perdait tellement ses poils que j'avais dû me résoudre à recouvrir le canapé d'une couche de papier journal sur laquelle faire asseoir le journaliste de peur qu'il ne reparte vêtu d'un pantalon en poils de chien. Je fumais comme un sapeur, encore en pyjama à 16 heures, et servais des doigts de Southern Comfort dans un verre de vin. Ils étaient venus interviewer une personne dont le travail était de présenter une émission de rock en deuxième partie de soirée sur une chaîne « provoc », où, quand j'avais reçu Mark E. Smith de The Fall, il était tellement bourré qu'il avait passé la moitié de l'entretien à contempler ses mains à plat sur la table. J'avais dix-huit ans. J'étais une enfant. Mais, quand même :

« Et sinon… vous voulez des enfants ?

— Des enfants ? avais-je hululé. Des enfants ? Mais mon pote, même les souris de la cuisine ont clamsé parce que j'ai jamais rien à manger. Je suis même pas foutue d'élever de la *vermine*. Alors, des enfants. HAHAHAHA. »

Ça, c'était la première fois – mais pas la dernière.

Bien sûr, j'ai compris pourquoi ces journalistes me posaient la question : parce que, quand je faisais ma journaliste, je la posais également.

Enfin, pas au *début*. Quand j'interviewais, mettons, Björk, ou Kylie Minogue, jamais il ne me serait venu à l'esprit de leur poser la question des enfants. Après tout, je ne l'avais jamais posée à Oasis, ni à Clive Anderson. Mais quand on travaille pour un magazine féminin sur papier glacé, comme cela m'arrivait sporadiquement, au moment de soumettre votre papier, le plus souvent, la rédactrice le lisait avant de vous appeler pour tenir la conversation suivante :

RÉDACTRICE : C'est formidable. Vraaaaiiiiiiment formidable. Fabuleux. Magnifique. On adore. ON ADOOOOORREEEE. [PAUSE] Juste deux petites choses. Tout d'abord – qu'est-ce qu'elle portait ?

MOI : Sais pas. Un haut ?

RÉDACTRICE : Lequel ?

MOI, déboussolée : Le sien ?

RÉDACTRICE : Non – un haut *de qui* ? Nicole Farhi ? Joseph ? Armani ?

MOI, faisant de mon mieux : Il était gris…

RÉDACTRICE, sèchement : Appelle son attachée de presse pour lui demander, tu veux ? Et rajoute l'info dans le premier paragraphe. Tu sais. « Kylie est assise sur le canapé, ses pieds nus ramenés sous elle, décontractée mais élégante dans son haut en cachemire signé Joseph, un pantalon McQueen, ses chaussures Chloé négligemment jetées au sol à côté d'elle. » Quelque chose dans ce goût-là.

MOI, déroutée mais de bonne volonté : OK.

RÉDACTRICE : Et deuxième chose – elle veut des enfants ?

MOI : J'en sais rien !

RÉDACTRICE : Elle fréquente quelqu'un en ce moment ?

MOI : J'en sais rien ! Je lui ai pas demandé. On a parlé de l'album, de la soirée à laquelle elle s'est rendue, de la mort de Michael Hutchence et combien elle a pleuré…

RÉDACTRICE : Tu veux bien passer un coup de fil pour lui demander ? Demande-lui quand elle veut devenir mère. Ça me semble important pour l'article…

Il n'y avait que pour les femmes qu'on me faisait le coup, pourtant. Jamais on ne m'a ordonné de le faire avec des sujets mâles. *Jamais* on ne vous aurait ordonné de demander à Marilyn Manson s'il avait déjà traîné chez JoJo Maman Bébé, à tripoter des petites bottes en pleurant.

La raison pour laquelle on ne demande pas aux hommes quand ils auront des enfants, bien sûr, est que les hommes, eux, peuvent plus ou moins poursuivre une vie normale une fois qu'ils ont eu un bébé. Ainsi tourne encore le monde. Des millions d'hommes admirables font un choix différent, à l'évidence : ils avancent, main dans la main, avec leur partenaire, et se partagent équitablement l'insomnie, la peur, l'épuisement et l'implacabilité des braillements stridents. Résultat, j'en pince pour eux.

Mais quand on demande aux femmes quand elles vont avoir des enfants, se cache derrière, en réalité, une autre question, plus sombre, plus pertinente. En tendant soigneusement l'oreille, après avoir coupé toute source sonore superflue et pressé votre index sur vos lèvres pour faire taire les passants, vous pourrez l'entendre.

C'est celle-ci : « Quand allez-vous tout foutre en l'air en faisant un gamin ? »

Quand allez-vous gaspiller une tranche de quatre ans, au bas mot, de votre carrière, à un âge où la plupart des gens atteignent le sommet de leur séduction, de leur créativité et de leur ambition, en faisant un bébé ? Quand allez-vous, comme vous le devriez en votre âme et conscience, mettre toute votre créativité et votre énergie en veille, afin de servir les besoins constants de votre nouveau-né sans défense ? Quand allez-vous cesser de faire des films/albums/livres/affaires ? Quand les trous vont-ils commencer à apparaître dans votre CV ? Quand serez-vous abandonnée, oubliée ? IL EST OÙ LE POPCORN, QU'ON REGARDE ÇA ?

Lorsqu'on demande aux femmes « Quand allez-vous avoir un enfant ? », ce qu'on leur demande réellement, c'est : « Quand allez-vous partir ? »

Et la question est toujours « Quand allez-vous avoir des enfants ? » Plutôt que « Voulez-vous des enfants ? »

Les femmes ont si souvent peur de leur horloge biologique (« IL NE RESTE PLUS QUE DEUX ANS POUR FAIRE UN ENFANT ! ») qu'elles n'ont jamais vraiment la possibilité de se demander si cela leur importe ou non, dans le fond, que cette saloperie cesse son tic-tac. Avec cette manie de présenter la fertilité féminine comme limitée et prompte à disparaître, nous courons le risque de voir les femmes paniquer et faire des enfants, « au cas où » – de la même manière qu'elles paniquent et achètent un cardigan en cachemire à moitié prix, deux tailles trop petit, pendant les soldes.

D'un côté, elles n'en voulaient pas vraiment, mais de l'autre, ce sera peut-être leur dernière chance d'en avoir un, alors ça vaut mieux que de le regretter plus tard.

Il n'est pas rare d'entendre les femmes dire à 2 heures du matin, dans un accès d'authenticité nourri par le gin : « C'est pas que je regrette d'avoir eu Chloé et Jack. C'est juste que, si tout était à refaire, je sais pas si j'aurais des enfants *tout court.* »

Mais le choix de ne pas avoir d'enfant est une décision très, très difficile à prendre pour une femme : l'ambiance est d'une imperméabilité inquiétante aux déclarations telles que « J'ai fait le choix de ne pas en avoir » ou « Ça semble un peu dégueu, honnêtement ». Ces femmes-là, nous les qualifions d'« égoïstes ». La locution « sans enfant » comporte un sous-entendu négatif : une histoire de manque, de perte. Nous voyons les non-mères comme des loups malingres et solitaires – tapageuses, aussi dangereuses que des adolescents, ou des hommes. Nous faisons sentir à ces femmes que leur histoire personnelle a cessé son tic-tac au cours de leur trentaine si elles n'ont pas « bouclé la boucle » en faisant des enfants.

Hommes et femmes se sont également embarrassés d'une croyance dépassée ; celle que, d'une certaine manière, les femmes demeurent incomplètes en l'absence d'enfant. Pas du simple « fait » biologique selon lequel toute chose vivante est censée se reproduire, et que votre héritage sur cette terre se résume à la transmission de votre ADN – mais quelque chose de plus personnel, insidieux et dévalorisant. Comme si une femme restait elle-même, quelque part, une enfant tant qu'elle n'enfante pas à son tour – comme s'il n'y avait qu'en produisant un être plus jeune qu'elle pouvait gagner son statut d'« aînée ». Qu'il existe des leçons que seule la maternité peut vous donner et que vous ne trouverez nulle part ailleurs – et que toute autre tentative d'atteindre à cette sagesse et à cette connaissance de soi n'était qu'un ersatz minable. Comme si les mères finissaient major en sciences politiques à Oxford, tandis que les sans-enfant pouvaient tout au mieux espérer un B à l'université Leicester de Montford.

Même si je suis généralement pour toute anomalie rare du climat sociétal accordant une grande valeur au travail des femmes – comme ici, l'idée que la maternité constitue un événement nécessaire, transformateur, sans aucun parallèle ni équivalent –, celle-ci s'avère, au final, des plus emmerdantes pour les femmes.

Je soupçonne une partie de ce sentiment que les femmes ne peuvent devenir des aînées puissantes dans la société qu'en ayant des enfants (*cf.* l'avènement de la « yummy mummy » au Royaume-Uni ou de la « mama grizzly » à la sauce Sarah Palin aux États-Unis) de venir du fait que les femmes ne sont pas bien considérées passé un certain âge : autrement dit, le summum de votre respectabilité et de votre sagesse se laisse entrevoir dans vos années de fertilité, lorsque vous gardez à la fois une famille et, de plus en plus souvent, un travail dans le même temps. Une fois passé les cinquante-cinq ans, vous êtes virée de la BBC et attaquée à vue pour vos rides. Vous ne disposez pas d'un âge avancé, glorieux et éminent, où vous seriez une sorte de Blake Carrington au féminin pour vous consoler. *Votre* grand moment dans la société tombe pendant vos années de fertilité. Je trouve cette idée d'un sexisme – et d'une stupidité – à couper le souffle.

Parce que cette injonction exhortant toutes les femmes à faire des enfants ne repose sur aucune logique. Prenez un moment pour examiner l'état du monde, et vous remarquerez qu'il y a quantité d'enfants qui naissent ; la planète n'a pas vraiment besoin que nous produisions *toutes* de nouveaux enfants.

Et surtout pas dans les pays industrialisés, avec leur consommation féroce de pétrole, de bois et d'eau, et ses constantes émissions de carbone et de déchets. Les enfants du monde industrialisé rongent notre planète comme des termites. Si nous avions le moindre recul à l'endroit des femmes occidentales fertiles, nous leur sauterions dessus dans la rue pour leur crier « LA VACHE ! BOUCHEZ-VOUS LE TROU ! IMMUNISEZ-VOUS CONTRE LE SPERME ! »

Si nous pouvions nous le rappeler plus de dix secondes d'affilée, plus jamais les femmes ne seraient harcelées d'un « Alors ? Quand est-ce que vous allez nous en pondre un ? »

Car l'arrivée d'un bébé ne fait pas qu'apporter une personne pleine de problèmes dans ce monde. Elle fait également *sortir* une personne utile, au minimum. Souvent deux. Avec des enfants en bas âge, vous êtes perdus pour les forces révolutionnaires et bien-pensantes, et ce pour *des années.* Avant la naissance de mes enfants, j'ai peut-être beaucoup erré, mais je ne m'en tenais pas moins au courant de la politique, signant des pétitions et recyclant tout, jusqu'aux piles de montre. Pile de compost ici, dîner 100 % maison là, transports en commun partout. Pas de compte chez Barclays, pas de café kenyan : je versais mes cotisations syndicales et donnais aux œuvres de charité. J'appelais ma mère, régulièrement. J'avais la bonté suffisante, brouillonne et de petite envergure.

Six semaines après m'être fait étriper par un nouveau-né pris de coliques, cependant, j'étais prête à abattre le dernier panda entre les deux yeux si cela pouvait faire taire mon bébé ne serait-ce qu'une minute. J'avais abandonné les couches recyclables (« Si nous n'utilisons pas de couches recyclables, personne ne le fera ! ») pour des jetables ; et nous vivions de plats tout faits. Plus rien n'était recyclé ; la cuisine ne ressemblait à rien. Les cotisations syndicales et autres deniers avaient été suspendus : nous avions besoin de cet argent pour les couches et les plats cuisinés. Ma mère aurait pu mourir sans que je le sache ou que je m'en soucie.

Je n'avais aucune idée de ce qui se passait en dehors de chez nous – je n'ai pas lu un seul journal ni regardé un bulletin d'informations pendant plus d'un an. Le reste du monde avait disparu. De ce monde, en tout cas, avec sa Chine, ses inondations, sa malaria et ses insurrections. Mon planisphère à moi était quant à lui tout doux – fait de feutre rouge vif, avec des découpes : *Balamory*[1] au nord, *Sam le pompier* à l'ouest, tandis que le reste de la planète, parsemé de lapins, était devenu le territoire ondulant des *Télétubbies*.

Chaque jour, j'exprimais ma reconnaissance de ce que mon mari et moi étions tous les deux de simples critiques culturels inutiles, nullement engagés à participer à l'amélioration du monde.

« Tu imagines, si on avait été des généticiens de pointe tous les deux et qu'on travaillait à un vaccin contre le cancer », disais-je d'un air morose après une nouvelle journée de travail bâclé et à moitié inachevé sous le coup de la panique, soumis aux cris désespérés de « Mon Dieu, faites que la rédactrice ait pitié de nous ! »

« Et on serait tellement épuisés qu'on serait obligés d'abandonner simplement le projet… pour passer à quelque chose de plus simple, de moins capital,

1. Série télévisée pour les enfants en bas âge. (*N.d.T.*)

poursuivais-je en croquant des granules de café pour me redonner de l'énergie. La colique de Lizzie aurait causé la mort de milliards de personnes. *Des milliards.* »

Soyons honnêtes : la plupart des femmes continueront de faire des enfants, la planète ne va pas manquer de chair fraîche, aussi cela n'a-t-il aucune incidence réelle sur le monde que vous ayez ou non un enfant. Bien au contraire, même. Cela ne devrait pas vous empêcher d'en faire un si vous le souhaitez, évidemment : dans ce cas, la seule justification dont vous ayez besoin, c'est un retentissant « Certes, mais si ça se trouve, mon enfant deviendrait JÉSUS en grandissant. Ou EINSTEIN ! Voire JÉSUS EINSTEIN ! »

Mais il ne faut pas non plus perdre de vue le fait que cela ne vous est d'aucune nécessité, à vous non plus, en tant que femme. Certes, vous *pourriez* apprendre des milliers de choses passionnantes sur l'amour, la force, la foi, la peur, les relations humaines, la loyauté génétique et les effets de l'abricot sur le système digestif infantile.

Mais je ne pense pas que la maternité recèle la moindre leçon qui ne puisse être apprise ailleurs. Si vous voulez savoir ce que vous apporte la maternité, en tant que femme, alors en vérité vous n'en retirerez rien que vous ne puissiez trouver, par exemple, en lisant les 100 meilleurs livres de l'histoire de l'humanité ; en apprenant une langue étrangère à un niveau suffisant pour être capable d'argumenter ; en escaladant des collines ; en aimant avec témérité ; en restant assise, seule, dans le silence, à l'aube ; en buvant du whisky avec des révolutionnaires ; en apprenant des tours de magie ; en nageant dans une rivière en plein hiver ; en faisant pousser des digitales, des pois et des roses ; en téléphonant à votre mère ; en chantant dans la rue ; en vous montrant polie ; et en aidant systématiquement des inconnus. Personne n'irait jamais prétendre que les hommes sans enfants passent à côté d'un aspect essentiel de leur existence et s'en trouvent d'autant plus pauvres et infirmes. Vinci, Van Gogh, Newton, Faraday, Platon, d'Aquin, Beethoven, Haendel, Kant, Hume. Jésus. Tous semblent s'être plutôt bien débrouillés.

Toute femme qui choisit – gaiement, consciemment, calmement, en son âme et conscience – de ne pas avoir d'enfant rend à la population féminine un immense service sur le long terme. Il nous faut plus de femmes autorisées à faire leurs preuves en tant qu'êtres humains, plutôt que d'être simplement évaluées pour leur potentiel à créer de nouvelles personnes. Après tout, la moitié de ces nouvelles personnes que nous créons sont, *elles aussi*, des femmes, lesquelles seront probablement jugées *à leur tour* si elles ne font pas de nouvelles personnes. Et ainsi de suite…

Si la maternité est une formidable vocation, elle n'a pas plus de valeur inhérente que le choix d'une femme sans enfant d'être simplement elle-même, en exploitant à fond ses capacités. Penser autrement trahit la conviction qu'être une femme pensante, créative, productive et accomplie, quelque part, ne suffirait pas. Qu'aucun acte ne pourra jamais égaler celui du don de la vie.

Laissez-moi vous dire, aussi capitale qu'ait pu être pour moi la maternité, que je me suis baladée dans des expositions présentant l'œuvre de Coco Chanel et que ça m'a semblé bien plus impressionnant. Je pense qu'il est important de l'admettre. Si vous êtes follement talentueuse et pas du tout en mal d'enfant, pourquoi ne pas en profiter pour vous amuser ? Comme nous le savons toutes à présent, je pense, les corvées ne sont jamais récompensées. Jésus ne va pas tenir une liste de chacun des petits culs que vous aurez torchés dans son Grand Bloc-Notes du Martyre.

Et si vous êtes intello, vous aurez lu suffisamment de livres et vu suffisamment de films pour savoir qu'accomplir une mission, sauver le monde, essayer de reformer le groupe, ou simplement monter une pièce, là, maintenant, tout de suite, dans la grange, tout cela, ça vaut la peine d'être vécu. Batman n'a pas besoin de faire un enfant pour se sentir « accompli ». Il vient de sauver Gotham une nouvelle fois ! Si cela fait de Batman une icône féministe plus importante que, disons, Nicola Horlick[1], alors qu'il en soit ainsi.

Le féminisme se doit d'appliquer une politique de Tolérance Zéro sur l'angoisse maternelle. Au XXIe siècle, il ne peut plus être question des êtres que nous pourrions créer, et ce qu'*eux* pourraient faire. Ce qui importe, c'est qui nous sommes et ce que nous allons faire.

Et puis – ayant décidé de demeurer sans attaches, non enceinte, et au summum de son potentiel créatif – Caz est toujours disponible pour baby-sitter mes enfants. Je crois que je vais lui offrir un stérilet à Noël.

---

1. Femme d'affaires britannique, directrice d'un fonds d'investissement, célèbre pour avoir élevé six enfants parallèlement à sa carrière. (*N.d.T.*)

14

LES ICÔNES ET CE QU'ON EN FAIT

S'il existe une seule chose qui me donne de l'espoir pour l'avenir de la libération féminine, ces dernières années, c'est regarder s'élever (et s'effondrer) diverses icônes féminines. À bien des égards, c'est sur le papier glacé des magazines people que le prochain chapitre du féminisme a pris forme, de façon lente et incongrue.

Dans l'interrègne qui sépare l'émancipation féminine de l'époque où politiciennes, femmes d'affaires et artistes féminines obtiennent enfin l'égalité véritable, le culte de la célébrité constitue le lieu où nous inspectons et débattons actuellement des vies, rôles et aspirations des femmes. Tabloïds, magazines et le *Daily Mail* s'emploient à faire des vies et carrières de quelques dizaines de femmes un mélange de feuilleton grandeur nature et de leçons de morale quotidiennes – le bon côté, c'est qu'ils répondent au désir gigantesque d'examiner la condition féminine moderne ; mais la contrepartie en est qu'ils ôtent ostensiblement à leurs sujets toute possibilité d'écrire leur propre histoire ou d'exprimer leur analyse de la situation. Voilà pourquoi toute féministe moderne qui se respecte s'intéresse aux ragots de premier ordre : c'est le premier endroit où notre perception des femmes est actuellement modelée. En tout cas, c'est l'excuse que j'utilise pour acheter *OK! Magazine.*

Du coup, en l'absence d'un Philip Roth au féminin pour décortiquer la vieillesse, la mort et le désir, nous disposons des histoires de « cougars » comme Demi Moore, Kim Cattrall ou Madonna, qui fréquentent des hommes plus jeunes tout en demeurant chirurgicalement « juvéniles ». Nous n'avons peut-être pas de Jay McInerney ni de Bret Easton Ellis féminins (jeunes, talentueuses, échappant à tout contrôle), mais nous avons Lindsay Lohan, Britney Spears et Amy Winehouse, avec leurs succès effroyablement prématurés suivis d'une autodestruction en règle, sur une centaine de trottoirs et à un millier de soirées.

Tandis que ces histoires sont amplement discutées dans les torchons à ragots, nous formons notre propre opinion, aussi bien des célébrités en question (« Quelle idiote. Et ces cheveux, *quelle horreur* ») que de la façon dont les traite la presse (« Tout ce qu'ils disent à son sujet empeste les *conneries paternalistes fumeuses.* Mon DIEU si seulement Germaine Greer était armée »). Tant que nous ne disposerons pas d'un panthéon acceptable d'artistes féminines, nous devrons nous satisfaire de ces vies minutieusement photographiées.

Peut-être l'exemple le plus notable – en l'absence, toujours, d'une cinquième vague cohérente/populiste du discours féministe – en a-t-il été celui de Katie Price[1], alias Jordan, qui en est venue à incarner tout un faisceau de problématiques féminines. Dans une société capitaliste, Price est indéniablement une femme d'affaires accomplie, même si c'est à force de vendre sa vie privée. Elle est puissante – mais en jouant d'une image en apparence vieux jeu de la sexualité féminine. Et elle est indépendante – mais définie,

1. Star de la télé-réalité britannique. (*N.d.É.*)

et jugée, à l'aune de ses relations avec d'autres célébrités. Il y a quelques années, on la présentait véritablement comme une icône féministe dans les journaux sérieux : je subodore que c'est parce que, dans le fond, elle déroutait les commentateurs culturels au point de les mettre en panique. On peut voir ses seins ; mais elle possède également sa propre collection de linge de maison. Alors, à quoi ça rime, tout ça ?

Je faisais partie des journalistes sérieux envoyés déterminer si, oui ou non, elle représentait une bonne icône féministe. J'ai passé une demi-semaine en 2006 à la suivre à la trace à la recherche d'un article de premier plan pour *Elle*. Expérience dont je suis ressortie avec l'impression que j'avais côtoyé des varans plus chaleureux qu'elle. Notre première rencontre a lieu à la séance de photo pour l'article. Me saluant d'un sourire qui décollait à peine de ses lèvres, sans parler d'atteindre ses yeux (les effets du Botox), elle se fait maquiller, assise devant un miroir.

« Il y a une chose que j'aimerais dire, annonce-t-elle. J'adorerais faire une pub pour du mascara. Toutes celles qui passent à la télévision ne sont que publicité mensongère – elles utilisent des faux cils. Alors que ceux-ci, c'est de l'*authentique*. J'*adorerais*, répéte-t-elle avec un regard appuyé pour m'intimer l'ordre d'inclure cette information dans l'article, faire une pub pour du mascara. » Et de tapoter ses cils de la pointe du doigt pour me montrer comme ils sont beaux.

Cinq minutes plus tard, son manager, Claire Powell, me prend à part. « Nous pensons que le prochain projet de Katie devrait être une pub de cosmétiques ou la promotion d'un produit de maquillage, quelque chose dans ce genre. Voilà notre objectif. »

Au moins, s'il était question de ses cils, Price aurait des choses à dire. Mais, durant les trois heures passées dans ce studio, toute autre tentative pour lancer la conversation échoue. Livres, affaires courantes, télévision et films – Price hausse chaque fois les épaules. Lorsque je lui demande ce qu'elle fait de son temps libre, elle sombre dans le silence pendant près d'une minute, au bout de laquelle on me répond qu'elle aime coller des cristaux Swarovski sur ses appareils ménagers – « comme, par exemple, la télécommande ».

Il devient vite évident qu'à moins qu'il s'agisse d'un livre qu'elle a « écrit », d'affaires courantes où elle a des intérêts (comme la vente, pour un million de livres, des droits exclusifs de retransmission de son mariage), ou une série télévisée dans laquelle elle est apparue, Price n'a que faire de quoi que ce soit. Son monde est entièrement constitué d'elle-même, de sa collection de produits dérivés roses et du demi-cercle omniprésent de paparazzis photographiant avec force détails cette histoire de la mégalomanie. Rien d'étonnant à ce que ses yeux soient si vides : elle n'a aucun sujet de pensée à part elle-même. Elle me rappelle l'ouroboros, ce serpent mythique se mordant à jamais la queue.

Peut-être était-ce à cause de cette lucrative obsession de soi, mais durant le temps que nous avons passé ensemble, jamais elle n'a tombé le masque de tyran aux yeux de basilic sans charme, dictant ses ordres à son mari d'alors, Peter Andre, comme s'il s'agissait d'un chiot insignifiant accroupi sur ses meilleures chaussures, et gratifiant chaque engagement d'un mépris blasé, comme si porter des robes, rouler en voiture et parler aux gens n'étaient que les passe-temps d'une salope, et qu'elle était furieuse d'en avoir hérité.

À un moment donné, elle se montre si brutale qu'Andre se trouve contraint de demander pardon à chaque personne présente dans la pièce – « Elle portera tout à l'exception d'un sourire, haha ! » dit-il dans une tentative de tourner tout cela à la plaisanterie – tandis que je m'émerveille à l'idée qu'une personne dont l'unique carrière consistait à « être elle-même » le fasse avec si peu d'allure et de grâce. C'est comme regarder un sprinter olympique quitter les starting-blocks, l'air boudeur, avant de se plaindre de la sueur ; ou un lapin poussant une gueulante pour dénoncer tous ces rapports sexuels qu'il est censé avoir.

Il y a quelques moments drôles au cours de cette semaine-là : l'essayage de l'alliance de Price, de la taille d'une côte de porc et lardée de diamants roses. Et le dernier soir, lors d'un dîner de remise de prix, Price boit une coupe de champagne avant de se lancer dans une litanie de critiques assassines à l'encontre d'autres célébrités féminines, sifflant « Ce qu'elle est fausse ! » à Caprice et se félicitant de ce que Victoria Beckham s'était vue contrainte d'engager « des nounous laides » pour éviter à David les « tentations ». « Elle ne leur fait pas confiance, à lui et à sa bite, devant les belles femmes ! Elle me fait pitié. Toutes mes nounous sont *sublimes* », se vante-t-elle en adressant un regard castrateur à Peter Andre.

Mais après cinq jours passés ensemble en pointillé, la seule véritable « découverte » que j'aie pu faire à son sujet est qu'elle a, pendant de longues années, porté des soutiens-gorge de la mauvaise taille. « Marks & Spencer a fait de moi un 90B ! dit-elle. Et quand je me suis fait mesurer, j'ai découvert que j'étais en réalité un 90H ! »

Je sais. On est loin du Watergate. Mais étant donné le reste de mon interview, c'était la meilleure citation dont je disposais. Je rédige consciencieusement mon article – avant de recevoir le lendemain un email de son agent. « Cela vous ennuie-t-il de ne pas imprimer le passage au sujet de ses mensurations ? On voudrait vraiment donner l'exclu à *OK! Magazine.* »

Sidérée par une situation dans laquelle l'annonce d'un tour de poitrine se monnayait littéralement, je capitule.

Cela m'est égal si l'on prend malencontreusement Price pour une bonne femme d'affaires – en dépit du fait qu'elle doive inclure ses enfants dans son business pour faire de l'argent (une pratique que j'ai toujours plus volontiers associée aux familles désespérées du Tiers-Monde, plutôt qu'aux filles de la classe moyenne aisée touchant des chèques d'un million de livres). En fin de compte, nous vivons dans un monde confus et trépidant, et il faut bien choisir ses combats.

Ce que je trouve, en revanche, proprement intolérable, ce sont tous ces gens proclamant que Price est une icône féministe, tout simplement parce qu'elle a gagné énormément d'argent.

La logique derrière cette affirmation est la suivante : les hommes sont toujours seuls détenteurs du pouvoir et de l'argent. Mais ils ont aussi un point faible : les femmes sexy. Alors, si pour devenir riche et puissant, tout ce qu'il faut faire, c'est coucher avec ces types, allons-y gaiement. C'est les affaires, chérie. Tu seras peut-être à quatre pattes par terre, le cul à l'air dans un calendrier « glamour », mais au moins tu gagnes le loyer de ton énorme manoir rose.

Eh bien, j'ai une phrase pour qualifier ce genre de comportement. Pour paraphraser Jamie, le spin doctor dans *Au cœur de l'action*, c'est ce qui s'appelle être « un p***** de collabo dégénéré de la chatte ».

Les femmes qui, dans un monde sexiste, courtisent le sexisme pour faire fortune ne sont rien d'autre que la France de Vichy avec des seins. Vous faites un 85F, êtes épilées jusqu'à plus soif et simulez les orgasmes ? Alors vous faites des affaires avec un régime décadent et corrompu. Appeler ça une icône féministe reviendrait à donner le prix Nobel de la paix à un marchand d'armes.

« Je suis forte », dira Price dans une autre interview exclusive à *OK! Magazine*. Mais généralement, les personnes fortes ne vont pas aller cancaner chaque semaine à la presse ce qu'elles « ressentent », comme tout le monde les traite de façon injuste ou combien leur ex-mari avait été odieux.

Comme le disait Blanche dans *Corrie* : « En mon temps, lorsqu'il arrivait quelque chose de grave, on restait chez soi à boire de l'alcool et croquer une chaussure. »

Price aurait tellement à apprendre de cela. L'idée même qu'elle serait « forte » nous vient uniquement du fait qu'elle n'a de cesse de répéter « je suis forte », tout en faisant des choses très faibles, comme apparaître sur *Je suis une célébrité, sortez-moi de là !*, pour que les gens puissent connaître sa « vraie personnalité », ou encore essayer d'échapper à une dangereuse contravention en déclarant « je suis le prototype même de la conductrice ».

L'affirmation faisant d'elle « un parent génial » et le fait qu'elle ait été élue Maman célèbre de l'année participent de la même programmation neurolinguistique.

« Je prends soin de mes enfants, dit-elle. Je les adore. »

Eh bien, pour reprendre l'humoriste Chris Rock : « Vous êtes CENSÉE prendre soin de vos enfants, espèce d'enfoirée dénuée d'ambition ! Vous voulez quoi encore ? Un cookie ? » L'une de mes grandes consolations de ces dernières années aura été de voir Price s'éterniser suffisamment longtemps pour que les terribles conséquences de ses décisions et de son attitude se jouent en public. Toute jeune fille qui, en 2007, pensait que cela ferait un plan de carrière viable, voire admirable, de commencer par du mannequinat topless avant de faire une série de documentaires de téléréalité sur son mariage, de faire poser ses malheureux enfants pour vendre sa collection, le tout en persistant à se comporter comme une grincheuse capricieuse, ingrate, minable, rancunière et aigrie – mais avec de gros nibards – aurait forcément reconsidéré cette idée dès 2010, lorsque l'image publique de Price était descendue juste en dessous de celle d'un renard qui avait mordu des enfants dans North London.

Dans le même temps et de façon similaire, le phénomène des « footballer's WAG[1] », ces femmes et petites amies de footballeurs – jusque-là elles aussi des icônes pour les adolescentes –, prenait du plomb dans l'aile. Alors que les joueurs se voyaient démasquer l'un après l'autre comme étant des trompeurs en série, soudain, l'idée de n'avoir pas d'autre but dans la vie que de vivre aux crochets d'un homme célèbre et fortuné commençait à paraître, au mieux vulgaire, au pire dangereux pour la santé mentale.

Car à mesure que ces mariages se brisaient, soumis à d'intenses critiques, la couverture médiatique changea de ton : « Mais qu'est-ce qu'une femme pourrait bien *attendre* de tels hommes ? Si l'on entre dans une relation si inéquitable, dans laquelle votre seule valeur et votre seule ressource sont votre degré de séduction, faut-il vraiment s'étonner que votre partenaire vous trouve si interchangeable avec d'autres femmes, tout aussi impuissantes et privées d'autonomie, rencontrées dans des clubs sombres, en proie à l'excitation ? »

Mais alors que Price, qui n'a rien à commenter ni à vendre en dehors de sa personne, s'est mise à

1. Abréviation de *wives and girlfriends*, littéralement « épouses et petites amies ». (*N.d.T.*)

décliner, une génération tout entière de femmes hautement créatives ont simultanément commencé à faire assaut d'agressivité.

J'ai déjà exploré le concept des femmes comme « perdantes », admettant qu'en tant que sexe, nos succès demeurent modestes comparés à ceux des hommes, et m'attaquant à la conclusion tacite que cela signifie que nous ne serions finalement pas aussi douées que les hommes. Après tout, si la puissance et la créativité des femmes avaient simplement été étouffées par des milliers d'années de conneries sexistes, nul doute que nous aurions défoncé *Star Wars* et conquis la France dans l'année qui a suivi l'obtention du droit de vote ?

Sauf, bien sûr, qu'une fois libérées, les personnes auparavant écrasées psychologiquement ne se mettent pas immédiatement à accomplir des choses glorieuses, ostentatoires et pleines d'assurance. Au contraire, elles s'assoient un moment en se demandant « C'était quoi ce bordel ? » et tentent de comprendre pourquoi c'est arrivé, essayant le plus souvent de déterminer si c'était leur faute.

Elles ont besoin d'analyser leur relation à leurs anciens agresseurs et d'établir de nouvelles structures de commandement, voire de déterminer si elles veulent des structures de commandement, d'ailleurs. Nous ressentons un besoin de partager nos expériences, afin de voir a) ce qui est « normal » et b) si on a envie de s'y conformer. Et, par-dessus tout, il faut du temps pour déterminer ce en quoi on croit réellement – ce que l'on pense par soi-même. Si tout ce que l'on vous a appris jusque-là, c'est l'histoire, les mœurs et le raisonnement de vos vainqueurs, il vous faudra beaucoup, beaucoup de temps pour faire le tri entre les bouts que vous voulez garder et ceux que vous voulez jeter : quels bouts sont toxiques pour vous et lesquels sont récupérables.

En bref, on a besoin d'une longue période pour se réconforter soi-même en se demandant « Est-ce que je vais bien ? Je n'ai rien de cassé ? », souvent suivie d'un long, très long silence réfléchi avant qu'une quelconque action puisse être lancée.

Mais la voilà lancée, justement, cette action – et l'un de ses théâtres les plus visibles est celui de la pop music. La pop est le baromètre culturel du changement social. En raison de son immédiateté, de sa portée et de sa puissance – il ne lui faut pas deux ans pour faire des profits, contrairement aux films ; ni trois ans pour être écrite, comme les romans ; ni dix ans de campagne, comme en politique –, toute pensée ou sentiment en cours d'élaboration dans l'inconscient collectif peut se retrouver en tête des ventes deux mois plus tard. Et aussitôt qu'une idée pop fait son apparition, elle déclenche action et réaction chez d'autres artistes, tout aussi rapides à dégainer – menant à un bouleversement quasi immédiat du paysage.

En 2009, soit treize ans après que le *Wannabe* des Spice Girls a fait d'elles le groupe féminin le plus célèbre de tous les temps, les ventes sont, enfin et pour la première fois dans l'histoire, dominées par des artistes féminines. La Roux (une lesbienne !), Florence and The Machine (une rousse !), Lily Allen (une ingénue grande gueule !), Beyoncé (une icône phénoménale dotée de grosses cuisses !), et bien sûr Lady Gaga (un agent provocateur multimédia, bisexuel et vêtu de viande !) en étaient les plus commentées, les plus mitraillées, les plus demandées, et bien entendu les plus brillantes. Avec l'addition de Katy Perry, Rihanna, Leona Lewis et Susan Boyle, la ruée féminine sur les *charts* a étouffé dans l'œuf tout succès masculin.

Nos conversations à *Melody Maker*, seize ans plus tôt (« Oh, bon sang, tout ce qu'il nous faudrait, c'est une fille dans le journal ! »), étaient à présent renversées.

Maintenant, dans la section Arts du *Times*, les rédacteurs désespéraient de pouvoir jamais couvrir des artistes masculins : « Tout le monde s'en fiche. Qui a encore envie de regarder la photo d'un type barbant ? »

En 2010, je suis allée interviewer celle que les journaux sérieux nous présentaient comme la nouvelle grande icône féministe : Lady Gaga. Preuve de la vitesse à laquelle le paysage peut changer sous l'influence d'une seule figure éminente, la différence entre Gaga et la dernière Grande Icône Féministe proposée (Price) n'aurait pu être plus flagrante.

Price est une fille de la classe moyenne qui s'est hissée au premier plan grâce à des photos seins nus et qui, une fois tous les regards sur elle, n'a rien à dire hormis « Moimoimoimoimoimoi regardez-MOI ! Et mon iPod Katie Price Pink Boutique, 64Go, 399,99 livres ».

Gaga, quant à elle, est une fille de la classe moyenne qui s'est hissée au premier plan en alignant trois des meilleurs singles pop du XXIe siècle (*Poker Face*, *Just Dance* et *Bad Romance*), et qui a tant de choses à dire qu'elle a dû engager un collectif artistique pluridisciplinaire – Haus of Gaga – pour tourner avec elle, afin de pouvoir tout exprimer. Son programme : égalité des droits pour les gays, égalité sexuelle, activisme politique, tolérance et beuverie sur le dancefloor tout en se remuant les miches. Sans oublier un homard sur la tête.

S'il est toujours trop tôt pour parler de carrière avant l'étape des dix ans, l'envergure, l'éventail et la détermination qui ont marqué les deux premières années de Gaga en tant que pop star font qu'elle m'emballe plus que n'importe quelle autre artiste féminine à avoir émergé depuis Madonna. D'ailleurs, aussi consciente que je sois, en tant que femme occidentale, de ma dette éternelle envers Madonna (*jamais* je n'aurais trouvé le courage de faire du parapente la foufoune à l'air, ni de me taper Vanilla Ice, n'était l'œuvre pionnère de Madonna dans *Sex*), il faut également noter que Gaga est montée sur le devant de la scène mondiale, arborant une robe de viande crue et condamnant l'homophobie de l'armée américaine, alors qu'elle n'avait que vingt-quatre ans. À cet âge-là, Madonna travaillait encore dans un Dunkin' Donuts de Brooklyn.

Et le truc avec Madonna, c'est que, en tant qu'ado, elle m'avait toujours un peu… effrayée. Elle était cool et torride, et incroyablement bien habillée, et je voyais bien que toutes ses chansons sur le pouvoir me feraient du bien, enfouies dans mon subconscient. Mais j'avais toujours l'impression que si elle me rencontrait, elle m'évaluerait de la tête aux pieds – avec mes bottes au rabais, ma chemise raccommodée et mon chapeau de paille – avant de m'ignorer pour aller conter fleurette à Warren Beatty, à la placc.

Et c'est de bonne guerre : à l'époque, tout ce que j'aurais pu lui offrir en termes de conversation, c'est une longue tirade comme quoi j'étais convaincue que le chauffeur du bus 512 de Wolverhampton était un pervers, combien je me sentais seule, et combien j'aimais *Cool For Cats* de Squeeze. Moi aussi, à sa place, j'aurais préféré me taper Warren Beatty.

Mais voilà pourquoi, si j'étais une ado intello en 2011 et que je voyais Lady Gaga, j'aurais eu l'impression que tous mes Noël pop m'étaient tombés dessus d'un coup. Parce que Gaga est une pop star féminine de portée internationale qui rallie toutes les catégories de nerds, de freaks, de parias, de faux intellectuels et de gamins solitaires. Allez à un de ses concerts, et vous constaterez que même si l'ambiance est très « club » – entre basses incroyablement fortes, danse généralisée bizarre, poppers et boissons WKD –, le public, lui, rassemble tous les gamins maladroits de la ville. Des gamins avec des canettes de Coca dans les cheveux, façon clip de *Telephone*, des slogans gribouillés sur la figure, le bras autour d'une drag-queen, et des sosies de Morrissey à lunettes et cardigans. Tous regardent une femme avec une citation de Rilke tatouée sur le bras (« À l'heure la plus silencieuse de votre nuit, faites-vous cet aveu : devriez-vous mourir s'il vous était interdit d'écrire. » Oui. La police est petite) qui joue sur un piano sur mesure de quatre mètres de haut conçu pour ressembler aux éléphants à pattes d'araignée peints par Dali dans *La Tentation de saint Antoine* et chante un amour maudit en empruntant des métaphores hitchcockiennes.

Et même si elle n'hésite pas à user de la sexualité – si vous n'avez pas vu de gros plan sur l'entrejambe de Gaga au cours de la dernière semaine, c'est que vous ne regardez pas assez MTV –, il ne s'agit pas de la même sexualité assurée, franche, animale, mise en avant par toutes les autres stars féminines. Gaga, elle, s'intéresse au dysfonctionnement, à l'aliénation et aux névroses sexuelles féminines. Lorsque son premier album est sorti, elle a dû batailler avec sa maison de disque qui tenait à mettre sur la couverture une image d'elle simpliste, limite porno soft.

« La dernière chose dont une jeune femme a besoin, c'est d'une énième photo de starlette couverte de graisse se tortillant dans le sable pour se tripoter, déclara-t-elle. J'ai dû pleurer une semaine pour les obliger à changer cette couverture. »

Lorsqu'elle a joué aux MTV Awards de 2009, sa prestation consistait en un chandelier qui lui tombait sur la tête, à la suite de quoi elle mourait d'hémorragie tout en chantant. L'année précédente, Katy Perry avait surgi d'un gâteau.

Lorsque je suis allée interviewer Gaga, nous nous sommes entendues comme larrons en foire. À la fin de l'entretien, elle m'a invitée à sa « soirée foutre » dans un sex-club berlinois.

« Tu te rappelles, dans *Eyes Wide Shut ?* C'est pareil, m'a-t-elle dit en glissant dans les coulisses vêtue d'une cape Alexander McQueen en taffetas noir (une pièce unique, sur mesure.) Je ne peux être tenue responsable de ce qui pourrait arriver, et surtout, n'oublie pas : utilise une capote. »

Nous avons traversé Berlin à bord d'un cortège de 4X4 aux vitres fumées (ses agents de sécurité coupant court à la poursuite des paparazzis en se plantant tout simplement devant leurs voitures pour leur barrer la route) et échoué dans une allée d'un complexe industriel désaffecté. Pour gagner la piste de danse, il fallait traverser un labyrinthe de couloirs et passer une série de minuscules boxes pareils à des cellules, équipés d'un choix de lits, baignoires, palans et chaînes.

« Pour la baise », a expliqué un membre allemand de notre entourage, de façon à la fois gentille et, quelque part, inutile.

En dépit de l'indéniable et extrême nouveauté du lieu, Adrian (l'attaché de presse britannique de Gaga) et moi avons immédiatement trahi nos origines en nous écriant avec excitation « Oh mon Dieu ! On peut FUMER à l'intérieur ». Perspective autrement plus excitante que celle... de se faire sodomiser.

Nous étions en petit comité : Gaga, moi, Adrian, le maquilleur, l'agent de sécurité, plus peut-être deux autres. Nous avons rejoint la piste de danse, dans un club peuplé de drag-queens, de lesbiennes habillées en matelots, de garçons en t-shirt moulant, de filles en cuir noir. La musique était assourdissante. Un gigantesque harnais pendait au-dessus du bar. « Pour la baise. » Encore notre gentil Allemand.

Gaga menait le groupe. Alors que même Keane, par exemple, s'affalerait en salon VIP pour attendre qu'on leur porte des boissons, à ce moment de la soirée. Au lieu de quoi – étole au vent, accusant un véritable air de famille avec les Skeksis de *Dark Crystal* – Gaga a marché droit sur le comptoir, où elle a pris appui à la façon d'un pilier de bar expérimenté. Avec un « Qu'est-ce que vous voulez boire, tous ? », elle a pris les commandes.

« J'adore les bars miteux et crades, dit-elle. Je suis vraiment old-school de ce côté-là. »

Nous nous installons dans une alcôve à la banquette impeccable – « pour la baise ! » explique encore notre Allemand. Gaga ôte son étole McQueen qu'elle jette dans un coin. Je m'empresse de marcher dessus, provoquant une grimace horrifiée de son maquilleur qui retire soigneusement les 10 000 livres sterling de taffetas de sous mon pied. Gaga est maintenant en soutif, résilles et culotte, les yeux soulignés de paillettes.

« Tu sais ce que m'a dit la fille au bar tout à l'heure ? me demande Gaga en sifflant son scotch et en tirant une taffe sur la clope de quelqu'un d'autre avant de la lui rendre. Elle m'a dit : "Tu es une féministe. Les gens croient que ça implique une haine des hommes, mais c'est faux." C'est pas hilarant ? »

Plus tôt dans la journée, la conversation a tourné autour de la question de savoir si elle se décrirait elle-même comme féministe. Comme cela arrive souvent avec les meilleures conversations sur le féminisme, c'était parti de ses robustes déclarations d'émancipation et de solidarité féminine (« Je suis féministe parce que je crois aux droits des femmes et à la protection de ce que nous sommes, au plus profond ») pour glisser ensuite sur les personnes qui l'attirent. (« Dans le clip de *Telephone*, la fille que j'embrasse, Heather, vit comme un mec. Et en tant que femme qui aime les femmes, il y a quelque chose chez une femme plus masculine qui me fait me sentir plus… féminine. Quand on s'est embrassé, j'ai ressenti ces fameux papillons à l'estomac. »)

Nous en avions conclu qu'il était étrange que la plupart des femmes « se refusent » à se déclarer féministes, parce qu'« il n'est vraiment pas question de haine des hommes ».

« Et voilà que cette fille me dit exactement la même chose ! EN PLUS elle est canon ! » Gaga est aux anges. Elle me montre la fille – qui ressemble à un mannequin à la Jean Paul Gaultier, androgyne, la bouche en cœur. « Sublime », soupire Gaga.

Arrivés à 2 heures du matin, nous avions bu quantité de vodka et Gaga avait maintenant la tête sur mes genoux. Je venais tout juste d'échafauder une théorie selon laquelle, si l'une de vos idoles est allongée ivre sur vos genoux, c'est le moment de lui dévoiler toutes les petites thèses que vous avez élaborées à son sujet.

« Même si tu es très court vêtue, dis-je, un peu timide, en désignant son soutif et son string, tu ne fais pas ça pour… titiller les mecs, hein ?

— Non ! répond-elle avec un grand sourire imbibé. Ce n'est pas ce sur quoi les mecs hétéros se masturbent quand ils regardent du porno dans le confort de leur maison. Je ne le fais pas pour eux. Je le fais pour… nous. »

Et elle balaie d'un geste l'intégralité du club, bourré à craquer de motardes androgynes et de drag-queens.

Parce que Gaga n'est pas là pour se faire sauter. On ne pénètre pas Gaga. Contrairement à une grande partie de la pop jusqu'à présent, et plus particulièrement de la pop féminine, elle ne chante pas ces morceaux pour tirer un coup ni pour donner l'impression qu'elle en a envie. Son souhait est de déranger, de déstabiliser : lunettes de soleil à base de cigarettes incandescentes, lits qui prennent feu, robes de viande crue, étriers de platine, Gaga subissant le supplice de la baignoire, ses yeux dilatés numériquement afin de la faire ressembler à un personnage de manga. Déconcertante, son iconographie brouille les pistes de ce que nous avons l'habitude de voir.

Le point d'orgue de ses chansons n'est pas d'exciter le désir chez de potentiels amants, mais d'explorer ses propres sentiments avant de les transmettre à son auditoire. Sa bande – l'armée des fans de Gaga, qui se comptent par millions, se surnomment eux-mêmes les Little Monsters (« petits monstres ») et l'appellent Mama Monster (« maman monstre »), elle, la matriarche de leur monde alternatif. En tant que femme, la grande nouveauté de Gaga n'est à chercher ni dans sa théâtralité, son talent ou son succès, mais dans le fait qu'elle s'est servie de ces trois éléments pour ouvrir un espace neuf à l'attention des fans de musique pop. C'est là, dans cette facette militante, qui embrasse les gays et les monstres, que se trouve sans doute son aspect le plus exaltant. Pour les femmes, trouver une arène qui est à l'écoute et ne vous juge pas est tout aussi important que l'obtention du droit de vote. Nous n'avions pas seulement besoin de la bonne législation, mais aussi de l'atmosphère adéquate, avant de pouvoir enfin commencer à établir notre canon – puis, par la suite, nos cités et nos empires.

En définitive, je pense qu'il sera très difficile d'opprimer une génération d'adolescentes ayant grandi avec une pop star bisexuelle, libérale et cultivée qui tire des feux d'artifice depuis son soutien-gorge et figure en septième place de la liste des célébrités les plus puissantes au monde établie par le magazine *Forbes*.

La semaine suivant notre interview, une photo floue prise par un fan au nightclub apparaît dans les magazines à travers le monde. On distingue tout juste ma gigantesque tignasse moite et plaquée derrière Gaga.

« INQUIÉTUDE SUR LA SANTÉ DE GAGA », hurlent les manchettes, prétendant que des « proches » s'étaient « alarmés » de son comportement cette nuit-là. Je peux vous assurer que c'est faux. Ils dansaient avec elle, debout sur la banquette du nightclub. C'était l'éclate.

Voilà un des grands écueils de l'obsession médiatique moderne pour les icônes féminines célèbres. S'il est exaltant de voir une artiste comme Gaga faire la une à travers le monde – objet de débats dans des tabloïds et magazines faciles d'accès, plutôt que cachée dans des manuels, fanzines ou minuscules clubs servant du mauvais vin et où seules trois féministes hardcore qui n'en ont pas vraiment besoin la trouveront à force de détermination –, la plupart des discours sur l'état de la féminité moderne ayant cours dans ces publications doit faire face à un piège.

À savoir : que ceux qui décident du contexte éditorial dans lequel se placent la plupart de ces magazines et journaux sont désespérément crétins et mesquins, et s'emploient à fabriquer des histoires fictives à partir d'une série d'événements ou de photographies complètement déconnectés, qu'ils font ensuite rédiger par les drones rétrogrades du secteur

B des empires multinationaux de la presse moyennant finances. L'attitude sous-jacente dans ces articles-révélations consacrés aux femmes célèbres pousserait Kate Millett[1] – ou, à vrai dire, n'importe qui ayant lu *La Psychologie pour les nuls* – à se prendre la tête dans les mains en soupirant : « Oh, bon sang de bonsoir. Comment avons-nous pu rendre notre stupidité aussi *évidente* ? »

Et ce n'est qu'une vision *optimiste* de la situation. Mon versant suspicieux et paranoïaque (celui qui me fait lever à 2 heures du matin, après avoir ôté le grossier bouchon de cellophane recouvrant le goulot d'une bouteille de rouge ouverte trois mois auparavant et bu avec inconscience le reste avant de chercher des mignonnettes de Malibu) me pousse parfois à me demander si ce type de journalisme ne serait pas écrit avec des intentions plus sombres et délibérées.

Parce que le genre de couverture médiatique dont bénéficient nos femmes éminentes est terriblement réducteur et nuisible. Même si l'attitude des médias à l'encontre des célébrités a toujours tendance à se repaître du malheur des autres en murmurant un « Haha ! Attends de voir le moment où tu nous montreras le moindre signe de faiblesse, et où on y plantera notre ciseau pour y creuser un sillon d'un kilomètre de large », les célébrités féminines en souffrent de façon disproportionnée, en raison de l'extrême attention portée à leur apparence.

Pour une célébrité masculine, un « signe de faiblesse » serait de se montrer infidèle ou désagréable avec un employé, ou encore de défoncer sa voiture contre un mur, leur minuscule esprit tout embrumé par la drogue. Chez une femme, en revanche, un

1. Féministe américaine, auteur notamment de *La Politique du mâle* (1971 et 1983 pour la traduction française). (*N.d.T.*)

« signe de faiblesse », cela peut être une simple photo peu flatteuse. Les femmes sont clouées au pilori pour avoir porté une seule tenue « inadéquate » – et pas seulement sur le tapis rouge, où « cela fait partie du métier » d'apparaître comme une incarnation surnaturelle de la beauté, peu importe si elles sont occupées, inquiètes, malheureuses, ou si elles se fichent sincèrement de cette idiotie de photoshoot.

Non : les paparazzis mitraillent les femmes tandis qu'elles font leurs courses en jean et pull, sans maquillage, et s'arrangent pour donner l'impression que leur monde est au bord du chaos parce qu'elles n'ont pas fait de brushing avant de sortir de chez elles.

Bien sûr, dans le monde réel, nous reconnaissons que les femmes qui se font systématiquement un brushing avant de sortir de chez elles sont des dingues : n'importe quelle mère attendant à la sortie de l'école avec un carré luisant encourt la pitié des autres mères, qui n'arrivent pas à croire qu'elle ait gaspillé vingt minutes et autant d'huile de coude à se pomponner la choucroute pour autre chose que l'annonce publique de ses fiançailles avec Kiefer Sutherland, à Cannes. Mais lorsque vous voyez, par exemple, Kate Winslet, dans les journaux, en route pour l'épicerie, l'air parfaitement normal, vous êtes tellement conditionnées par la vision des tabloïds que même les féministes les plus enragées pourraient réagir viscéralement d'un « Bon sang, Winslet… tes cheveux avaient meilleure allure quant tu sombrais avec 1 517 autres passagers sur le *Titanic*. Passe-toi un coup de brosse, chérie » – avant de se réveiller soudain en hurlant vers les cieux « GRANDS DIEUX ! QUE suis-je donc DEVENUE ? »

Et ça ce n'est que pour les cancans sur les tenues un peu négligées. Il existe un tout autre niveau de jugement déversé sur de simples photos – une vue sur

24 prises en une seconde – où il semblerait qu'une femme ait vaguement changé de silhouette. Là encore, je comprends l'intérêt pour les statistiques physiques fluctuantes : les hommes, inquiets, se mesurent popol ; les femmes, quant à elles, mesurent leurs cuisses. Nous le faisons tous. Nous sommes fascinés par notre corps et par celui des autres, mais il n'en est pas moins ridicule de prêter une telle importance à quelque chose d'aussi rikiki : ce serait comme frapper un hamac d'enfant à coups d'enclume façon Tex Avery. De la même manière que William Blake prétendait voir le monde dans un unique grain de sable, nous croyons voir toute la vie d'une femme dans un unique cliché du bras d'Eva Longoria, un peu boudiné dans son t-shirt.

Une photographie de Catherine Zeta-Jones vêtue d'un pantalon un peu trop serré à l'entrejambe fera l'objet de manchettes intitulées « Catherine FETA-Jones », suivis d'éditoriaux faussement préoccupés par son éternelle « bataille » contre le poids. Qu'Alexa Chung soit photographiée avec une paire de grolles grossières qui lui rapetissent les jambes, et la voilà soudain anorexique, voire au bord de la dépression. Jamais on n'incriminera les *vêtements* sur ces photos : stupides pantalons qui boudinent, stupides hauts trop lâches. C'est toujours le corps de la femme qui est en tort. Lily Allen, Charlotte Church, Angelina Jolie, Fern Britton, Drew Barrymore, Jennifer Aniston, Gemma Arterton, Michelle Obama, Victoria Beckham, Amy Winehouse, Billie Piper, Kerry Katona, Mariah Carey, Lady Gaga, Madonna, Cherie Blair, Oprah Winfrey, Carla Bruni, la duchesse d'York, Sarah Brown – pas une seule consommatrice de magazines dans le monde occidental n'a pu échapper aux appels à la spéculation concernant la santé mentale et émotionnelle de ces femmes sur la base d'une simple et unique photo. J'en ai lu plus sur le cul d'Oprah Winfrey que sur l'ascension de la Chine en tant que superpuissance économique. Je crains de ne pas exagérer en disant cela. Peut-être l'ascension de la Chine en tant que superpuissance économique est-elle précisément due au fait que ses femmes ne passent pas leur temps à lire des articles sur le cul d'Oprah Winfrey. Si j'en savais plus sur la Chine et moins sur le cul d'Oprah Winfrey, je pourrais sans doute établir un lien direct de cause à effet.

Et le caractère parfaitement fortuit de cette spéculation préjudiciable et chronophage en constitue peut-être l'aspect le plus absurde et le plus pernicieux. Les journalistes semblent choisir l'objet de leur « sollicitude » de façon aussi arbitraire que des gens tirant des papiers dans un chapeau. J'ai vu des clichés de Mischa Barton dans une publication poussant des lamentations faussement inquiètes sur sa « silhouette d'une maigreur préoccupante » – puis les mêmes dans un magazine voisin, avec la légende : « Mischa Barton célébrant ses nouvelles courbes ».

Argh ! « Célébrant ses courbes » ! Est-il formulation plus maléfique dans la presse people moderne ? « Célébrant ses nouvelles courbes », c'est, comme chacune sait, une phrase codée utilisée par les magazines pour accuser une personne de « paraître plus grosse » sans que celle-ci puisse pour autant s'en plaindre, sans quoi elle semblerait désapprouver les femmes « avec des courbes ». C'est un paradoxe d'une malhonnêteté intéressante – le genre de torture psychologique pour laquelle opterait un dictateur de Corée du Sud s'il décidait d'étouffer le prolétariat en usant uniquement de calomnie et de dysmorphie galopante.

Et c'est ainsi que ces célébrités féminines doivent passer des interviews entières à détailler ce qu'elles mangent (« j'adore le pain grillé ! ») et à entretenir avec les médias une relation proche de celle qu'aurait une adolescente admise dans une clinique pour les troubles de l'alimentation avec une infirmière sévère : devant sans cesse « prouver » qu'elle s'est bien tenue et qu'elle a bien mangé tout son parmentier, plutôt que de le cacher dans les manches de son cardigan pour le jeter dans un pot de fleurs lorsque tout le monde aurait le dos tourné. Or quelle est la raison invoquée pour justifier la publication joyeuse de photos de femmes en maillot de bain sur la plage, décrites non comme des personnes « en vacances », « au travail » ou « avec leur famille », mais en proie à une éternelle « bataille » contre leurs « problèmes physiques » ? C'est « l'angle humain ».

« Jennifer Lopez a de la cellulite : Dieu existe ! » fanfaronneront-ils à côté d'un cliché cruellement agrandi des cuisses de J.Lo. « Les célébrités... elles sont EXACTEMENT comme VOUS ! » piaillent-ils en regard de la photo d'une pauvre garce d'*EastEnders* vêtue d'un vilain jean qui lui donne une allure de muffin – sans se douter apparemment de la nature alarmante d'un tel constat. Une lectrice ne trouvera aucun réconfort dans la vision d'une photo de célébrité mitraillée à la longue-focale, avec des « cercles de la honte » rouges sur ses cuisses molles, des bras barrés de vergetures ou un ventre légèrement bedonnant. Car ce que cela rappelle, dans le fond, à la lectrice (généralement jeune, impressionnable, encore naïve face au monde qui l'entoure), c'est que si elle-même était créative et ambitieuse, travaillait dur, pouvait souffler de temps en temps et, d'une manière ou d'une autre, réussissait à s'élever au sommet de sa profession pour devenir aussi célèbre que ces femmes dans une industrie encore dominée par les hommes, les paparazzis lui courraient après et lui rendraient la vie aussi merdique qu'à Cheryl Cole. Quel état des lieux foutrement déprimant.

Voici pourquoi je déteste « l'angle humain » :

1) Je ne veux pas que mes célébrités s'humanisent. L'art devrait servir d'arène pour se réinventer et se sublimer. Je n'ai pas envie de voir une bande de gens normaux traîner les pieds en se plaignant du prix de l'eau et des points noirs. Ce que je veux, c'est un David Bowie jouant les gitons venus de l'espace.

2) Au XXIe siècle, aucune femme ayant du succès dans une arène donnée n'a besoin d'être « humanisée ». Et ce, sans exception aucune. Pas même Margaret Thatcher. Il nous a fallu cent mille ans d'une progression lente, pénible, pour sortir du patriarcat. Il reste encore des endroits au monde où les femmes n'ont pas le droit de toucher de la nourriture pendant leurs menstruations ou sont ostracisées socialement pour n'avoir pu concevoir un garçon. Même en Amérique ou en Europe, les femmes sont encore si lourdement sous-représentées partout – dans les sciences, la politique, les arts, les affaires, les voyages dans l'espace – que si *la moindre* femme réussit à se forger une personnalité adéquate pour réussir dans le monde et obtenir ne serait-ce qu'une fraction de l'autorité que les hommes prennent pour acquise, je tiens absolument à ce qu'elle puisse continuer de donner le change. Qu'elle puisse garder son masque professionnel. Qu'elle puisse paraître légèrement indomptable et distante. Qu'elle puisse cultiver le mystère, ou la menace, voire carrément une effroyable invulnérabilité, si cela lui chante. Quand le monde sera dominé par des amazones illuminati aux traits thatcheriens qui le manipuleront à l'aide d'une combinaison d'armes nucléaires et de chantage

sexuel, alors seulement nous aurons réellement *besoin* d'aller les humaniser un coup. En attendant, Jennifer Aniston s'est contentée de sortir une énième comédie romantique sirupeuse. Je doute que nous ayons un besoin vital de démonter tout de suite son effroyable masque de fer en lui demandant à quand remontent ses ragnagnas.

Même si les icônes féminines devaient gagner en variété et en réussite d'ici à la fin du mois, il est une question que nous devons nous poser : est-ce que ce que nous lisons et disons à leur sujet tient du « reportage » ou du « débat » ? Ou bien est-ce encore les médias qui font leur langue de pute ?

15

L'avortement

Je crois avoir des ovaires polykystiques. C'est pour cela que je passe une échographie. Trois fois, j'ai consulté mon généraliste avec des symptômes (acné, épuisement, gain de poids, désordre du cycle menstruel), et voilà où l'on m'a envoyée : dans le service d'échographie de l'hôpital Whittington.

Je sais, avec pareils symptômes, vous me croyez enceinte, pas vrai ? Pourtant j'ai fait un test il y a six semaines, qui n'a rien donné, du coup mon généraliste m'a envoyée là. Je mange deux boîtes d'ananas en conserve au petit déjeuner et pleure en voyant un écureuil tristounet dans une pub. Évidemment que je suis enceinte. Mais le test dit le contraire. Donc non.

Je suis étendue sur le lit. Accroché au mur, le moniteur attend de me montrer ce qu'il y a à l'intérieur. Je ne sais pas trop à quoi ressemblent des ovaires polykystiques, mais je suppose que je verrai des cercles, comme des bulles d'oxygène. Ou peut-être quelque chose de plus viscéral : des amas, des bractées.

Tandis que l'infirmière se prépare en se lavant les mains, j'admire la vue offerte par l'écran d'échographie. On se croirait sur le pont du Faucon Millenium de *Star Wars* lorsqu'il est garé. L'espace, noir, ténébreux, avec quelques particules de lumière. Le silence.

Lorsqu'on me pose enfin l'appareil sur le ventre, cependant, c'est comme une téléportation instantanée : le système solaire tout entier prend vie dans un rugissement. Lignes et volutes, rognons et tripes. Des lunes encerclées d'astéroïdes. Et là, au centre – faible, grave, enfoui – un pulsar. Un signal. Une horloge et son tic-tac.

C'est un cœur qui bat.

« Vous êtes enceinte ! » dit l'infirmière d'un air joyeux. On doit ordonner aux infirmières de toujours faire cette annonce sur un ton joyeux. C'est ce qu'elles font toujours, quel que soit le degré de pâleur de leur patiente ou le volume auquel elle s'est écriée « Merde » avant de se mettre à trembler.

Elle fait ses calculs en mesurant sur l'écran à l'aide d'un ruban.

« Je dirais que vous en êtes à onze semaines », déclare-t-elle en poussant le moniteur à ultrasons dans mon ventre.

Et c'est tout : rien d'autre qui ressemble à un fœtus. La courbe de l'échine, pareille à un croissant de lune étiolé. Le casque d'astronaute du crâne. Les yeux noirs de crevette, imperturbables.

« Oh mon Dieu, dis-je au bébé. Oh, mon fabuleux petit bonhomme. »

Je suis persuadée qu'il s'agit de mon fils gay – celui que j'ai toujours rêvé d'avoir. Son entrée est tellement spectaculaire – tellement glamour, tellement « Tahdah » ! Tellement soudaine. Tellement maniérée. Black-out complet sur la pré-promotion jusqu'à ce qu'il puisse faire sa première apparition comme ça, à la télé ; comme si on était dans *Parkinson* ou autre connerie du genre.

Et puis, cette veine ! Ce gamin a clairement de la chance – une fois, seulement, on a baisé sans protection ; cette nuit-là à Chypre, dans les vingt minutes où les deux filles s'étaient endormies. Ce petit va défier le sort tout au long de sa vie : il va casser la baraque, devenir pote avec des millionnaires en faisant la queue pour un falafel. Il trouvera de l'or du premier coup en passant son tamis dans la rivière et le grand amour le jour même où il décidera qu'il est temps pour lui de se poser.

« Je ne peux pas te garder, lui dis-je tristement. Le monde va imploser si je te garde. »

Car pas une seconde je ne me dis que je devrais garder ce bébé. Ce n'est pas un dilemme, une décision horriblement difficile à prendre – parce que je sais, avec une sereine conviction, que je ne veux pas d'un nouvel enfant maintenant, de la même façon que je sais absolument que je ne veux pas aller en Inde, devenir blonde ou tirer au pistolet.

Je refuse de passer une nouvelle fois par là : trois années à servir de soutien à quelqu'un qui m'appellera de ses pleurs, me repoussera avec colère et, qui sait, une fois malade, ne trouvera peut-être le réconfort qu'une fois sa tête posée sur mon ventre en se rêvant de nouveau à l'intérieur. Mes deux filles, devant lesquelles je marche à reculons (comme si je leur faisais la révérence, les protégeant du vent, observant leurs moindres faits et gestes aussi jalousement qu'une caméra) je n'en veux pas plus.

Je redoutais leur mort avant (la voiture ! le chien ! la mer ! les germes !), jusqu'au moment où je me suis rendu compte qu'il n'y avait pas de quoi en faire un drame : sur le brancard, en route pour la morgue, je n'aurais qu'à plonger mes mains dans leur cage thoracique pour en tirer leur cœur et l'avaler avant de leur redonner naissance, afin que jamais, au grand jamais, elles ne disparaissent. Je ferais n'importe quoi pour ces filles.

Mais celui-ci, je ne ferai qu'une chose pour lui, aussi vite que possible, avant même d'aller plus loin.

Je remercie l'infirmière, essuie la gelée sur mon estomac et sors passer un appel.

En 2007, l'éditorialiste du *Guardian* Zoe Williams a écrit un article admirable, profondément lucide, examinant les raisons pour lesquelles les femmes ont toujours ressenti le besoin de préfacer leurs récits d'avortement d'un « Bien sûr, c'est un affreux traumatisme. Aucune femme n'y va le cœur léger ».

Elle a expliqué que c'était parce que, aussi libérale que soit une société, celle-ci part toujours du principe que l'avortement est, à la base, inconvenant – mais qu'un état clément doit y pourvoir sur les plans légal et médical, de peur que des femmes désespérées « jouent les Vera Drake » dans une ruelle et ne fassent qu'empirer les choses.

Les avortements ne sont jamais vus comme quelque chose de positif, contrairement à toute autre opération remédiant à une condition susceptible de mettre en danger la vie du patient. Les femmes ne parlent jamais publiquement de leurs avortements avec bonheur, gratitude et soulagement. Pas de carte souhaitant « Bonne chance pour ta pilule du lendemain ! » On ne plaisante pas à ce sujet, en dépit du fait que toutes les plaisanteries les plus justes soient fondées sur des sujets controversés et couvrent à peu près toutes les thématiques, y compris le cancer, Dieu et la mort.

En outre, il faut prendre en compte le spectre de l'« inconvenance ». Il y a « bon » et « mauvais » avortement – comme dans le sketch de Chris Morris sur *Brass Eye*, lorsqu'il évoque le « bon » et le « mauvais » sida. Les hémophiles ayant contracté le virus par le biais d'une transfusion sanguine ont le « bon sida » et méritent la sympathie. Les homosexuels ayant attrapé le virus lors de rapports sans lendemain, en revanche, ont le « mauvais sida » et ne se voient accorder aucune sollicitude.

Une adolescente victime de viol qui demande un avortement – ou une mère dont la vie est mise en danger par sa grossesse – se prépare à un « bon avortement ». Elles n'en parleront toujours pas publiquement et ne s'attendront pas à ce que leurs amis soient heureux pour elles, mais ces femmes s'en sortent avec un minimum de stigmatisation.

À l'autre extrême du spectre, bien sûr, se trouvent les « pires » types d'avortement : les avortements à répétition, tardifs, consécutifs aux fécondations in vitro, et, pire que tout, les mères qui avortent. Notre vision de la maternité est tellement idéalisée, sentimentale – la Mère, douce donneuse de vie – que la seule idée qu'une mère pose des limites à sa capacité d'élever des enfants et refuse de donner à nouveau la vie semble obscène.

Car les mères doivent prétendre aimer et protéger toute vie, aussi naissante ou putative qu'elle soit. Elles devraient (pensons-nous toujours à voix basse, en notre for intérieur) être préparées à donner, donner, donner, jusqu'à épuisement, tout simplement. La meilleure des mères, la mère parfaite, portera à terme chaque enfant conçu, aussi perturbateur ou porteur de désastre qu'il puisse être, parce que son amour sera assez grand pour tout et pour tous.

Les femmes qui décident de poursuivre des grossesses mettant leur vie en danger (« Les docteurs m'ont dit qu'une autre grossesse pourrait me tuer… mais voilà le petit William ! ») sont présentées par les magazines comme admirables ; ce sont les mères ultimes.

L'incarnation même de l'oxytocine, cette hormone de l'amour et du lien qui fait tourner le monde.

Les femmes devraient, essentiellement, se montrer capables d'un amour infini, sacrificiel.

Je trouve cette supposition problématique. Premièrement, je crois en quelque chose de très élémentaire et, théologiquement parlant, non chrétien. Un des grands dilemmes de l'avortement consiste à essayer de déterminer où commence « la vie » d'un fœtus – concluant que si l'avortement pouvait survenir avant le début de la « vie », ce serait le « bon » type d'avortement. Mais étant donné que tant la science que la philosophie ont toujours du mal à définir le début de la « vie », ne vaudrait-il pas mieux aborder ce débat sous un autre angle, tout simplement ? Car si une femme enceinte possède une autorité sur la vie, celle-ci ne devrait-elle pas s'étendre à la non-vie ? C'est un concept appréhendé par d'autres cultures. La déesse hindu Kali est à la fois Mère de l'Univers Tout Entier et Dévoreuse de Toute Chose. Elle est la vie et la mort. À Sumer, Inanna est la déesse du sexe et de la fertilité, mais se transforme également en Ereshkigal, déesse du Monde d'En Bas. À un niveau élémentaire, si les femmes ont, par la biologie, le pouvoir d'accueillir, abriter, nourrir et protéger la vie, pourquoi n'auraient-elles pas le pouvoir d'y mettre également fin ?

Je ne plaide pas pour qu'on fourre les enfants dans des cuisinières ou qu'on encourage les avortements tardifs – personne ne plaide pour, de toute façon. Ce qui me rebute, c'est l'idée que, en procédant à un avortement, une femme se montrerait, d'une certaine manière, aféminine et, oui, amaternelle. Que l'essence absolue de la féminité et de la maternité soit de maintenir la vie, à tout prix, quelle que soit la situation.

Ma conviction que l'accès à l'avortement est nécessaire, en définitive, d'un point de vue aussi bien sociologique, émotionnel, que pratique, n'a fait que s'affirmer après la naissance de mes deux enfants. Ce n'est qu'après avoir connu neuf mois de grossesse, poussé pour faire sortir l'enfant, l'avoir nourri, choyé, veillé jusqu'à 3 heures du matin, s'être levée avec lui à 6 heures, avoir fondu d'amour pour lui et éclaté en sanglots furieux par sa faute que vous comprenez réellement combien il est important pour un enfant, d'être désiré. Combien la maternité est un jeu qu'il faut aborder avec autant d'énergie, de bonne volonté et de bonheur que possible.

Or il n'y a rien de plus important, bien sûr, que d'être voulu, désiré, choyé par une mère raisonnablement saine et stable. Je peux vous dire honnêtement que procéder à cet avortement a été l'une des décisions les moins difficiles à prendre de mon existence. Ce n'est pas me montrer désinvolte que de dire qu'il m'a fallu plus de temps pour décider quels plans de travail installer dans la cuisine que pour savoir si j'étais ou non prête à assumer pour le restant de mes jours la responsabilité d'une vie supplémentaire, car je savais que m'engager à nouveau auprès d'une autre personne risquerait bien d'étirer mes capacités, ma conception de la personne que je suis, que je veux être, de ce que je veux et dois faire – jusqu'à la rupture. L'idée que j'aurais pu (à une autre époque ou dans un autre pays) ne pas avoir le choix me semble barbare sur le plan émotionnel et physique.

Comme l'écrit Germaine Greer dans *La Femme entière*, « devenir mère sans le vouloir revient à vivre comme une esclave ou un animal domestique ».

Bien sûr, j'avais toutes les chances de ressentir finalement de la gratitude devant la naissance d'un troisième enfant. Il aurait pu arriver, me forcer à me découvrir de nouveaux trésors d'énergie, de dévouement et d'amour. Il aurait pu être la meilleure chose qui me soit jamais arrivée. Mais je ne suis pas, personnellement, de nature joueuse. Je refuse de dépenser une livre pour la loterie, et plus encore de parier sur une grossesse. Les enjeux sont bien trop élevés. Je ne peux approuver une société qui me force à spéculer sur ma capacité à aimer sous la contrainte.

Je n'arrive pas à comprendre les arguments antiavortements centrés sur la sainteté de la vie. Notre espèce a, je pense, suffisamment démontré qu'elle ne croyait pas à la sainteté de la vie. Cette indifférence avec laquelle nous acceptons les guerres, famines, épidémies, la douleur et une durable et écrasante pauvreté nous montre que, en dépit de nos protestations, nous nous en tenons au minimum quand il s'agit de *vraiment* traiter la vie humaine comme sacrée.

Je ne comprends pas, alors, pourquoi, au milieu de tout cela, les femmes enceintes – des femmes essayant de prendre une décision rationnelle concernant leur avenir et, généralement, celui de leur famille aussi – devraient subir une plus forte pression pour préserver la vie que, disons, Vladimir Poutine, la Banque mondiale, ou l'Église catholique.

Il y a cependant une chose que je pense être véritablement sacrée et, d'ailleurs, plus utile à la Terre dans son ensemble : c'est la tentative de s'assurer qu'il y ait au monde aussi peu de personnes déséquilibrées et destructrices que possible. Quel que soit votre raisonnement, mettre fin à une grossesse au bout de douze semaines de gestation est un choix infiniment plus moral que celui de faire venir au monde un enfant non désiré.

Ce sont ces enfants malheureux, non désirés, qui deviennent ensuite des adultes aigris, lesquels sont responsables d'une grande majorité des maux affligeant l'humanité. Ce sont eux qui rendent les cités sauvages, les rues dangereuses, les relations violentes. Si la psychanalyse a, de façon quelque peu brutale, déposé la responsabilité des désordres psychologiques devant la porte des parents, le moins que nous puissions faire est de tirer notre chapeau à ces femmes suffisamment conscientes pour ne pas créer ces êtres troublés pour commencer.

Mais, bien sûr, nous ne le faisons pas. Entre 2009 et 2011, trois projets de loi ont été déposés à la Chambre des communes, qui visaient à court-circuiter l'accès des femmes à l'interruption volontaire de grossesse. Le *Times* rapportait qu'un « nombre sans précédent » de médecins choisissaient de ne plus pratiquer d'avortements, atterrés par l'augmentation du nombre d'interventions.

L'une des raisons pour lesquelles ce sentiment antiavortement parvient à s'enraciner est que le débat n'est justement que ça : un débat idéologique, religieux ou sociopolitique sur l'avortement. Il y est rarement question d'expérience personnelle, en dépit du nombre record de femmes (189 100 au Royaume-Uni en 2009) y ayant eu recours. Chaque année, environ 42 millions d'avortements sont pratiqués à travers le monde – 20 millions sans encombre, sous supervision médicale, et 22 millions dans des conditions à risque. Partout sur la planète, des femmes font ce qu'elles ont toujours fait à travers l'histoire : elles font face à une crise qui pourrait changer leur vie, voire la mettre en danger, sans en parler après. De peur qu'un proche (une de ces personnes qui ne saignent pas, qui ne viennent pas d'avorter) s'en trouve contrarié.

Les femmes (qui détestent toujours parler des éléments les plus viscéraux du processus reproductif féminin dans ce qu'il a de physique) ont trop honte, trop peur des réactions, pour parler de leurs IVG, même à leurs amis ou leurs partenaires. Ce qui entraîne une situation curieuse dans laquelle, alors que tout le monde ou presque doit compter parmi les personnes qui lui sont chères une femme ayant avorté, la probabilité qu'elles en discutent avec leur aînés plus conservateurs, ou les hommes qui les entourent, est ténue.

En conséquence, nous vivons dans un climat où les antiavortement peuvent discuter de l'IVG comme de quelque chose que font « les autres », « là-bas », plutôt que de ce qu'elle est réellement : un acte selon toute vraisemblance mesuré, rationnel et réfléchi, qui a de grandes chances statistiques d'avoir eu lieu tout près.

Lorsque j'ai écrit un article dans le *Times* au sujet de ma décision d'avorter, j'ai été ébahie par les réponses des lecteurs – plus de 400 commentaires en ligne et plus de 100 lettres et emails. En règle générale, les antiavortement n'évoquaient aucune expérience de grossesse ni de son interruption, alors que les pro, oui.

La réponse que j'ai trouvée la plus surprenante, cependant, fut une merveilleuse lettre d'une célèbre éditorialiste féministe qui disait que, alors même qu'elle avait écrit maints articles à ce sujet, elle n'avait jamais parlé de ses propres IVG.

« J'ai toujours eu peur de ce qui allait se passer si je le faisais. Je supposais que personne ne me pardonnerait. Je pensais que cela risquerait, quelque part, de discréditer mon argumentaire. »

Et, en tant que femme réconciliée avec son propre corps, j'ai le sentiment de pouvoir défendre mon droit à mettre fin à une grossesse auprès de n'importe quel dieu. Ma première conception, tellement désirée, s'est soldée par une fausse couche, trois jours avant mon mariage. Une gentille infirmière a ôté ma manucure matrimoniale avec du dissolvant, afin de me poser un thermomètre digital en vue de l'opération de curetage.

Je suis entrée dans la salle d'opération en pleurs, et c'est en pleurs que j'en suis ressortie. En cette instance, mon corps avait décidé que cet enfant n'était pas voué à vivre et y avait mis fin. Cette fois, c'est mon esprit qui a décidé que cet enfant n'est pas voué à vivre. Je ne crois pas qu'une décision soit plus valide que l'autre. Corps et esprit me connaissent tous les deux. Tous deux sont aussi capables de décider ce qui est juste.

Je veux mettre fin à la grossesse aussi vite que possible et fonce chez le conseiller médical que j'avais vu pour mon dernier accouchement. Au cours des cinq minutes inconfortables de consultation, il est tenu de me signaler que l'hôpital dans lequel nous nous trouvons (St. John & St. Elizabeth, à St. John's Wood) est un établissement catholique, si bien que je viens effectivement de demander un avortement au pape.

De retour à la maison, la recherche Google la moins drôle de l'histoire me suggère un conseiller médical à Golders Green, suivi d'une « procédure » dans l'Essex. Je dispose de deux options viables pour l'avortement à proprement parler : soit je suis assommée et me réveille une fois le fait accompli, mais dois passer la nuit à l'hôpital ; soit je demeure consciente, mais rentre à la maison le même jour. J'en suis encore à allaiter ma cadette – j'opte donc pour la deuxième option.

Il y en a une troisième – l'adoption dite médicale, où l'on prend deux comprimés pour provoquer la fausse couche chez soi –, mais, après renseignement, chaque personne en ayant fait l'expérience me dit : « C'est plutôt flippant, tu sais. Tu te balades dans ta maison en saignant pendant des jours. Et il y a aussi un risque. que cela ne fonctionne pas, auquel cas tu devras de toute façon procéder à un curetage. Franchement, vas-y, fais-le, qu'on en finisse. »

La clinique où nous allons se trouve dans l'Essex, dans une zone agrémentée de cette ambiance légèrement suburbaine d'échangisme et de bordels impeccables dirigés par des femmes plantureuses. Je suppose, étant donné qu'elle a l'air de fournir un havre aux besoins honteusement physiques de l'humanité, qu'il s'agit là d'un endroit tout trouvé pour une clinique d'avortement. L'intérieur me rappelle une auberge de jeunesse victorienne, avec son atmosphère de « clients » qui mijotent quelque chose, tandis que le personnel les observe en silence, du palier supérieur, les lèvres plissées dans une grimace de désapprobation.

Dans la salle d'attente sont assis quatre couples et deux femmes seules. La plus jeune vient d'Irlande – elle est arrivée ce matin, et si j'ai bien compris d'après ce qu'elle murmure à la réceptionniste, repartira par le ferry du soir.

L'autre, plus âgée, semble avoir la quarantaine bien tassée, peut-être même la jeune cinquantaine. Elle pleure sans un bruit. Elle a l'aura de celle qui n'en a parlé à âme qui vive, et ne le fera jamais.

Les couples sont silencieux, eux aussi – toutes les conversations possibles ont été épuisées avant d'arriver ici. Mon mari a les yeux rouges mais il tient bon, comme il l'a fait lors de mes deux accouchements et de ma fausse couche. Il m'a fait sa déclaration définitive à ce sujet il y a des années : « Il me semble terriblement injuste que, pour que *nous* puissions nous reproduire, *vous* deviez en passer par toute cette… merde. »

Dans la conversation isolée et aromantique que nous avons eue au téléphone lorsque je l'ai appelé à la sortie de la séance d'échographie, il n'y a même pas eu de débat. Il m'a demandé « Que veux-tu faire ? », j'ai répondu « Non », et il a acquiescé, « Ok ».

Nous savions ce que nous en pensions tous les deux – bon sang, nous nous étions couchés la semaine précédente, après une journée passée avec des amis et leur nouveau-né, en nous disant : « Elle a le regard dans le vague, et lui paraît à moitié mort. On oublie combien il leur faut de l'*attention*, pas vrai ? Combien on se retrouve… coincé. »

L'infirmière appelle mon nom, et je quitte sa main pour passer dans l'autre pièce. Tout en marchant, je lévite, peu à peu, dans une crise d'angoisse, et l'espace d'un rush télescopique, je sais – de façon froide – que je suis en train de faire une terrible erreur et que je dois garder cet enfant, coûte que coûte. Mais je sais aussi comment fonctionnent les crises d'angoisse, comme elles mentent. Chacune de tes autres pensées t'a amenée ici, sans faille, me dis-je. Ce n'est pas une révélation de dernière minute. Ce n'est que la peur. Dis-lui de se taire.

Je ne sais pas à quoi je m'attendais. Pour le curetage après ma fausse couche, on m'avait anesthésiée (encore en larmes) et lorsque je m'étais réveillée (toujours en larmes), tout était fini.

« Où est le bébé ? » ne cessais-je de demander, complètement stone, tandis qu'on me transportait dans une chambre en me disant le plus doucement possible de la fermer. Tout ce que je connaissais de cette procédure, c'était le contrecoup : la douleur, évidemment, la conscience que les hormones de grossesse étaient en train de disparaître, heure après heure. Emportant la légèreté de l'œstrogène, me laissant de nouveau lourde, soumise à la gravité : un peu comme lorsqu'on reste lire dans un bain tandis que l'eau s'évacue.

Cette fois-ci, je reste éveillée tout du long. La procédure est une mauvaise surprise. Je suppose que le seul qualificatif auquel je me serais attendue pour la décrire serait celui de « clinique » : des médecins faisant simplement leur travail, froidement et vite ; une procédure précise et rapide. Mais alors que je gis sur le lit (dernier rendez-vous de la journée), les docteurs ont l'air d'avoir passé beaucoup trop de temps à faire des choses déplaisantes afin de rectifier les erreurs des autres.

Vous vouliez devenir médecin pour aider les gens et vous sentir mieux à la fin de votre journée de travail, me dis-je en les regardant tandis que l'infirmière me prend la main. Mais je ne pense pas que vous vous sentiez mieux en fin de journée. À vous voir, les humains n'ont cessé de vous décevoir.

L'avortement en lui-même ne ressemble pas à ce que je pensais, en ce qu'il est à la fois douloureux et relativement fruste. On ouvre le col de l'utérus manuellement, avec une espèce de cliquet. Puis on insère le spéculum et commence alors l'avortement, qui consiste apparemment à tout détruire à coups de cuiller. La violence de l'acte fait grincer des dents. C'est comme déchirer le jaune d'un œuf avec une baguette, me dis-je, en respirant comme on me l'a appris pour l'accouchement, ce qui est, évidemment, une très mauvaise blague.

C'est assez douloureux – comme l'accouchement aux alentours de la cinquième heure. L'antidouleur n'a absolument aucun effet, mais il semblerait d'une certaine manière inapproprié de s'en plaindre, étant donné les circonstances. Même si vous n'êtes pas vous-même convaincue de devoir faire l'expérience de la douleur durant un avortement, le personnel n'est clairement pas de cet avis.

« Vous vous en sortez très bien », dit l'infirmière en me serrant la main très fort. Elle est gentille, mais aussi déjà en train d'enfiler son manteau, évidemment, et songe à sortir de la pièce. Elle peut humer le week-end d'ici. Elle est déjà loin.

Le docteur utilise ensuite une vacurette pour aspirer le contenu de mon utérus, ce qui fait plus ou moins l'effet que l'on attendrait d'un passage d'aspirateur dans le ventre. Ce qui me dissuadera à plusieurs reprises, des mois durant, d'acheter un Dustbuster Black & Decker.

La procédure complète a pris peut-être sept minutes, c'est rapide, mais le désir est immense de sentir chaque instrument, chaque main, se retirer pour vous laisser vous refermer tranquillement et guérir. Vous voulez que tout le monde SORTE de vous. Tout le monde.

Le docteur éteint l'aspirateur. Avant de le rallumer pour passer dans un dernier petit coin : comme lorsque vous vous occupez du salon, terminez, puis décidez de retaper les coussins du canapé au passage, tant que vous y êtes.

Enfin, il en a fini, et je laisse échapper un « Ahhh » involontaire tandis qu'il retire sa main.

« Vous voyez ! dit-il avec un sourire ferme. Pas mal du tout ! Bien joué ! »

Puis il jette un œil dans le plat, qui contient tout ce que j'avais dans le ventre. Intrigué par quelque chose, il fait venir son collègue de la salle de soins.

« Regarde-moi ça ! dit-il en pointant du doigt.

— Haha ? Inhabituel ! » commente l'autre.

Tous deux s'esclaffent, avant qu'on apporte le plateau, que les gants soient ôtés et que le ménage commence. La journée est à présent terminée.

Je n'ai pas envie de demander ce qu'ils ont vu. Peut-être pouvaient-ils détecter qu'il était gay, même à un stade si précoce.

La meilleure pensée est la suivante : peut-être qu'elle est affreusement déformée et que j'aurais fait une fausse couche de toute façon.

La pire est celle-ci : peut-être que quelque chose luttait pour rester en vie – peut-être épuise-t-il ses dernières cartes tandis que je gis ici, pâle comme un linge à l'extérieur, rouge et noir à l'intérieur, comme de la mauvaise viande. Voilà le pire. Le pire du pire. Si seulement ces docteurs pouvaient la fermer.

Lorsqu'on vous emmène dans la pièce voisine – « la salle de rétablissement », vous vous étendez, enveloppée dans un peignoir de bains, sur une chaise longue. On vous tend un magazine et une boisson fraîche. Il y a un palmier en pot dans un coin. On se croirait dans le pire remake du clip de *Club Tropicana* de Wham.

La fille venue d'Irlande repart au bout de cinq minutes – elle attrape son bus pour attraper son train pour attraper le ferry qui la ramènera à bon port. Elle marche douloureusement. Il est clairement évident qu'elle n'aurait pas dû avoir à venir dans un autre pays pour remettre sa vie sur les rails. Je me demande si les juges en Irlande ont jamais vu une femme aussi pâle, qui compte les billets sur le bureau de la réception dans un pays où elle ne connaît pas âme qui vive, avant de saigner tout le long du chemin jusqu'à Holyhead. Je me demande si son père approuve la loi parce qu'il ne pense pas qu'elle s'applique à elle. La détesterait-il s'il avait appris que oui et l'avait accompagnée ?

La femme plus âgée – qui criait, silencieusement, dans la salle d'attente – est à présent avec nous toujours en pleurs. Nous semblons toutes d'accord, à un moment donné, pour prétendre ne pas être ici, si bien que personne ne croise son regard. Nous lisons les magazines jusqu'à ce que nos quarante minutes de

« temps de rétablissement » soient écoulées et que l'infirmière nous dise, « vous pouvez y aller ».

Et nous repartons – mon mari conduit dangereusement, parce qu'il me serre la main très, très fort – et je dis « je vais me faire installer la version contraceptive du Trident, je crois », et il me répond « oui », et serre ma main encore plus fort. Et c'est ainsi que se termine la journée.

Étant donné le sujet, il semble étrange de parler de happy end... et pourtant.

Tous les récits d'avortement que j'ai lus contenaient systématiquement une coda douloureuse sur la marque laissée par la procédure. Aussi sympathique envers les femmes que soit la publication, on ressent toujours le besoin de spécifier comme l'anniversaire de l'avortement se rappelle à votre souvenir avec tristesse, la date de naissance prévue du nourrisson marquée d'un flot de larmes.

Le principe ici est que, même si une femme se dit, rationnellement, qu'elle ne pouvait garder le bébé, il y aura toujours une partie d'elle pour nier l'évidence et continuer de célébrer silencieusement l'enfant qui aurait dû venir. Le corps des femmes n'abandonne pas ses rejetons si facilement, ni si discrètement, tel est le message. Le cœur n'oublie jamais.

C'est ce à quoi je m'attends. Mais ce n'est pas ce qui se passe. À vrai dire c'est même le contraire. J'attends toujours la venue du chagrin et de la culpabilité annoncés (je carre les épaules, la poitrine bombée, je suis prête), mais ils n'arrivent pas. Je ne pleure pas en voyant des vêtements de bébé. Les annonces de grossesses de mes amies ne me rendent pas jalouse ni discrètement mélancolique. Je n'ai pas à me rappeler que parfois il faut faire la « mauvaise » chose pour les « bonnes » raisons.

En fait, c'est le contraire. À chaque nuit passée sans encombre, je me félicite de mon choix. Lorsque la plus petite en finit avec les couches, je suis soulagée qu'il n'y en ait pas un troisième derrière. Lorsque des amis viennent à la maison avec leur nouveau-né, je suis profondément, profondément reconnaissante d'avoir eu la possibilité de rempiler une nouvelle fois – et que cette possibilité ne nécessitait pas que je m'allonge sur la table de la cuisine d'une amie, après que les enfants se furent couchés, priant pour ne pas attraper d'infection ni faire d'hémorragie mortelle avant d'être arrivée à la maison.

J'en parle à d'autres amies, après quelques verres, et elles confirment.

« Je passe à côté des terrains de jeux en me disant, si j'étais allée au bout de cette grossesse, je serais encore le cul sur ce banc, grosse, déprimée, cassée, en train d'attendre que ma vie daigne recommencer », dit Lizzie.

Rachel, comme toujours, se montre plus brutale. « C'est une des quatre meilleures choses que j'aie jamais faites – après avoir épousé mon mari, eu mon fils et obtenu un devis fixe pour la conversion du loft. »

J'imagine que ce qu'on m'avait donné à croire, c'était que mon corps (ou mon inconscient) serait en colère contre moi pour n'avoir pas gardé l'enfant. Et qu'en plus leur opinion à ce sujet serait, d'une certaine manière, supérieure (plus « naturelle », morale) à la décision rationnelle prise par mon esprit conscient. Que les femmes étaient conçues pour faire des bébés, et que pour chacun n'ayant pas été porté à son terme, il faudrait rendre compte, s'affliger, se repentir, et que nous ne serions jamais pardonnées.

Mais tout ce que je voyais, et tout ce que je vois encore après toutes ces années, c'est une histoire faite de millions de femmes qui ont essayé de défaire l'erreur qui pourrait, en retour, les défaire, avant de reprendre leur vie, discrètement, avec reconnaissance, en passant l'affaire sous silence. Ce que je vois, c'est la possibilité d'une action qui n'a que de bonnes conséquences.

16

Intervention

J'ai maintenant trente-cinq ans et empile les années avec la même nonchalance que lorsque j'empilais les semaines étant enfant. Je suis plus volontaire, plus flexible dans mes émotions, mais ces gains semblent s'être faits aux dépens de ma peau, qui a pris la texture légèrement craquante du taffetas. Peut-être le collagène de ma peau est-il absorbé par mon cœur, me dis-je, passant un doigt sur mon gras et contemplant, fascinée, les plissures de la peau dans son sillage. J'applique du beurre de cacao sur les plis, qui disparaissent. Quelques heures plus tard, ils sont de retour.

Ma peau commence à se montrer… exigeante.

Ce n'est pas la seule partie de mon corps à opérer des changements. La gueule de bois prend à présent une tonalité légèrement inquiétante, déprimante. Le quart de tour délicat de l'escalier me fait mal au genou. Mes seins commencent à réclamer l'équivalent en armature de gardes du corps : je ne peux les laisser sans sécurité. Je suis à des kilomètres de l'épuisement, ou même de la fatigue, et pourtant je ne me sens pas capable de danser spontanément, comme c'était le cas auparavant.

J'ai trouvé un intérêt nouveau à la position assise.

Les premiers grands rappels concernant la mortalité se mettent à arriver. Les parents des amis commencent à tomber malade. Les parents des amis commencent à mourir. Il y a des enterrements et des veillées, auxquels je glisse des paroles de réconfort à mes amis – tout en me confortant moi-même secrètement dans l'idée que la famille est encore à une génération de distance. Un suicide, une attaque, un cancer : tous ne surviennent encore que parmi les adultes au-dessus de moi. Ils n'ont pas encore entamé ma génération.

Mais j'observe les proches plus âgés des défunts au bord de la fosse, à l'église, ou au crématorium, qui ressemble bizarrement à un sauna municipal, à titre de référence pour un événement futur. Bientôt, ce sera à moi de composer avec ces affreux adieux.

Bientôt, moi aussi, je regarderai mes mains pour me rendre compte que ce sont celles de ma grand-mère, et que l'alliance qui brillait, il y a toutes ces années, est devenue – sans que j'y fasse rien – une antiquité. J'ai fini d'être véritablement jeune. Il va y avoir une période de stagnation, une décennie environ de stase, puis surviendra la suite : je commencerai à vieillir. Voilà ce qui va se passer.

Un mois plus tard, j'assiste à une remise de prix, à Londres.

C'est ici que les pontes de l'industrie médiatique se rassemblent, pour une soirée de célébration, avant de retourner à leur corvée de pontes.

Dehors, sur la chaussée, se masse un demi-cercle de photographes qui illuminent la porte d'entrée de leurs flashes épileptiques. Essayer de franchir cette porte quand on n'est pas quelqu'un dont ils souhaitent tirer le portrait est une expérience complexe et embarrassante : il est essentiel de marcher sur elle d'un pas nonchalant, humble-mais-affairé, exsudant le message, je ne suis pas célèbre. Repos. Vous pouvez m'ignorer.

La moindre erreur de calcul dans votre démarche, un excès de confiance par exemple, vous exposerait aux indignités terribles d'une trentaine de photographes soulevant à moitié leurs appareils à votre approche avant de les rabaisser aussitôt, déçus, en remarquant que vous n'êtes pas Sadie Frost. Certains vous crieront même dessus.

« Foutue perte de temps ! » m'a hurlé l'un d'entre eux, une fois, lorsque je me suis avancée dans un manteau de fausse fourrure qui semblait par hasard trop vrai. Comme je l'ai appris ensuite, un joli duffle-coat passe mieux. Les paparazzi n'ont que faire des porteurs de duffle-coat. Le duffle-coat ne risque rien.

J'entre. Je n'avais encore jamais été dans une pièce avec autant de personnes importantes. Leur pouvoir émettait un léger bourdonnement, comme un moteur de BMW, un bourdonnement étouffé par la bonne qualité de leurs vêtements. Du textile épais, bien coupé. Manteaux Prada, Armani, Dior. Cuir de vachette pour les sacs et les chaussures ; crèmes au vétiver et aux pétales de rose pour les mains. La pièce tout entière sentait la fortune. Elle incarnait le privilège à l'anglaise, discret, inébranlable. Autant de choses auxquelles je m'attendais.

Ce à quoi je ne m'attendais pas, c'étaient les visages – les visages des femmes. Ceux des hommes sont comme on s'y attend : célèbres ou non, les hommes ont, tout simplement, des têtes d'hommes. D'hommes de quarante, cinquante, soixante ans passés. Bien mis, portant beau, pas troublés pour deux sous. Des hommes qui partent en vacances dans des endroits constamment ensoleillés et aiment le gin.

Mais les femmes ! Oh, les femmes ont *toutes la même tête.*

Les quelques vingtenaires et trentenaires échappent à la règle. Elles semblent normales. Mais dès qu'on approche des trente-cinq, trente-six, trente-sept ans, les premiers signes d'homogénéité commencent à apparaître. Des lèvres ne laissant encore tout à fait voir l'érosion à laquelle on s'attendrait : des lèvres qui semblent bouffer vers le haut et vers l'avant, contrairement à la logique, dans des moues à la Elvis. De minuscules fronts luisants. Quelque chose d'indéfiniment, d'indéniablement bizarre autour des joues, de la mâchoire. Des yeux comme tirés à quatre épingles – comme ouverts sur Harley Street et tout juste informés du prix final.

Avec comme l'impression qu'une bonne d'Europe de l'Est a lavé et repassé leur robe, manteau et visage, le tout en un seul mouvement. Que dans la buanderie, à 11 heures du soir, ces visages de femmes pendaient à des cintres en bois de rose, pulvérisés d'eau de linge à la verveine, endormis.

Si je regarde à l'autre bout de la pièce, il me revient en tête une scène du *Neveu du magicien*, dans laquelle Polly et Digory déboulent dans une salle de banquet, où une cour tout entière (des dizaines de rois et reines, tous couronnés) sont assis à une longue table, figés dans la pierre sous l'effet de la magie.

Tandis que les enfants longent la table, les visages changent progressivement – de « gentils, joyeux, amicaux » à une extrémité, en passant par une section intermédiaire d'anxiété, de malaise et de gêne, pour finir, à l'extrême droite, avec des gens dont les visages sont « les plus féroces : beaux, mais cruels ».

Et voilà à quoi ressemblent ces femmes. Sauf qu'elles ne semblent ni cruelles, ni froides, ni calculatrices.

Tout en progressant à travers les décennies (des jeunes filles de vingt ans enjouées, insouciantes, vers les grandes dames dans la quarantaine, cinquantaine, soixantaine), les femmes de cette pièce paraissent de plus en plus effrayées. À les voir si privilégiées, si en sécurité, et qui pourtant se plient à des procédures si coûteuses, si douloureuses, on a l'impression d'une pièce emplie par la peur. La peur féminine. L'adrénaline, qui les a menées jusque chez le chirurgien et son service peuplé de visages emmaillotés.

Je ne sais pas de quoi elles avaient peur exactement (que leurs maris les quittent, que les petites jeunes viennent les supplanter, que les appareils photo postés à l'extérieur les jugent, ou tout simplement de retrouver la déception silencieuse et lasse du miroir de la salle de bains au matin), mais toutes semblaient désarçonnées. Elles avaient dépensé des milliers et des milliers de livres pour paraître pétrifiées, au propre comme au figuré.

C'est ce jour-là que j'ai enfin su, dans mes tripes, que la chirurgie n'était pas quelque chose de sain ni d'heureux. J'ai contemplé les résultats et ils semblaient à la fois malsains et impies. Parce que non seulement toutes ces femmes ont l'air d'avoir fait quelque chose d'extrême et évident sous l'aiguillon de la peur, mais en plus leurs maris, partenaires, frères, fils et amis masculins paraissent étrangement inconscient de toute l'affaire. *Eux* n'en sont pas passés par là. Eux se dressent à leurs côtés, vivent à leurs côtés, mais dans un monde à l'évidence radicalement différent. Quelque chose fait souffrir – de façon profonde – ces femmes, quelque chose que leurs hommes ont balayé d'un revers de main comme des moustiques. Comme je l'ai dit tantôt, de la même façon que vous pouvez identifier le sexisme en vous demandant « est-ce que c'est poli ou non ? », vous pouvez déterminer si une sorte de pression sociétale misogyne est exercée sur les femmes en demandant calmement « et est-ce que les *hommes* le font, eux aussi ? »

Si ce n'est pas le cas, il y a des chances pour que vous ayez devant vous ce que nous autres féministes enragées appelons « un sacré paquet de conneries ».

Parce que le vrai problème ici, c'est que nous mourons tous. Sans exception. Chaque jour les cellules s'affaiblissent, les tissus s'amenuisent et le cœur se rapproche un peu plus de son dernier battement. Le vrai coût de la vie, c'est la mort, et nous gaspillons nos jours comme des millionnaires : une semaine par-ci, un mois par-là, nonchalamment dilapidés jusqu'à ce qu'il ne vous reste plus que deux pennies sur les yeux.

Personnellement, j'aime le fait que nous allons mourir. Il n'y a pas plus exaltant que de se lever tous les matins avec un « WAOUH ! C'EST ÇA ! IL N'Y A QUE ÇA ! » C'est merveilleux comme cela vous remet le cerveau en place. Cela vous pousse à aimer avec passion, à travailler intensément et à vous rendre compte que, dans l'absolu, vous n'avez vraiment pas le temps de traîner en culotte sur le canapé pour regarder *Homes Under the Hammer*[1].

La mort n'est pas une délivrance, mais une incitation. Plus vous vous focalisez sur votre mort, plus vous vivez votre vie vertueusement. Ma tirade de conclusion habituelle – après celle où je pleure la fermeture de cette extraordinaire friterie sur Tollington Road, celle qui servait des œufs au vinaigre – est que les humains croient encore à une vie après la mort. Je pense sincèrement que c'est le plus grand problème philosophique auquel la planète est confrontée. Même des personnes de leur propre aveu non religieuses pensent

1. Émission consacrée à la rénovation et la vente aux enchères de maisons. Diffusée sur BBC 1, c'est le programme le plus populaire de la tranche de 10 heures. (*N.d.T.*)

pouvoir retrouver mamie et leur vieux chien Crackers lorsqu'ils passeront enfin l'arme à gauche. Tout le monde pense gagner sa harpe.

Mais croire en une vie après la mort nie complètement votre existence actuelle. C'est comme une maladie mentale, insidieuse et déstabilisante. Derrière chaque journée – chaque acte, chaque parole –, vous vous dites que ce n'est pas *vraiment* grave si vous merdez cette fois-ci puisque vous pourrez tout arranger au paradis. Vous vous réconcilierez avec vos parents, deviendrez une meilleure personne et perdrez ces cinq derniers kilos une fois au ciel. Vous y apprendrez le français, aussi. Vous aurez tout le temps, après tout ! C'est l'éternité ! Et puis vous aurez des ailes, et il fera beau ! Alors, franchement, ce que vous faites maintenant, *quelle importance* ? Tout ceci n'est en réalité qu'une salle d'attente sans intérêt où vous ne passerez qu'une vingtaine de minutes, durant lesquelles, privé d'ailes, vous vous trouverez *forcé* de marcher, sur vos pieds, comme le font les cochons.

Si nous nous demandons pourquoi les gens se montrent si apathiques et nonchalants face à toute horreur éminemment évitable dans ce monde (la famine, la guerre, la maladie, les mers qui virent peu à peu au jaune pisse et se remplissent d'opercules de canettes et de fax pulvérisés), pas la peine de chercher plus loin. Le Paradis. La plus grande perte de temps jamais inventée, après les puzzles.

Ce n'est qu'une fois que la majorité de la population de cette planète sera – absolument – persuadée qu'elle est en train de mourir, minute par minute, que nous pourrons enfin commencer à nous comporter comme des êtres conscients, rationnels et capables de compassion. Car si l'attrait de la « bonne action » est fort, la peur panique de se voir lancé, sans pouvoir s'arrêter, dans une nullité sans fin est bien plus efficace. J'attends vraiment avec impatience l'arrivée généralisée de La Peur. La Peur est mon messie. Lorsque le monde entier admettra sa fin imminente, alors on commencera *vraiment* à accomplir des choses.

Donc. Oui. Nous allons tous mourir. Nous sommes tous en train de tomber dans le vide, cellule après cellule. Nous nous désintégrons comme des morceaux de sucre dans du champagne. Mais seules les femmes doivent faire comme si de rien n'était. Les hommes de cinquante ans et plus se baladent les bourrelets à l'air et le visage chiffonné comme le matelas défoncé d'un clochard dans un tunnel. Ils exhibent poils de nez et rides creusées, font « ouuuf ! » chaque fois qu'ils se relèvent ou s'assoient. Les hommes vieillissent à l'œil nu, jour après jour – mais les femmes, elles, sont censées arrêter de décliner aux alentours de trente-sept, trente-huit ans pour vivre les trente ou quarante années suivantes dans une bulle magique où leur chevelure demeure toujours noisette et luisante, leur visage lisse, leurs lèvres pulpeuses, et leurs seins fermement calés sur le tiers supérieur de leur cage thoracique. Désolée de revenir là-dessus (une de nos manies, à nous les féministes enragées), mais Moira Stuart et Anna Ford ont été virées dès cinquante-cinq ans, tandis qu'un Jonathan Dimbleby, du haut de ses soixante-trois ans, se transforme lentement en sorcier derrière son bureau. Pour citer Mariella Frostup : « La BBC a fait de la recherche de présentateurs âgés leur nouvelle quête du Graal. Alors qu'il leur suffirait de parcourir la liste de leurs licenciements. »

Pourquoi les gonzesses ? Pourquoi ne pourrions-nous pas simplement desserrer nos ceintures, ôter nos talons et roter joyeusement, comme les gars ?

Ma Théorie du Complot Subconscient au sujet du refus de l'âge est que l'on considère généralement, comme je l'ai dit, que les femmes commencent à « perdre de leur fraîcheur » vers le milieu de la trentaine. C'est l'âge où la fertilité décline, et où Botox et prothèses font leur apparition. C'est l'âge où les femmes puisent dans leurs économies et se mettent à dépenser toute leur retraite pour effacer ces signes et prétendre avoir à nouveau trente ans.

Partant de là, ma Théorie du Complot Subconscient aimerait vous faire remarquer que la mi-trentaine – énorme coïncidence – est aussi l'âge où les femmes commencent généralement à prendre de l'assurance.

Ayant enfin quitté cette horrible décennie (soyons honnêtes) de la vingtaine (vous avez couché avec Steve. Steve ! Steve le castor ! Vous aviez un boulot tellement barbant que vous vous cachiez dans le placard et mangiez du papier ! SANS OUBLIER L'ÉTÉ DES JUPES-CULOTTES), votre trentaine marque la période où ça devient enfin intéressant.

Vous commencez sans doute à bien vous débrouiller au travail. Vous avez au moins quatre jolies robes. Vous êtes allée à Paris, avez essayé la sodomie, savez comment remplir votre chaudière et êtes capables de citer des passages de *La Terre vaine* tout en préparant des Whisky Mac.

Comme il est étrange, alors même que votre visage et votre corps commencent enfin à laisser voir (par des rides, un assouplissement, des cheveux gris) que vous entrez dans la zone de la distinction qui déchire et de l'intolérance aux abrutis, qu'on vous mette soudain la pression pour que vous... en effaciez complètement les traces. Et donniez l'impression qu'en fait, si si, vous êtes toujours un peu crédule et incompétente, et *totalement* partante pour vous faire baiser par quelqu'un d'un peu plus malin et âgé que vous.

Je ne veux pas de ça. Je veux un visage marqué par les rides d'expression et la lassitude, et des dents couleur crème qui, franchement, disent aux gens stupides et vénaux d'aller SE FAIRE FOUTRE. Je veux un visage qui dise d'une voix traînante (de préférence celle de James Cagney, même si l'autre Cagney, celle de *Cagney & Lacey* m'irait aussi) : « J'ai vu plus de mouflets récalcitrants / cadres sournois / cols escarpés / chorégraphies compliquées sur *Parappa the Rapper*[1] / de sous que tu ne pourrais en voir de toute ta *vie*, chéri. Alors dégage de ma chaise attitrée et apporte-moi un sandwich au fromage. »

Les rides et le grisonnement, c'est la façon qu'a la nature de vous prévenir qu'il ne faut pas jouer au con avec quelqu'un – c'est l'équivalent des anneaux jaunes et noirs sur une guêpe, ou des motifs sur le dos d'une veuve noire. Les rides sont une arme qui vous protège des idiots. Les rides sont votre pancarte « FOUTEZ LA PAIX À CETTE FEMME SAGE ET INTOLÉRANTE ».

Quand je serai « vieille » (à cinquante-neuf ans – je dirais que cinquante-neuf ans, c'est vieux), j'ai personnellement l'intention d'arpenter la ville avec une tignasse immaculée de 60 centimètres d'envergure, pareille à une des sauvageonnes de Wongo[2], en HURLANT que je sens mes cellules mourir avant de commander des doubles whisky pour m'aider à oublier. Hors de question de dépenser 50 000 livres pour me teindre les cheveux, me gonfler les seins, me ravaler la façade et prétendre que je suis une pastourelle vierge

1. Jeu de rythme sorti sur PlayStation, puis sur PSP. (*N.d.T.*)
2. *The Wild Women of Wongo* : film de James L. Wolcott (1958), mettant en scène une tribu d'amazones sur une île tropicale abritant également une tribu d'hommes et une tribu de singes. « Ces beautés préhistoriques vivent suivant le code de la jungle ! » clame l'affiche. (*N.d.T.*)

couverte de rosée en quête de ma première galipette à la noce champêtre.

Parce que ce type d'apparence s'accompagne d'une annonce publique tacite. Les femmes passées sous l'aiguille ou le bistouri ont l'air de dire : « Mes amies ne sont pas mes amies, mes hommes manquent de sérieux et de courage, l'œuvre de ma vie compte pour des prunes, j'ai cinquante-neuf ans et je n'ai rien, absolument rien. Je suis toujours aussi désarmée qu'au jour de ma naissance. ET EN PLUS, tout l'argent du yacht, je l'ai dépensé pour mon cul. N'importe quel esprit sain vous dira que j'ai raté ma vie. »

Mais, et l'esthétique, alors ? Si c'est vraiment tirer sur une ambulance que de rabaisser les femmes qui dépensent 30 000 livres pour de la mauvaise chirurgie et ressemblent maintenant à des astronautes en plein test de gravité dans une soufflerie, il y a des femmes – des célébrités que nous ne pouvons nommer, parce qu'elles nous feraient des procès, MAIS ON SAIT TOUS DE QUI IL S'AGIT – qui ont opté pour des interventions très chères et plus subtiles. Elles semblent simplement un peu… jeunes, fraîches, resplendissantes. Sublimes. Des milliers et des milliers et des milliers de dollars de sublime. Les interventions *subtiles*, quand même, ça devrait aller, non ? Vous ne cherchez pas à retrouver vos vingt-sept ans. Vous cherchez juste à avoir la cinquantaine *subliiiiiiiiiiiiime.* Et puis quelque part, faire un procès moral à la chirurgie esthétique, ça semble incroyablement nébuleux. Après tout, il y a bien des années qu'on a cessé d'analyser la portée morale du commerce des armes – et pourtant il y est question de tuer des gens, méchamment même dans certains cas. Alors que la chirurgie esthétique, d'un autre côté, c'est une affaire de femmes un peu courtaudes qui aimeraient avoir un nez à la Reese

Witherspoon – et je suis sûre que la plupart d'entre nous serons d'accord pour s'accorder à dire que ce n'est pas tout à fait la même chose que de faire sauter la jambe d'un orphelin somali.

Mais le problème, c'est que ça n'a rien de subtil. Nous les remarquons quand même, ces interventions. Nous commentons tous les « bonnes » interventions, de la même façon que nous le ferions si elles étaient « mauvaises ». Nous laissons quand même entendre que le temps semble avoir pris un soudain virage sur la droite en approchant ces femmes, laissant leurs visages intacts. Nous remarquons toujours le décolleté trentenaire qui recouvre un cœur quinquagénaire. Même s'il semble naturel, nous savons – nous savons, parce que nous voyons la date sur le calendrier et nos propres visages – qu'il n'a rien de naturel. Qu'il réfute le fait que nous allons mourir. Détournement fondamental et déstabilisant de la perception. IL N'Y A RIEN DE « SUBTIL » DANS LE FAIT D'AVOIR, DE FAÇON SPECTACULAIRE ET ILLOGIQUE, BIEN, BIEN MEILLEURE ALLURE QUE LE RESTE DE LA POPULATION.

Soupir. Écoutez : comme tout le monde, j'adore l'artifice, la fantaisie et l'évasion – je raffole du travestissement et du maquillage, de la réinvention et des perruques, j'adore faire semblant et me créer un personnage de zéro, autant de fois qu'il le faudra. Tous les jours, si l'envie vous prend. En fin de compte, les femmes devraient avoir le droit d'adopter le look qui leur plaît. Le patriarcat peut aller se faire cuire un œuf sur ma face et ma poitrine. Dans un monde idéal, personne n'irait même critiquer les femmes pour leur apparence, quelle qu'elle soit. Y compris si elle se résume à « j'ai une pince à dessin sous les cheveux qui me tire le visage bien tendu ». Le visage d'une femme est son château.

Mais à condition que l'apparence des femmes reste un sujet amusant, joyeux, créatif, qui dise à quel point nous sommes des êtres humains formidables. Même si une drag-queen de 1 m 75, titubant dans le centre de Birmingham à 4 heures du matin dans des chaussures improbables et sous une tonne de rouge à lèvres, aura dû souffrir et dépenser de grosses sommes, le tout dans un déni TOTAL de la réalité (autrement dit du fait qu'elle a un pénis), elle ne l'aura pas fait par peur. Bien au contraire, il lui aura fallu un courage hors du commun.

Alors que des femmes qui vivent avec la peur de vieillir et tentent des stratégies aussi douloureuses que coûteuses pour le cacher à la face du monde, cela ne dit rien de fameux quant à notre condition d'êtres humains.

Oh, ça donne l'impression que nous, les femmes, y avons été *poussées*, par les mecs. Cela nous fait passer pour des perdantes. Pour des lâches. Alors que c'est bien la dernière chose que nous sommes.

C'est, assurément, indéniablement, la dernière chose que sont les femmes.

POST-SCRIPTUM

Londres, octobre 2010

Alors, est-ce que je sais maintenant comment on peut encore être une femme ? La réponse faussement modeste serait de dire : « Non. Non, je n'en ai toujours pas la moindre idée ! Je suis toujours la même idiote mal fagotée et bien intentionnée qu'à treize ans. Je ne suis toujours qu'un chimpanzé en robe armé d'un ordinateur portable, qui met le feu aux casseroles, dévale les escaliers la tête la première, parle à tort et à travers et se fait l'effet d'une enfant en mal d'assurance. Je suis une bouffonne ! Une quiche ! Une brêle ! »

Parce que, évidemment, il y a encore plein de situations dans lesquelles je ne sais toujours pas comment être une femme. Je n'ai pas encore fait face à la puberté de mes enfants, au deuil familial, à la ménopause, à la perte de mon emploi. Je ne sais toujours pas repasser, faire des maths, conduire une voiture ni – et là je me dois d'être honnête – me rappeler avec une fiabilité absolue où est la « gauche » et où se trouve la « droite » en cas d'urgence. Je suis responsable, quand j'assure la conduite, d'un grand nombre de virages soudains, de crissements de pneus et de jurons. Il me reste un million de choses à apprendre. Un milliard. Mille milliards. En termes d'amélioration potentielle de ma personne, j'ai à peine dépassé le stade prénatal. Je ne suis encore qu'un œuf.

Mais d'un autre côté, je me méfie de ce réflexe que nous avons, nous les femmes, de signaler par avance nos propres défauts. Pas cette repartie spirituelle, joviale et farfelue face à un compliment – « Perdu du poids ? Non. C'est juste que nous sommes dans une plus grande pièce que d'habitude, très cher. Vous trouvez mes enfants bien élevés ? C'est parce que je les ai couverts d'électrodes et qu'au moindre écart j'appuie sur le bouton "vilain garnement" de la télécommande ». Ça, ça va.

Non – je parle de ce cliché comportemental courant selon lequel nous serions un peu… défaillantes, en tant que femmes, si nous n'étions pas un peu névrosées. Que ce serait faire preuve de grossièreté, de suffisance et d'un manque de féminité que de nous montrer satisfaites.

Cette façon qu'ont les femmes de se considérer, non comme des êtres humains bien intentionnés qui font de leur mieux, mais plutôt comme une liste infinie de problèmes (grosse, velue, mal fagotée, boutonneuse, malodorante, fatiguée, pas sexy, avec un plancher pelvien défectueux pour couronner le tout) à résoudre. Et de croire qu'en y consacrant une grande quantité de temps et d'argent (une *énorme* quantité de temps et d'argent, devrais-je dire. Savez-vous combien coûte une épilation au laser ?), nous pourrions, un jour, dans vingt ans, enfin nous autoriser à souffler un peu en disant : « Pendant neuf minutes j'y étais *presque*, aujourd'hui ! »

Avant, bien entendu, de reprendre dès le lendemain le même emploi du temps sinistre, implacable, impitoyable, depuis le début.

Alors si on me demandait : « Est-ce que vous savez comment on peut encore être une femme à présent ? », je répondrais : « J'ai ma petite idée, *oui*, pour être honnête. »

Parce que si toutes les histoires rapportées dans ce livre devaient aboutir à une seule révélation, ce serait celle-ci : de tout simplement... se foutre un peu de tout ça. De ne pas se préoccuper de tous ces prétendus « problèmes » découlant de notre condition. De refuser de les considérer même comme des problèmes. Oui – quand j'ai atteint mon grand éveil féministe, la réaction qu'il a provoquée chez moi a été... un grand haussement d'épaules.

Il se trouve au final que la quasi-totalité des idées qui m'étaient venues le jour de mon treizième anniversaire concernant mon avenir se sont avérées être une perte de temps. Quand je m'imaginais adulte, tout ce que je voyais, c'était quelqu'un de mince, lisse, calme, à qui les choses... arrivaient. Une sorte de princesse à la manque, avec une carte de crédit. Je ne me voyais pas évoluer, explorer mes centres d'intérêt, apprendre les grandes leçons de la vie, ni, plus important, découvrir ce pour quoi j'étais douée et essayer de gagner ma vie avec. Je supposais que tout ceci, des adultes viendraient plus ou moins me l'expliquer à un moment donné, et que je n'avais pas vraiment à m'en soucier. Je ne me souciais pas de savoir ce que j'allais *faire*.

Ce dont je me souciais, en revanche, et dont je me disais qu'il faudrait y travailler dur, c'était ce que je devais *être*. Je pensais que je devais consacrer tous mes efforts à me montrer fabuleuse, plutôt qu'à faire des choses fabuleuses. Je pensais que mes missions étaient de découvrir mon « style amoureux » via les questionnaires de *Cosmopolitan*, de mettre au point une garde-robe capsule, d'apprendre comment passer du jour à la nuit en enfilant des talons et en appliquant du rouge à lèvres, de trouver un parfum signature, de planifier quand je ferais un enfant et d'apprendre à devenir extraordinairement compétente en matière de sexe – mais sans me tailler une réputation de traînée. Le tout, en réussissant dans le même temps à perdre dieu sait comment tout un tas de caractéristiques qui menaçaient de faire sauter ma couverture de « fausse femme convenable » – comme parler trop vite, me casser la figure, répondre, émettre des odeurs, me mettre en colère, me laisser emporter à l'idée d'une révolution et rêver de devenir *guest star* au *Muppet Show*, dans un sketch où Gonzo tomberait amoureux de moi. Même s'il y avait sept ans que la production du *Muppet Show* avait cessé.

Je supposais qu'une fois que j'aurais réussi à être mince, belle, stylée, élégante et gracieuse, tout le reste se mettrait en place. Que mon vrai travail dans la vie, ce ne serait pas ma carrière, mais moi-même. Que si je travaillais à devenir plaisante, le monde m'adorerait et me récompenserait.

Bien sûr, cette supposition que les femmes sont censées simplement « être », quand les hommes, eux, « agissent », a été décriée comme reposant sur des traits injustement genrés. Les hommes agissent – déclarent la guerre, découvrent de nouvelles contrées, conquièrent l'espace, s'embarquent sur des tournées *Use Your Illusion I* et *II* –, tandis que les femmes les poussent à faire de grandes choses, avant de discuter ensuite, en long, en large et en travers, de ce qui s'est passé, à l'instar d'Ena Sharples et de Minnie Caldwell partageant une bouteille de *milk stout* dans *Coronation Street*.

Mais je ne suis pas sûre de croire qu'« être » soit réellement une caractéristique féminine innée – que ce soit ainsi que nous sommes conçues. Pour revenir à mon précédent argument, celui selon lequel grand nombre de suppositions concernant la « féminité » découlent en réalité de ce que nous avons été « perdantes » pendant si longtemps, j'ai envie de dire que lorsqu'on a passé des millénaires privées du droit de faire quoi que ce soit, on aura effectivement tendance à se concentrer sur l'autocritique, l'analyse et la réflexion, parce qu'il n'y pas grand-chose d'autre à faire sinon, à part a) avoir l'air sexy et b) se renfermer sur soi.

Les héroïnes de Jane Austen auraient-elles passé des chapitres entiers à discuter des relations au sein de leur cercle social si elles avaient eu un plus grand contrôle sur leur destinée ? Les femmes se stresseraient-elles à mort sur leur apparence et sur l'identité de leurs admirateurs, si ce n'était encore le premier critère sur lequel elles sont jugées ? Nous prendrions-nous vraiment la tête avec la taille de nos cuisses si nous, en tant que sexe, possédions la majorité des richesses mondiales, en lieu et place des hommes ?

Quand je pense à tout ce qui, dans le statut de femme, me paralysait de peur quand j'avais treize ans, il s'avère qu'on en revient, encore et toujours, aux princesses. Je ne pensais pas devoir travailler dur pour être une femme – perspective effrayante, mais, à l'évidence, largement atteignable. Je croyais en fait devoir, comme par magie, grâce à des pouvoirs psychiques super-humains, me transformer en princesse. Voilà comment je me ferais aimer. Voilà comment je trouverais ma place. Voilà comment le monde finirait par m'accepter. Les livres, les films Disney, le fait que la femme la plus célèbre au monde, quand j'étais enfant, n'était autre que la princesse Diana ; alors même qu'il existe toutes sortes d'autres modèles, la simple surabondance de princesseries auxquelles toute petite fille est exposée trouve le moyen discret et pernicieux de s'immiscer dans son cœur.

Au cours des dix dernières années, la réaction post-féministe au phénomène des princesses a été de créer des princesses « alternatives » : les nanas audacieuses de *Shrek* et des Disney les plus récents, qui portent des pantalons, font du kung-fu et sauvent le prince. Peut-être en réaction à la vie, puis à la mort de Diana, les princesses ont dû être reconfigurées pour prendre en compte le fait que nous savons tous, aujourd'hui, qu'être une vraie princesse ne revient pas à se prélasser avec grâce et noblesse dans un château. Être une vraie princesse, c'est affronter des troubles alimentaires, la solitude, des mixtapes de Wham ! ; c'est coucher à droite et à gauche et mener une bataille en règle contre la famille royale, et, au final, contre l'incroyable fascination que vous gardez pour ces gens qui conspirent pour vous tuer.

Il est intéressant de noter que, depuis la mort de Diana, les femmes ont généralement perdu tout intérêt pour l'idée de devenir une *vraie* princesse. Les princesses ont dû renoncer à une grande part de leur valeur monétaire. Lorsque le prince Charles était en âge de se marier, il faisait l'objet de la convoitise de ces dames à travers le monde : une sorte de croisement entre James Bond et le Prince charmant. Et lorsque Diana l'a épousé, les femmes du monde entier se sont extasiées devant la robe, la bague, les diamants et la vie de rêve que le mariage lui ouvrait.

Lorsque le prince William a annoncé son mariage à Kate Middleton, en revanche, la population féminine s'est unie pour exprimer ses sentiments : « Pauvre fille. La vache, est-ce qu'elle sait seulement dans quoi elle s'embarque ? Une vie entière d'analyses, de calomnies, de clichés volés de ses cuisses et de spéculation sur son état d'esprit. Je te le laisse volontiers, ma chérie. »

Non : le rêve, aujourd'hui, pour les femmes qui comptent toujours « être » plutôt qu'« agir », c'est de devenir une WAG. Épousez un footballeur et à vous la richesse, le glamour et les privilèges dignes d'une princesse, à quoi s'ajoute la même reconnaissance tacite du fait que votre puissant mari vous trompera quoi qu'il arrive et qu'il faudra vous y faire, mais sans le devoir de vous montrer également réservée, intègre et d'une tenue impeccable aux banquets. La WAG est la princesse du XXIe siècle.

Mais qu'il s'agisse d'une WAG en Dolce & Gabbana à Mahiki ou d'une Ariel avec sa queue de poisson sous la mer, les tropes associés aux « femmes princesses » demeurent les mêmes. Leur emprise résiduelle sur la capacité des femmes à imaginer leur propre futur est sournoisement nuisible.

Qu'est-ce qui va si mal chez la princesse ? Eh bien, je sais (par expérience personnelle) que ce qui m'a le plus soulagée et libérée à l'âge adulte aura été d'abandonner enfin, une bonne fois pour toutes, l'idée que je puisse secrètement être, ou devenir un jour, une princesse. Accepter que vous n'êtes qu'une femme tout à fait ordinaire qui va devoir se retrousser les manches, travailler dur et se montrer polie pour accomplir quoi que ce soit – une fois que vous auriez oublié la cuisante déception de votre tonitruante banalité – s'avère incroyablement libérateur.

Laissez-moi vous énumérer mes côtés non princessiers – dont chacun a été admis, au départ, avec un terrible sentiment de tristesse et de perte :

1) Je ne sais pas chanter. Cela m'a vraiment fait mal de l'admettre – car toutes les princesses chantent. Toutes les femmes sont censées savoir chanter.

Il leur suffit d'un trille pour apaiser les oiseaux dans les arbres. Alors que moi, en revanche, je fais le bruit d'un gigantesque camion 16 roues sur le point d'entrer en collision avec un barrage de police. POUET POUET. SCRIIIIIIIIII. « Oh mon Dieu… personne ne va en réchapper. »

2) Je n'ai pas un goût de sucré – un goût de gâteau ou de miel. Je ne saurais vous dire le nombre de bouquins cochons dont la lecture m'a portée à croire que, lorsqu'un homme vous faisait un cunni, c'était pour lui comme laper une Chupa Chups. La première fois qu'on a émis un commentaire (positif, attention) comme quoi j'avais un « délicieux goût de tourte », j'en ai pleuré comme une madeleine pendant deux heures. Quel genre de pièce de viande massive et malodorante étais-je donc ? J'étais censée avoir du tiramisu entre les jambes… une sorte de paradis sucré et crémeux ; un flan à la vanille. Pas un plat paysan. Un rôti de sanglier. Alors que nous sommes, bien entendu, des animaux-dames suintants et charnus, tout de fourrure et d'umami. Évidemment que nous n'avons pas un goût de fraisier – *contrairement à une princesse.*

3) Je ne serai jamais vénérée par un homme riche, puissant et armé d'une épée qui changera ma vie si je l'épouse. Parce que cet homme serait Aragorn, fils d'Arathorn, et qu'il n'existe pas. Je ne veux pas d'une brute alpha misogyne – un héros d'action sûr de lui qui me traitera comme « sa meuf ». Quand P. J. O'Rourke disait : « Aucune femme ne rêve d'être jetée sur un lit et prise par quelqu'un habillé comme un libéral », j'avais envie de rétorquer « Parle pour toi, mon cher ! Tu es bien mal placé pour juger. Depuis quand n'es-tu pas allé à l'All Bar One en sous-vêtement minceur pour mater des culs ? » Dans le monde moderne, cette vision

dépassée de ce qui rend les hommes désirables aux yeux des femmes est inutile et désuète : comme le prouve le fait qu'il n'y a généralement que les plus de quarante ans pour pérorer à ce sujet. Les plus jeunes, pour la plupart, constatent que nous sommes à une époque où ce qui rend un homme vraiment « alpha », c'est la capacité à éviter les pugilats (le système légal est d'un gonflant, en plus de coûter cher), le sens de l'humour (nous avons grandi avec un demi-siècle de sitcoms géniales. Si vous n'en avez toujours pas retiré au moins une ou deux techniques pour détendre l'atmosphère, vous paraîtrez un tantinet lent du bulbe), et, en bonus, savoir comment réinstaller Adobe AIR quand Twitter décède sur votre ordinateur portable. Je parle au nom de toutes mes amies en déclarant que nous voulons un partenaire un peu geek, nerdy, poli et ridicule avec qui nous asseoir à la maison et débiner les branleurs en attendant que nos pommes au four soient prêtes. Et qui sera bien évidemment tellement dingue de nous qu'il rampera régulièrement à quatre pattes à travers le salon en coassant « j'ai vraiment besoin de faire l'amour avec toi maintenant, sinon je vais devenir fou, littéralement ». En comparaison, le Prince charmant a vraiment l'air d'un con.

4) Les princesses ne se baladent jamais en bande. Elles n'ont jamais de potes. Pas de camaraderie pour elles. Les princesses ne passent jamais la journée au Muséum d'histoire naturelle avec leurs sœurs, à se disputer au sujet de leur minerai ou gemme préféré (pour moi c'est le morceau de péridot qui a atterri avec un météore. Pour Weena, c'est le feldspath : « c'est sensuel ».) Les princesses ne s'assoient jamais à la terrasse du pub avec une poignée de princes par une fraîche après-midi d'automne pour classer les prestations vocales des Beatles par ordre de préférence. Les princesses ne

partent jamais en vacances avec d'autres familles, avec qui se saouler un peu et jouer à la « course tout nu » autour d'un arbre dans le jardin, sous le regard – désapprobateur – des enfants postés à une fenêtre de l'étage. Les princesses n'égaient pas une journée barbante au bureau en jouant à « Je suis Burt Reynolds ». (Une personne est désignée comme étant « ça ». Elle doit penser à une célébrité. Tous les autres joueurs doivent lui poser, chacun à son tour, toutes les questions possibles afin de deviner l'identité de la célébrité, jusqu'à ce que – finalement – quelqu'un demande « C'est Burt Reynolds ? » C'est toujours Burt Reynolds. Une partie peut durer des heures.)

Quoi qu'il en soit, arrivée à seize ans, j'avais changé d'avis. Je ne voulais plus être une princesse. Les princes, c'est nul. Moi, ce que j'aimais, c'était les artistes. C'était le genre de types avec qui traîner. Je voulais devenir muse. Je voulais tellement être une muse. Être si incroyable qu'un groupe écrirait une chanson à mon sujet, ou qu'un écrivain s'inspirerait de moi pour un de ses personnages, ou qu'un peintre barbouillerait toile après toile à mon image, dans toutes mes humeurs, lesquelles couvriraient les murs des galeries à travers le monde. Ou même un sac à main. Jane Birkin a bien inspiré un sac à main. Pour ce qui me concerne, j'aurais même été ravie de voir mon nom apposé sur un sac en plastique de drugstore.

Je n'étais pas la première fille ambitieuse à me dire que ce serait là le moyen de trouver ma place dans le monde. Dans un entretien publié dans *Please Kill Me*, Patti Smith – qui est, à tous les égards, une déesse du féminisme – rapportait comment, durant sa jeunesse dans le New Jersey, « le truc le plus cool au monde, c'était de devenir la maîtresse d'un grand artiste. La première chose que j'ai faite en quittant la maison, ça a été de [déménager à New York et] devenir la maîtresse de [la légende de la photographie] Robert Mapplethorpe ».

Bien sûr, au final, lorsque Mapplethorpe s'est avéré être complètement gay, Smith n'a pas eu d'autre choix que d'écrire *Horses* et de se laisser pousser la moustache féminine la plus influente au monde. Elle a été poussée à la productivité.

Inspirée par Smith, lorsque j'ai commencé à fréquenter les soirées after-show, ivre, je restais debout en essayant de prendre un air si puissamment mystérieux que quelqu'un se sentirait obligé d'écrire une chanson pour dire combien j'étais cool. Comme lady Fonz, mais sexy. Et quand ce plan échouait lamentablement, et que personne n'écrivait de morceau sur moi, et que je devenais un peu plus saoule, j'optais pour une approche plus directe : tanner mes amis musiciens pour qu'ils m'immortalisent en chanson.

« Je demande pas un gros single, disais-je d'un air raisonnable, une clope coincée à l'envers dans ma bouche. Je suis pas si exigeante que ça. Ça peut être une première piste d'album. Ou la dernière, la plus mémorable, je suppose. Celle qui amène un refrain affirmatif qui dit que plus rien ne sera comme avant, maintenant qu'on me connaît. Allez, quoi – ça va te prendre quoi – cinq minutes ? Écris-moi une chanson. ÉCRIS-MOI UNE CHANSON. MAIS TU VAS TE LAISSER INSPIRER, MERDE ! »

Ce n'était pas qu'un accès d'égotisme. « Ça ferait du bien à la population féminine dans son *ensemble* si t'écrivais une chanson sur quelqu'un comme moi, expliquais-je, noblement, tandis qu'il appelait discrètement un taxi sur son portable. Toutes les autres chansons sur des filles parlent de mannequins chiants qu'a connus Eric Clapton, ou de groupies pleines d'une "tristesse intérieure". Tu crois pas que les femmes seraient plus heureuses si “Layla” comportait un refrain dans lequel Eric Clapton regarde Patti Boyd essayer d’enjamber la haie d’un parc, bourrée, pour récupérer la chaussure qu’elle a jetée là à la suite d’un pari ? Ça serait *inédit*, mon pote – côté muse, ça serait aussi révolutionnaire que l’introduction sonique de la guitare électrique ! ÉCRIS UNE CHANSON SUR UNE NANA QUI A LA LANGUE BIEN PENDUE ! ÉCRIS UNE CHANSON SUR MOIIIIIIIIII SALE CON ! »

À mesure que les années passaient – et que mes amis s’entêtaient à ne pas écrire de romans ni de comédie musicale pour le West End à mon sujet –, je me suis peu à peu faite à l’idée que je n’étais pas du genre muse. Les filles comme moi n’inspirent pas les gens.

Je n’ai pas l’étoffe d’une muse, c’est tout, me disais-je finalement d’un air triste, le jour de mes dix-huit ans, en contemplant ce monde tout sauf inspiré par moi. Je ne suis pas une princesse. Je ne suis pas une muse. Si je dois changer le monde, ça ne sera pas en soutenant activement une association de lutte contre les mines antipersonnel, diadème sur la tête, ni en inspirant le prochain *Revolver*. « Être » simplement moi n’est pas suffisant. Je vais devoir *faire* quelque chose, plutôt.

Et au XXIe siècle, il n’est pas difficile d’être une femme qui a envie de faire quelque chose. À n’importe quelle autre époque, les femmes occidentales réclamant le changement à corps et à cri auraient risqué l’emprisonnement, l’ostracisme, le viol et la mort. Alors que maintenant, nous autres femmes du monde occidental pouvons faire changer à peu près tout ce que nous voulons en écrivant une série de lettres légèrement désagréables tout en écoutant Radio 4 et en sirotant un thé.

Quel que soit le futur que nous désirons, personne n'aura besoin de mourir pour y arriver. Et même si nous continuons, dans le fond, d'appeler à hisser le drapeau violet, blanc et vert, nous pouvons aujourd'hui choisir quelles couleurs porter nous-mêmes, au cas où violet, blanc et vert n'iraient pas bien ensemble. Nous n'avons plus besoin de nous jeter sous les chevaux.

Montrer honnêtement qui nous sommes : c'est là déjà la moitié de la bataille. Si ce que vous lisez dans les magazines et les journaux vous met mal à l'aise ou vous donne le cafard – ne les achetez pas ! Si vous prenez ombrage de ce que les entreprises organisent leurs fêtes dans des bars à miches – tancez vos collègues ! Si vous vous sentez opprimée à l'idée d'un mariage coûteux – ignorez belle-maman et courez au bureau d'état civil ! Et si vous pensez qu'un sac à main à 600 livres est obscène, au lieu de dire courageusement « je vais faire chauffer la carte bleue », dites doucement : « En fait, je n'en ai pas les moyens. »

Il y a tellement de choses, dans *tous* les domaines, que nous ne pouvons nous offrir, et auxquelles nous nous résignons pourtant avec un soupir, afin de faire partie du groupe, de nous sentir « normales ». Mais bien sûr, si *tout le monde* est, d'une certaine manière, trop désireux d'admettre sa situation, alors on se retrouve devant une nouvelle expérience commune, médiane, gardée secrète par tous ceux trop gênés pour dire : « Je voudrais pas passer pour un monstre, mais… »

Enfin, tout ce que je dis là n'est pas strictement réservé aux femmes. Si le mouvement de libération des femmes parvient véritablement à s'imposer, comme la lente et irrésistible gravité du changement économique et social semble le suggérer, alors ça va pas mal arranger les choses pour les hommes, aussi. À la place du patriarcat, je serais franchement *ravie* à l'idée que les femmes puissent enfin dicter aussi leur loi. Ne nous voilons pas la face – le patriarcat doit vraiment être *crevé* à l'heure qu'il est. Cent mille ans sans même une seule pause café : les hommes n'ont cessé de dominer le monde. Plein gaz.

Qu'on lui offre la possibilité de partager un peu les tâches – les femmes pourraient mener le monde à mi-temps –, et le patriarcat pourrait enfin lever un peu le pied, aller faire cette course d'orientation dont il parle depuis des années, ou trier enfin les outils dans la remise, une bonne fois pour toutes. Le patriarcat pourrait s'offrir des week-ends paintball de ouf.

Parce que n'allez pas croire que les féministes enragées veuillent reprendre le monde aux hommes. On n'est pas là pour se disputer le monde dans son entier. On veut juste notre part. Les hommes n'auront pas à changer quoi que ce soit. Si vous me demandez mon avis, les hommes peuvent continuer de faire ce qui leur chante. Pas la peine de s'arrêter. Il y a plein de choses cool dans ce qu'ils font – les iPads, les Arctic Monkeys, et ce nouveau traité sur l'armement nucléaire entre l'Amérique et la Russie. Et puis ils sont drôles, je m'entends très bien avec eux, ce sont de bons partenaires sexuels, et ils ont fière allure dans des reproductions d'uniformes de la Seconde Guerre mondiale ou quand ils se garent en marche arrière sur des parkings étriqués.

Je n'ai pas envie de les voir partir. Je n'ai pas envie qu'ils arrêtent tout.

Ce que je veux, en revanche, ce sont des tendances du marché radicales. Je veux du CHOIX. Je veux de la VARIÉTÉ. J'en veux PLUS. Je veux des FEMMES. Je veux que les femmes disposent d'une plus grande part, pas seulement par acquit de conscience, mais parce que ce serait mieux. Plus excitant. Un nouvel ordre. Une réinvention. Nous devrions avoir les couilles de dire : « Ouais… il me plaît bien, ce monde. Et ça fait un moment que je le regarde. Maintenant, voilà ce que je changerais. Parce qu'on est tous dans le même bateau. On est tous, vous savez… Les Gars. »

Alors, pour conclure, je suppose que le titre de ce livre est un peu mensonger. Au fil de ces années tâtonnantes, horriblement gênantes, extraordinaires, j'ai *cru* que ce que je voulais être, c'était une femme. Une sorte d'amalgame incroyable de Germaine Greer, Elizabeth Taylor, E. Nesbit, Courtney Love, Jilly Cooper et Lady Gaga. Trouver un moyen de maîtriser les arts ésotériques de la féminité, jusqu'à devenir un parangon sorcier de toutes les choses qui me déstabilisaient, me mettaient en déroute, dans mon lit, à Wolverhampton, quand j'avais treize ans. Une princesse. Une déesse. Une muse.

Mais les années passant, je me suis rendu compte que ce que je voulais vraiment être, en fin de compte, c'était un être humain. Rien qu'un être humain productif, honnête, traité avec respect. Un des « Gars ». Mais avec des cheveux *vraiment* fabuleux.

Remerciements

Quand mon agent, Georgia Garrett, m'a demandé, lors de notre tout premier rendez-vous, ce que je voulais faire, je me suis surprise à lui répondre : « Je veux écrire un bouquin sur le féminisme ! Un livre drôle mais polémique, sur le féminisme ! Comme *La Femme eunuque* – mais avec des blagues sur mes culottes ! »

J'en fus tout aussi surprise qu'elle – j'étais venue lui pitcher une sorte de « Mange, prie, aime les LOLcats » à mettre sous le sapin et/ou mon vieux projet de cœur : une réécriture gay d'*Oliver!* Mais son enthousiasme immédiat (« Ça me parle ! Écris-moi ce bouquin ! Tout de suite ! »), couplé au fait que je m'étais dit qu'écrire un livre m'aurait donné une raison légitime de me remettre à fumer, m'a poussée à écrire *Comment peut-on (encore) être une femme ?* dans un tourbillon effréné de cinq mois. Mon vieux, ce que j'ai pu fumer. Arrivée au bout, j'avais deux chaussettes remplies de sable noir en guise de poumons. Mais tout du long, elle a été ma première groupie et inspiration, et je l'en remercie du fond de mon cœur détruit par le tabac.

Mon brillant éditeur, Jake Lingwood, et toute l'équipe d'Ebury, se sont montrés tout aussi « Wouhouh ! » devant ce projet, y compris au moment où j'ai essayé d'imposer pour la couverture une photo de mon ventre nu, entreposé sur une table, avec « Voilà à quoi ressemble le ventre d'une VRAIE femme » écrit dessous en capitales rouges de colère. Merci, les gars. Surtout pour l'argent. J'ai tout mis dans une nouvelle cuisinière et un sac à main. Ouais ! Féminisme ! Wouhouh !

Merci à Nicola Jeal, Louise France, Emma Tucker, Phoebe Greenwood et Alex O'Connell du *Times*, qui ont fait preuve d'une patience incroyablement sexy tout un été où j'appelais de temps en temps pour dire : « Je peux sauter un édito cette semaine ? Je suis en train d'écrire un bouquin sur le FÉMINISME nom d'un chien, vous allez pas essayer de M'ENCHAÎNER au NOMBRE DE MOTS STIPULÉ DANS MON CONTRAT, lâchez-moi les MICHES salauds de capitalistes », alors même que ce sont toutes des femmes, qu'elles insistaient pour que je prenne un congé sabbatique et se montraient parfaitement raisonnables étant donné les circonstances.

Les membres de ma famille ont été, comme toujours, à la fois partants pour que je puise dans leur vie afin d'en tirer des anecdotes, et très doués pour m'emmener au pub quand j'étais stressée, insistant pour que je me bourre la tronche avant de prétendre avoir oublié leurs portefeuilles à la maison. Mes sœurs – Weena, Chel, Col et Caz – sont les féministes les plus hardcore depuis Greer et ont toujours eu le chic pour raviver mon ardeur pour ce projet – principalement en me rappelant que le truc favori de Carl Jung était de frapper les gens à l'aide d'un torchon jusqu'à ce qu'ils lui mettent des coups de poing. Je ne sais pas pourquoi ça m'a autant inspirée, mais ça a marché. Quant à mes frères – Jimmy, Eddie et Joe –, eux aussi sont mes sœurs de « lutte », sauf quand ils me plaquent au sol en hurlant « c'est l'heure de passer le harnais ! »

Remerciements sans fin au redoutable Alexis Petridis, qui – un été où je ne cessais de l'appeler pour pleurer « je crois que j'écris un livre impossible ! Écris-le pour moi, Alexis ! M'en fous que tu sois du patriarcat ! » – ne m'a jamais rappelé qu'il avait, en fait, un travail auquel il avait besoin de se consacrer et que je hoquetais bien trop violemment pour lui permettre de comprendre ce que je racontais de toute façon.

Les Femmes de Twitter – Sali Hughes, Emma Freud, India Knight, Janice Turner, Emma Kennedy, Sue Perkins, Sharon Horgan, Alexandra Heminsley, Claudia Winkleman, Lauren Laverne, Jenny Colgan, Clare Balding, Polly Samson, Victoria Coren, et surtout la formidable et franchement terrifiante Grace Dent – qui me rappelaient au quotidien que les femmes drôles et bien informées se cooptent à la pelle, et qu'il fallait vraiment que je mette la barre plus haut si je voulais prétendre leur tenir tête. Merci également aux Femmes par association de Twitter – Dorian Lynskey, Martin Carr, Chris Addison, Ian Martin, David Quantick, Robin Turner, David Arnold – pour avoir été les meilleurs collègues de bureau imaginaires au monde ; et tout spécialement à Jonathan Ross et Simon Pegg, pour leurs citations qui déchirent. Et Nigella, dont les commentaires m'ont fait fooooooondre.

« Lizzie » et « Nancy » – je vous adore et je suis vraiment désolée que maman ait dû partir tout l'été, mais pour être honnête, oncle Eddie est un bien meilleur partenaire à Mario Kart que moi, et à partir du moment où je vous ai appris à dire « Encore ce foutu patriarcat ! » chaque fois que vous vous cassiez la binette, j'avais tout donné de mes talents de parent, je vous assure.

Enfin, je voudrais dédier ce livre – comme si je me tenais debout sur une scène, prête à jouer *Paradise City* ; plutôt qu'assise à tapoter sur mon clavier sans le moindre témoin – à mon mari, Pete Paphides, qui est le Féministe le plus Enragé que j'aie jamais rencontré, au point même de m'apprendre ce qu'est le féminisme, ou plutôt ce qu'il devrait être : « Que chacun soit poli envers les autres. » Chéri, je t'adore. Et c'est bien moi qui ai cassé la poignée de la porte de derrière cette fois-là. Je suis tombée dessus quand j'étais bourrée et que je me prenais pour Amy Winehouse. Je peux l'avouer maintenant.

Table des matières

Cet ouvrage a été imprimé
en avril 2014 par

CPI
FIRMIN-DIDOT

27650 Mesnil-sur-l'Estrée
N° d'édition : L.01ELHN000343.N001
N° d'impression : 121806
Dépôt légal : mai 2014

Imprimé en France

Composition et mise en pages
Nord Compo à Villeneuve-d'Ascq